Quem tem medo do relativismo?

Quem tem
medo do
relativismo?

Quem tem medo do relativismo?

Lições da pós-modernidade
para a igreja contemporânea

James K. A. Smith

Tradução
Giuliana Niedhardt

Título original: *Who's afraid of relativism? Community, contingency, and creaturehood.*
Copyright ©2014, de James K. A. Smith.
Edição da Baker Academic, divisão do Baker Publishing Group. Todos os direitos reservados.
Copyright da tradução ©2024, de Vida Melhor Editora LTDA.

Todos os direitos desta publicação são reservados por Vida Melhor Editora LTDA.

As citações bíblicas sem indicação da versão *in loco* foram extraídas da Nova Versão Internacional. As citações bíblicas com indicação da versão foram traduzidas da New Revised Standard Version (NRSV).

Os pontos de vista desta obra são de responsabilidade de seus autores e colaboradores diretos, não refletindo necessariamente a posição da Thomas Nelson Brasil, da HarperCollins Christian Publishing ou de sua equipe editorial.

Preparação	*Lucas Vasconcelos Freitas*
Revisão	*Danny Charão e João Arrais*
Índice	*Cláudio Emerick*
Diagramação	*Sonia Peticov*
Capa	*Rafael Brum*

Equipe editorial

Diretor	*Samuel Coto*
Coordenador	*André Lodos*
Produção editorial	*Fabiano Silveira Medeiros*

Dados Internacionais de Catalogação na Publicação (CIP)
(BENITEZ Catalogação Ass. Editorial, MS, Brasil)

S621q   Smith, James K. A.
           Quem tem medo do relativismo? / James K. A. Smith ; tradução Giuliana Niedhardt. – 1.ed. – Rio de Janeiro : Thomas Nelson Brasil, 2024.
           240 p.; 15,5 x 23 cm.

           Título original: Who's afraid of relativism.
           ISBN 978-65-5689-911-4

           1. Filosofia cristã. 2. Pragmatismo. 3. Relativismo. 4. Teologia filosófica. I. Niedhardt, Giuliana. II. Título.

02-2024/119   CDD: 261.51

Índice para catálogo sistemático

1. Relativismo: Teologia filosófica   261.51

Aline Graziele Benitez – Bibliotecária – CRB-1/3129

Thomas Nelson Brasil é uma marca licenciada à Vida Melhor Editora LTDA.
Todos os direitos reservados à Vida Melhor Editora LTDA.
Rua da Quitanda, 86, sala 218 — Centro
Rio de Janeiro — RJ — CEP 20091-005
Tel.: (21) 3175-1030
www.thomasnelson.com.br

Se aqueles, porém, chamados filósofos, disserem qualquer coisa que seja verdadeira e condizente com nossa fé, sobretudo os platônicos, não apenas não devemos ter medo dela, mas até mesmo reivindicá-la para nosso próprio uso, cientes de que eles a detêm injustamente.

Agostinho

Tudo poderia, naturalmente, ter sido feito pelo anjo; mas nenhum respeito teria sido mostrado à nossa condição humana caso Deus se mostrasse indisposto a permitir que a sua palavra fosse administrada a nós por outros seres humanos.

Agostinho

Ora, o homem existe apenas em diálogo com o próximo. A criança é levada à consciência de si mesma apenas pelo amor, pelo sorriso da mãe. Nesse encontro, o horizonte de todo ser ilimitado abre-se diante dela, revelando-lhe quatro coisas: (1) que ela é una com sua mãe no amor, mesmo sendo alguém que não ela, e, portanto, todo o ser é uno; (2) que esse amor é bom e, portanto, todo o ser é bom; (3) que esse amor é verdadeiro e, portanto, todo o ser é verdadeiro; e (4) que esse amor evoca alegria e, portanto, todo o ser é belo.

Hans Urs von Balthasar

Não devemos lamentar nossa incapacidade de realizar uma façanha que ninguém tem a menor ideia de como realizar.

Richard Rorty

⟨ **Sumário** ⟩

Prefácio 9

1. "Depende" 15
Criação, contingência e o fantasma do relativismo

2. Comunidade como contexto 45
Wittgenstein sobre o "significado como uso"

3. Quem tem medo da contingência? 90
Admitindo nossa condição de criatura com Rorty

4. Motivos para crer 146
Explicitando a fé segundo Brandom

5. A natureza (inferencial) da doutrina 191
Pós-liberalismo como pragmatismo cristão

Epílogo 229
Como ser um relativista conservador

Índice remissivo 235

⟨ **Prefácio** ⟩

Tal como o título do romance policial de Jussi Adler-Olsen, em alguns momentos, eu me sinto como "o guardião das causas perdidas", o padroeiro das más ideias. Tenho o hábito de afirmar aquilo que outros cristãos desprezam (e vice-versa!). Minha tendência é de ficar perplexo com os supostos recursos oferecidos ao pensamento cristão pela filosofia "tradicional", o que me coloca contra a maioria das tendências na filosofia cristã contemporânea (por exemplo, a apologética evidencialista ou a "teologia analítica"). Em vez disso, tento ouvir de maneira honesta as escolas de pensamento que não apenas parecem ser inúteis para o entendimento cristão, mas também absolutamente inóspitas e antitéticas — descobrindo, muitas vezes, que o jogo está invertido e que esses filósofos "ímpios" talvez tenham algo a nos ensinar. Posto de forma ainda mais direta, o trabalho deles pode ser um catalisador para que nos lembremos de aspectos esquecidos da ortodoxia cristã — um esquecimento que, às vezes, acontece em nome da defesa da própria ortodoxia.

Em *Who's afraid of postmodernism?*,[1] usei a trindade ímpia de Jacques Derrida, Jean-François Lyotard e Michel Foucault como aliada na tarefa de formular um pós-modernismo "católico". Em vez de considerá-los basicamente como ameaças ou "anuladores" da fé, explorei como suas críticas filosóficas da modernidade são um catalisador para que a igreja se lembre daquilo

---

[1] Edição em português: *Quem tem medo do pós-modernismo?* (Curitiba: Encapse, 2021)

que esqueceu. Empreendi essa tarefa no espírito agostiniano de "saquear os egípcios": roubar pensamentos filosóficos dos pagãos e colocá-los a serviço da adoração do Deus trino, tentando não derretê-los para fazer um bezerro de ouro. Essa estratégia de trazer "todo pensamento cativo" a Cristo vem marcando, há muito tempo, o envolvimento cristão com a filosofia. Eu apenas a exportei da Grécia para a França.

Considero esse livro uma extensão daquele projeto anterior, agora trazendo a pilhagem dos pragmáticos Ludwig Wittgenstein, Richard Rorty e Robert Brandom a fim de nos ajudar a lidar com um fenômeno muitas vezes associado à pós-modernidade: o relativismo. Novamente, estou defendendo uma posição que não costuma ser popular ou que, no mínimo, soará contraintuitiva — senão, absolutamente perigosa. Minha tese é que os cristãos *devem* ser uma espécie de "relativistas", precisamente por causa do entendimento bíblico da criação e de nossa condição de criatura. Deixarei que o restante desse livro tente justificar tal intuição e apresentar algumas implicações (as quais talvez não sejam o que você pensa).

O pragmatismo também é uma necessidade que demorei a suprir. Trata-se de uma tradição filosófica que destaca alguns problemas da fenomenologia francesa, a qual moldou meu pensamento até aqui. De muitas maneiras, fui finalmente levado a me ocupar dessa linha de pesquisa por causa da obra exemplar de Charles Taylor, que tem sido meu norte filosófico ao longo dos últimos anos.

Embora esse livro apresente o construtivo projeto de promover um "pragmatismo cristão" e explorar as implicações disso para a teologia e o ministério, também espero que ele possa servir ao propósito pedagógico de ser uma introdução acessível a uma importante tradição filosófica e a três filósofos fundamentais, cujas obras são notoriamente difíceis e escorregadias. Grande parte do livro simplesmente oferece uma exposição clara desses filósofos e um texto representativo de cada um: *Philosophical*

⟨ PREFÁCIO ⟩

investigations,² de Ludwig Wittgenstein (1953); *Philosophy and the mirror of nature*,³ de Richard Rorty (1979); e *Articulating reasons*,⁴ uma obra concisa de Robert Brandom (2000). Juntos, eles constituem uma conversa em andamento no fim do século 20 que continua a reverberar no século 21. De certa forma, esse livro deve ser lido juntamente com esses textos básicos; contudo, também pode ser lido primeiro, como um portal para essas obras desafiadoras. Algumas questões mais técnicas são direcionadas às notas de rodapé, a fim de que os alunos de graduação não se distraiam com assuntos mais nebulosos. Não obstante, tanto os alunos de graduação quanto os alunos de seminário, bem como os acadêmicos, devem observar atentamente as reservas e os acréscimos sugeridos nas notas. A fim de tentar ilustrar conceitos filosóficos fundamentais e ajudar os alunos a "visualizar" as questões analisadas, cada um dos quatro capítulos iniciais incluirá a análise de um filme: *Wendy e Lucy* (*Wendy and Lucy*) (cap. 1), *A garota ideal* (*Lars and the real girl*) (cap. 2), *Coração louco* (*Crazy heart*) (cap. 3), e *Há tanto tempo que te amo* (*I've loved you so long*) (cap. 4). Assim como seria bom ter os textos básicos à mão ao longo da leitura desse livro, também espero que os leitores possam assistir a esses filmes como paralelos artísticos ao meu argumento. Espero que os professores que usem esta obra como livro-texto encontrem formas de integrar os filmes em sua pedagogia.

Esse livro pode ser mais bem compreendido como um ensaio: uma perspectiva focalizada e idiossincrática sobre alguns temas e questões. Há, sem dúvida, inúmeras obras que poderiam ter sido consultadas, mas que não constam nas notas de rodapé. Não faço quaisquer alegações de ter "dominado" a área. Esta é apenas

---

² Edição em português: *Investigações filosóficas* (São Paulo: Vozes, 2014).
³ Edição em português: *A filosofia e o espelho da natureza* (Rio de Janeiro: Relume-Dumara, 1994).
⁴ Edição em português: *Articulando razões* (Porto Alegre: Edipucrs, 2013).

uma incursão. Minha missão é exploratória e programática, não exaustiva e minuciosa. O livro simplesmente se originou de encontros em primeira mão com os textos básicos, discutidos com alunos nos últimos anos, com vistas a abordar um desafio muitas vezes veiculado em retiros de jovens: o fantasma do relativismo. A convicção orientadora é que, se invocamos certos conceitos filosóficos, ainda que em nível "popular" e mesmo que na forma de bicho-papão filosófico, temos certa obrigação de prestar contas à filosofia. Portanto, considere esse pequeno livro como um exercício de prestação de contas filosófica.

A essência desse livro foi desenvolvida durante duas turmas do meu seminário avançado de filosofia: Filosofia da Linguagem e Interpretação. Sou profundamente grato aos alunos do Calvin College — tanto os alunos de filosofia quanto os demais — que estão dispostos a se sentar em torno da mesa daquele curso, preparados e ávidos para debater textos difíceis e lutar com questões desconcertantes, ao mesmo tempo em que toleram meus "diagramas" ridiculamente confusos cuja *intenção* é esclarecer. Aprendi muito com eles e esse livro, de muitas maneiras, é fruto da colaboração professor-aluno.

Também tive a oportunidade de concretizar um primeiro rascunho de vários capítulos quando fui convidado a palestrar nas H. Orton Wiley Lectures de 2013, na Point Loma Nazarene University, em San Diego, Califórnia. Sou grato ao professor Brad Kelle, ao reitor Kerry Fulcher e a toda a comunidade da UNPL pela hospitalidade e pela graciosa recepção das palestras. As conversas ali me ajudaram a aperfeiçoar alguns aspectos do meu argumento. Transformar essas palestras em livro foi possível graças à generosa licença sabática concedida pelo Calvin College na primavera de 2013. Também sou grato a Ron Kuipers, Chad Lakies e Tommy Graves, de quem recebi críticas proveitosas a este manuscrito.

Terminar esse livro não foi uma tarefa desprovida de desafios. E, como muitos autores, eu gostaria de ter tido mais tempo para

⟨ PREFÁCIO ⟩

que ele percolasse, maturasse, amadurecesse — escolha a metáfora que preferir. Mas fui lembrado do comentário de Wittgenstein em um prefácio de 1945 ao livro que seria publicado como *Philosophical investigations*: "Eu gostaria de ter produzido um bom livro. Isto não aconteceu, mas o momento em que eu poderia tê-lo melhorado já passou".[5] Pareceu apropriado que um livro a favor de uma apreciação cristã da contingência, da finitude e da dependência fosse apresentado ao mundo com certo medo e tremor, mas também com esperança e confiança.

---

[5] Ludwig Wittgenstein, *Philosophical investigations*, 3. ed., trad. para o inglês de G. E. M. Anscombe (New York: Macmillan, 1953), vol. VI [original em alemão: *Philosophische Untersuchungen*].

um

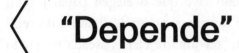

"Depende"
Criação, contingência e o fantasma do relativismo

O FANTASMA DO RELATIVISMO

Se existe um perigo claro e presente em nosso mundo pós-moderno, certamente é o "relativismo". Identificado como o inimigo por todos, desde pastores de jovens até reitores de universidades, o relativismo é tanto uma ameaça universal quanto um brado de guerra comum. Ele é o monstro que destruirá nossos filhos e, ao mesmo tempo, minará as bases da sociedade americana (pelo visto, o relativismo estará bastante ocupado!).

Para alguns comentaristas cristãos, o pós-modernismo simplesmente *é* o relativismo. J. P. Moreland, por exemplo, afirma que o pós-modernismo "representa uma forma de relativismo cultural sobre coisas como realidade, verdade, razão, valores, significado linguístico, o eu e outras noções. Da perspectiva pós-moderna, não existe realidade objetiva, verdade objetiva, valores objetivos, razão objetiva e assim por diante. Todas essas coisas são construções sociais, criações de práticas linguísticas e, como tais, são relativas não a indivíduos, mas a grupos sociais que compartilham uma narrativa".¹ De modo semelhante, D. A. Carson compartilha da preocupação de Moreland e avalia sucintamente a situação: "Da perspectiva da Bíblia", conclui ele, "o relativismo é uma traição contra Deus e sua Palavra".²

E essa não é uma preocupação apenas evangélica. Em uma homilia pouco antes do conclave que o elegeu papa, Joseph Ratzinger condenou o que descreveu como a "ditadura do relativismo": "Hoje," observou, "ter uma fé clara baseada no credo da Igreja costuma ser rotulado de fundamentalismo. Já o relativismo, isto é, permitir ser 'levados de um lado para outro, jogados para cá e para lá por todo vento de doutrina', parece ser a única postura capaz de lidar com os tempos modernos. Estamos construindo uma ditadura do relativismo que não reconhece coisa alguma como definitiva e cujo objetivo final diz respeito unicamente ao próprio ego e aos desejos pessoais."³

Parece que temos um consenso ecumênico aqui: o relativismo é a própria antítese da "verdade absoluta" (Verdade Absoluta) que proclamamos no evangelho. O relativismo é algo com que deveríamos nos preocupar e até temer. Portanto, quem em sã consciência se prontificaria a defender tamanho monstro?

Bem, eu gostaria de tentar. Ou, no mínimo, eu gostaria de amenizar nosso repúdio reacionário e nosso alarmismo caricato — especialmente porque me preocupo com o que é oferecido como antídoto: alegações de verdade "absoluta". De certas

---

¹J. P. Moreland, *Kingdom triangle: recover the Christian mind, renovate the soul, restore the Spirit's power* (Grand Rapids: Zondervan, 2007), p. 77 [edição em português: *O triângulo do reino: restabelecendo a mente cristã, renovando a alma, restaurando o poder do Espírito* (São Paulo: Vida, 2021)].

²D. A. Carson, *The intolerance of tolerance* (Grand Rapids: Eerdmans, 2012), p. 132 [edição em português: *A intolerância da tolerância* (São Paulo: Cultura Cristã, 2021)].

³Joseph Cardeal Ratzinger, missa para eleição do Sumo Pontífice, Basílica de São Pedro, 18 de abril de 2005, disponível em: http://www.ewtn.com/pope/words/conclave_homily.asp.

⟨ "DEPENDE" ⟩

maneiras, o remédio talvez seja pior para a fé do que a doença. Deveríamos ter medo do relativismo? Talvez. Mas não deveríamos também ter medo do "absolutismo" apresentado como defesa? Penso que sim. E não porque ele viola os ditames da tolerância liberal, mas porque abriga um impulso teológico que pode ser herético. A *re*ação cristã ao relativismo denuncia uma espécie de tique teológico que caracteriza o cristianismo americano contemporâneo, a saber, uma fuga da contingência e uma supressão da nossa condição de criatura. Em relação a isso, penso que o "relativismo pós-moderno" (uma expressão usada apenas pelos críticos, sempre acompanhada de um ar de desprezo) muitas vezes aprecia os aspectos de nossa condição finita de criaturas de um jeito melhor do que as defesas cristãs, que parecem transformar a condição de criatura em uma condição de Criador. Em outras palavras, acho que os relativistas podem ter algo a nos ensinar sobre o que significa ser uma *criatura*.

O "relativismo", entretanto, é uma figura bastante obscura e não existe uma "escola" unificada de "pensamento relativista" (a despeito da maneira que alguns críticos falam dele).[4] Portanto, a fim de focar um alvo e evitar, assim, desferir golpes equivocados contra um competidor vago, considerarei um caso específico: a escola de pensamento filosófica descrita como "pragmatismo". Meu raciocínio é simples. Sempre que os críticos começam a condenar o "relativismo pós-moderno" (fale isso em voz alta, com uma carranca bem feia), inevitavelmente sabemos qual nome será mencionado: Richard Rorty, o bode expiatório dos pseudointelectuais cristãos e dos filósofos analíticos em toda parte, o sinônimo de tudo o que há de errado com o pós-modernismo e o meio acadêmico. O pavor de Rorty é como a ameaça vermelha, autorizando o macarthismo filosófico e convocando as tropas de defesa.

---

[4] Se alguém utilizar o substantivo plural "pós-modernos" para descrever um grupo de pessoas, pode estar certo de que esse indivíduo está usando uma caricatura.

Ora, creio que muitos críticos *deveriam* estar preocupados com Rorty. Afinal de contas, ele questiona algumas de nossas identidades e clichês favoritos, puxando o tapete debaixo de algumas de nossas suposições filosóficas mais fundamentais. Minha intenção não é demonstrar que Rorty não constitui ameaça, tampouco revelar que o "verdadeiro" Rorty no fundo é um amigo inofensivo do *status quo* filosófico. Pelo contrário: o pragmatismo de Rorty *realmente apresenta* todas as características do "relativismo" que os cristãos adoram criticar e condenar. Por isso, quando os estudiosos cristãos estão à procura de um oponente, Rorty sempre surge.

No entanto, também acho importante situar Rorty em uma linhagem filosófica. Essa linhagem é o que ele descreve como "pragmatismo", uma escola de pensamento que ele acreditava (de modo bastante idiossincrático) ter surgido a partir do triunvirato composto por Ludwig Wittgenstein, John Dewey e Martin Heidegger.[5] Podemos imaginar o pragmatismo como um pós-modernismo com sotaque americano: um pouco mais direto e um pouco menos imprevisível do que a teoria francesa, mas ainda uma crítica radical do projeto filosófico moderno.[6] Inspirada pelo "segundo" Wittgenstein, de *Philosophical investigations*, a obra *Philosophy and the mirror of nature*,[7] de Rorty, é uma

---

[5] Pragmáticos posteriores, como Robert Brandom e Jeffrey Stout, consideram a herança ainda mais antiga, remetendo a Hegel — não o Hegel da *Fenomenologia do espírito*, mas o Hegel mais *ético* de *Princípios da filosofia do direito*. Veja, por exemplo, as invocações de Hegel que Robert Brandom faz em seu epílogo de: *Between saying and doing* (Oxford: Oxford University Press, 2008), p. 216-7. Rorty, porém, também tira o chapéu para Hegel em *Philosophy and the mirror of nature* (Princeton: Princeton University Press, 1979), p. 135.

[6] Veja Nancy Murphy, *Anglo-American postmodernity: philosophical perspectives on science, religion, and ethics* (Boulder: Westview, 1997).

[7] Edição em português: *Filosofia e o espelho da natureza* (Rio de Janeiro: Relume-Dumara, 1994).

articulação forte, porém séria, do "relativismo".[8] E o trabalho do aluno de Rorty, Robert Brandom, expandiu esse projeto "pragmático" ao mesmo tempo em que apresentou uma crítica tanto de Wittgenstein, quanto de Rorty.

Logo, se quisermos levar o relativismo a sério, não podemos atacar uma quimera inventada e nos parabenizar por termos derrotado um espantalho. A fim de evitar isso, sugiro que abordemos essa corrente pragmática na filosofia anglo-americana como uma articulação séria do "relativismo". Isso fará com que tenhamos responsabilidade para com um corpo de literatura, sem criarmos caricaturas vagas. Assim, meu procedimento consistirá em oferecer exposições sólidas de obras de Wittgenstein, Rorty e Brandom, algo que não costuma ser oferecido pelos críticos que se deleitam em tirar citações de contexto, a fim de escandalizar (ou aterrorizar) as massas. Veremos como seus argumentos são desenvolvidos, de que maneira eles chegam às suas conclusões e *só então* avaliaremos como devemos pensar sobre o assunto a partir de uma perspectiva cristã. Como já sugeri, creio que podemos aprender algo com esses filósofos — que o pragmatismo pode ser um catalisador para que os cristãos se lembrem de convicções teológicas que esquecemos na modernidade. É fato que nenhum desses pragmáticos tem qualquer interesse em defender o cristianismo ortodoxo; não vou fingir que sim. Contudo, sugerirei que levá-los a sério pode servir-nos de impulso para que recuperemos uma fé cristã mais ortodoxa — uma fé mais católica do que a fé modernista de seus depreciadores evangélicos.

Permita-me esclarecer algo desde o início: garanto que sou uma das pessoas mais conservadoras nesse diálogo. Então, por favor, não pense que estou expondo essas ideias como um prelúdio para propor um cristianismo "progressista". Na verdade,

---

[8] Rorty é ainda mais explícito sobre isso em: *Objectivity, relativism, and truth* (Cambridge: Cambridge University Press, 1990).

argumentarei que, se o pragmatismo nos ajuda a compreender as condições da finitude, então nossa trajetória deve ser "católica".⁹ O objetivo do meu projeto não é um cristianismo eviscerado e liberal, mas um conservadorismo católico.

NÃO ESTÁ TUDO BEM:¹⁰ RELATIVISMO, CONSTRUCIONISMO SOCIAL E ANTIRREALISMO

A fim de motivar nossa imersão em Wittgenstein, Rorty e Brandom, eu gostaria de tentar concretizar esse "fantasma" do relativismo de uma maneira um pouco mais séria — embora isso se assemelhe um pouco a tentar capturar esse fantasma. Para isso, recorrerei a dois críticos sóbrios e eruditos do relativismo: o sociólogo Christian Smith e o filósofo Alvin Plantinga. Ambos são os estudiosos cristãos exemplares e compartilham de uma crítica comum ao bicho-papão do pós-modernismo como sendo uma forma de relativismo. Portanto, em vez de expor alvos fáceis que poderiam ser facilmente descartados, quero que você leia críticas ao relativismo caracterizadas tanto pelo rigor acadêmico quanto pela preocupação cristã.

Christian Smith e o construcionismo social

O relativismo trafega sob outros nomes e assume diferentes formas. Uma delas é o "construcionismo social" (ou "construtivismo"): a ideia de que nós, de alguma maneira, *construímos*

---

⁹ Por isso, meu argumento aqui é paralelo às conclusões a que cheguei (por meio de rotas diferentes) em *Who's afraid of postmodernism?*

¹⁰ No inglês, o autor diz: "The kids are not all right", o que, em tradução livre, quer dizer "As crianças não estão nada bem". O autor faz referência à música *The kids aren't alright*, da banda americana The Offspring. A música conta a história de crianças que conviviam em uma mesma vizinhança, mas, assim que alcançaram a vida adulta, experimentaram a tragicidade da vida (drogas, suicídio etc). (N. do R.)

⟨ "DEPENDE" ⟩

o nosso mundo. Em vez de ser uma coleção de fatos brutos com os quais deparamos, o construcionismo social propõe que "o mundo" é um ambiente fabricado por nós. Por isso, ao invés de estarmos subordinados a um mundo "real" que se impõe aos nossos conceitos e às nossas categorias, são os nossos conceitos que *criam* a "realidade". Christian Smith se ocupa com a forma mais forte dessa ideia,[11] que afirma algo mais ou menos assim:

> Para os seres humanos, a realidade em si é uma construção social, constituída por categorias mentais, práticas discursivas, definições de situações e trocas simbólicas consideradas "reais" por meio de interações sociais contínuas, as quais, por sua vez, são moldadas por interesses, perspectivas e, geralmente, desequilíbrios de poder particulares — nosso conhecimento sobre a realidade é, portanto, inteiramente relativo do ponto de vista cultural, uma vez que nenhum ser humano tem acesso à realidade "como ela realmente é" [...] porque nunca podemos escapar de nossos limites epistemológicos e linguísticos para verificarmos

---

[11] Smith faz distinção entre o que chama de construcionismo social "fraco" e construcionismo social "forte" em: *What is a person? Rethinking humanity, social life, and the moral good from the person up* (Chicago: University of Chicago Press, 2010), p. 121-2. Na verdade, ele afirma que o construcionismo social "fraco" (que ele chama de uma versão "realista") é o mero reconhecimento de que "todo conhecimento humano é conceitualmente mediado e pode — e costuma — ser influenciado por fatores socioculturais particulares e contingentes, como interesses materiais, estruturas de grupo, categorias linguísticas, desenvolvimentos tecnológicos e similares, de modo que aquilo que as pessoas acreditam ser real é significativamente moldado não apenas pela realidade objetiva, mas também por seus contextos socioculturais" (p. 122). É tentador desconsiderar sua crítica do pós-modernismo mostrando que pessoas como Rorty defendem algo parecido. Mas não farei isso. Creio que Smith está correto ao perceber algo mais radical em Rorty, algo mais próximo do que ele chama de construcionismo social "forte". No entanto, sugerirei a seguir que essa distinção fraco/forte é muito instável e, em última análise, insustentável.

se nossas crenças sobre a realidade correspondem à realidade externamente objetiva.[12]

Isso, sim, parece algo com que devemos nos preocupar. O construcionismo social, talvez se diga, é a versão acadêmica do relativismo que Smith se dispõe a criticar. Observe suas características: ele começa com a suposição de que os seres humanos *constituem* nossa "realidade"; que esse ato de "criar" o nosso mundo é inevitavelmente *social* e, portanto, depende de uma comunidade ou sociedade ou de "pessoas"; que nosso conhecimento da realidade é, portanto, *relativo* às categorias e aos conceitos que nossa comunidade nos oferece; e isso significa que nunca poderemos "saber" se nossas crenças *correspondem* à realidade, pois não haveria como sair de uma comunidade para verificar se nossas categorias "correspondem" a uma realidade *externa*.

Nessa descrição, também é possível ouvir a preocupação de Smith: se o construcionismo social fosse verdadeiro, não haveria freios e contrapesos, não haveria um "exterior" capaz de conter nossas invenções e preferências. Poderíamos simplesmente moldar o mundo de qualquer maneira que quiséssemos — e, se "nós" quiséssemos coisas horríveis ou desejássemos criar uma "realidade" na qual a escravidão ou o racismo ou a pedofilia fossem "bons", nada nos impediria. É por isso que o espectro do relativismo se torna mais assustador quando chegamos à moralidade: em vez de ser uma perplexidade vaga, quase trivial, sobre questões mundanas ("Você está me dizendo que algumas pessoas não acham que os pelicanos realmente *existem* fora da minha cabeça?!"), as coisas começam a ficar sérias — e assustadoras — quando começamos a falar sobre questões morais ("Você está me dizendo que algumas pessoas acham que podemos simplesmente inventar nossa própria moralidade, isto é, que não há certo ou errado?!").

---

[12] Ibidem, p. 122. (E, sim: no original, isso é uma frase só!)

⟨ "DEPENDE" ⟩

A descrição de Smith logo chega nesse ponto. Se o construcionismo social for verdadeiro, conclui ele, não há fatos morais "objetivos" ou padrões "fora" de nós mesmos e de nossas comunidades.[13] E, se esse for o caso, "tudo é permitido".[14]

Você pode ver aonde isso chegará. Se nossas categorias morais não passam de expressões das preferências de determinada comunidade, não haverá recurso para criticar a moralidade ruim de uma comunidade *má*. Assim, por exemplo, "o racismo e a injustiça são classificados como moralmente errados para nós.

---

[13] Na verdade, Smith apresenta a crítica da "autodestruição": ele afirma que o construcionismo forte é moralmente autodestrutivo, porque a maioria dos construcionistas sociais tem ideias muito fortes de como seria uma sociedade *melhor*. Todavia, defender uma sociedade *melhor* "pressupõe a posse de padrões morais reais" (ibidem, p. 138) e são justamente esses padrões morais que o construcionismo forte erradica "ao negar a existência de fatos morais reais" (p. 139). Assim, o que Smith está dizendo aos construcionistas/relativistas é: não se pode ter tudo. No entanto, há outra opção: uma explicação de como se poderia ter padrões *morais* sem precisar alegar que eles são "objetivos". Conforme veremos, é exatamente isso o que Rorty procura oferecer (teremos que ver, entretanto, se a explicação dele é adequada).

Por fim, Smith tem o pequeno hábito de presumir o que deveria provar o construcionismo social é considerado errado *porque* exclui "fatos morais reais" (p. 139) — até mesmo "padrões morais reais" (p. 138). Isso, porém, não é um *argumento* contra o construcionismo social. Não se pode dizer que o construcionismo social é errado *porque* não oferece aquilo que o "realismo moral" oferece, uma vez que a diferença entre eles é justamente o que está em discussão. Retomaremos isso adiante.

[14] Veja, por exemplo, como Smith define "relativismo moral" em outro lugar. "Com 'relativismo moral', queremos dizer a crença descritiva de que os padrões morais são culturalmente definidos — de que a verdade ou a falsidade das alegações e dos julgamentos morais não é universal ou objetiva, mas relativa a crenças históricas e culturais, opiniões, tradições e práticas de grupos particulares de pessoas, o que leva à crença normativa de que todos devem tolerar todas as crenças morais e todos os comportamentos alheios justificados por crenças, mesmo quando são muito diferentes de nossos próprios padrões culturais ou morais, uma vez que não existe um padrão moral universal ou objetivo pelo qual se possa julgar as crenças e os comportamentos dos outros." (*Souls in transition: the dark side of emerging adulthood* [New York: Oxford University Press, 2011], p. 251n4).

Mas e se alguma outra pessoa ou comunidade 'classificar' construtivamente os padrões sociais por trás desses 'males' como moralmente aceitáveis — como algumas, por sinal, fazem? O construcionista, em virtude das limitações intelectuais inatas de seu próprio sistema teórico, não tem mais força persuasiva a aplicar".[15] O construcionismo e o relativismo parecem nos colocar em uma posição na qual somos incapazes de impedir o racismo, a opressão e outras formas de injustiça, pois não podemos lançar mão de "fatos" morais. "Tudo o que efetivamente resta nessa abordagem para a criação de compromissos morais é a preferência pessoal, a escolha arbitrária e o poder de fiscalizar e impor."[16]

Assim, Smith apresenta seu argumento a favor do "realismo moral" como antídoto para o relativismo do construcionismo social (forte).[17] Contudo, podemos nos perguntar se ele logo se excede, uma vez que expressa: "É *somente* a crença na existência de verdades independentes de nosso pensamento que pode motivar o desejo de subjugar nossos desejos, preferências, ideologias e política à busca pela verdade da melhor forma possível."[18] Somente um "realismo" que considere nossas crenças "correspondentes" a uma realidade "objetiva" pode ser realmente *moral*. Smith prossegue: "O fato de que, para a maioria de nós, o mundo

---

[15] Smith, *What is a person?*, p. 140.
[16] Ibidem, p. 141.
[17] Além do questionamento abaixo, isso suscita outra pergunta. Se o construcionismo relativista é um fenômeno relativamente novo, substituindo o antigo "realismo" e a tradição dos "absolutos morais", não seria justo perguntar como foi que o bom e velho realismo tradicional se saiu na prevenção do racismo e da injustiça? Como devemos entender os racistas que são realistas — confiantes de que enxergam as coisas "da forma que são", que acreditam que suas categorias conceituais correspondem à "realidade"? O que pensar daqueles que consideram como "fato moral" a ideia de que os brancos são a raça superior? O realismo não parece oferecer muita vantagem pragmática ou moral nesse sentido.
[18] Ibidem, p. 143-4, grifo na citação.

não é aquilo que gostaríamos que fosse, diz-nos que existe uma realidade amplamente objetiva que impacta intensamente nossa vida, que é muito maior do que o mero produto de interações humanas. Se assim for, nosso conhecimento dessa realidade deve ser moldado o máximo possível pela natureza objetiva do seu ser, não pelos desejos e preferências que projetamos sobre ela. Isso é realismo."[19]

O termo *"somente"* é que é o problema aqui. Em primeiro lugar, a alegação de Smith é, em grande medida, estipulativa e injustificada — feita como se fosse "óbvia", mas sem ser demonstrada. Em segundo lugar, ela aparenta ser empiricamente falsa.[20] Por exemplo, Richard Rorty está bastante comprometido com o alívio do sofrimento e *motivado* a mudar a forma da nossa sociedade; ele é um verdadeiro evangelista da democracia. No entanto, ele tem esse desejo e motivação *sem* a ontologia "realista" que Smith alega ser um *requisito* para tal reforma. Não é muito persuasivo, da parte de Smith, responder que Rorty é presa da incoerência; Rorty é muito inteligente e, com certeza, já ouviu esse argumento antes. Será que não existe uma possibilidade — uma pequena possibilidade — de a questão não ser tão simples assim?

Chegamos aqui a uma das minhas principais preocupações neste livro. O "realismo" que Smith invoca e defende não é apenas uma teoria ética. Em última análise, ele está enraizado em uma metafísica e em uma filosofia de linguagem. O próprio Smith reconhece que o que está em vista aqui é uma questão *filosófica*

---

[19] Ibidem, p. 145. Sim, "isso" é realismo; mas o "realismo" inclui alguns compromissos epistemológicos e ontológicos *além* do que foi declarado. Conforme mostrarei no capítulo 3, Rorty poderia afirmar quase tudo o que Smith diz aqui, mas nem por isso se comprometeria com o "realismo".

[20] Eu uso o termo "falso" ciente de que Smith poderia objetar, mas, conforme veremos mais adiante, os realistas não são os únicos que podem usar os termos "verdadeiro" e "falso".

"da relação entre linguagem, realidade e conhecimento".[21] Em outras palavras, deparamo-nos com questões fundamentais da filosofia da linguagem — e Smith admite que ele mesmo não é um filósofo da linguagem.[22] Ele tampouco consulta filósofos da linguagem ou instrui a si mesmo quanto ao estado da questão nesse campo. Assim, o que temos é um sociólogo fazendo um pouco de filosofia *freelance* com afirmações grandiosas sobre a necessidade de recuperar uma "teoria referencial da linguagem" e uma teoria de "correspondência" da verdade, sem dar atenção alguma aos desafios *filosóficos* feitos contra tal teoria ao longo dos últimos cinquenta anos.

Ora, sou a última pessoa a condenar iniciativas interdisciplinares. Assim, não estou criticando Smith por perambular pelo território dos filósofos. Ele está absolutamente certo: as questões apresentadas pelo construcionismo social nas ciências sociais levam a questões fundamentais na filosofia da linguagem e na metafísica — questões referentes à relação entre linguagem e realidade. Eu o aplaudo por reconhecer isso e abordar essas questões. Todavia, nossas incursões interdisciplinares precisam levar em consideração o estado em que essas discussões se encontram nos campos relevantes; é aqui que considero a exposição de Smith em falta. Embora este livro seja uma crítica à sua proposta, espero que ele também seja visto como uma ajuda: um filósofo da linguagem abordando as questões que Smith, com razão, suscitou.

E é aqui que o pragmatismo de Wittgenstein, Rorty e Brandom se torna diretamente relevante. Na verdade, concordo com grande parte da crítica de Smith à incoerência do construcionismo "forte", o qual realmente acaba em ceticismo.[23] Contudo,

---

[21] Smith, *What is a person?*, p. 154.
[22] Ibidem, p. 159.
[23] Smith se concentra na incoerência de muitas formas de construcionismo forte ao observar que a maioria das proposições deriva de uma aceitação da teoria da linguagem de Ferdinand de Saussure (*What is a person?*, p. 153-7). Creio

creio que existe uma forma de construcionismo (que pode até ser chamada de "relativismo") que Smith não chegou a abordar — uma forma proveniente de Wittgenstein, característica da tradição filosófica conhecida como "pragmatismo". O único construcionismo social capaz de escapar à crítica de Smith é uma versão pragmática resultante da crítica mais radical, feita por Wittgenstein contra o *representacionalismo* (ou *referencialismo*). Essas são formas praticamente sinônimas de descrever a relação entre linguagem, realidade e conhecimento como uma relação de ideias ("representações") na minha mente, que "correspondem" à realidade "fora" da minha mente. Charles Taylor, ao comentar a crítica de Wittgenstein, chama isso de imagem interna/externa do conhecimento ("imagem I/E", de forma abreviada): conhecimento diz respeito a fazer com que algo "dentro" da mente se vincule às coisas "fora" da mente.[24]

---

que Smith tem razão em salientar incoerências nessa escola de pensamento, a qual retém a forma básica de uma epistemologia "representacionalista", mas nega qualquer papel a um "referente". Por sinal, creio que, quanto a isso, a obra de Jacques Derrida (que exerceu influência em alguns de meus primeiros trabalhos) permanece prisioneira de uma "imagem" que é justamente o problema — e é por isso que algumas formas de desconstrução nunca conseguem escapar de um paradigma representacionalista e acabam virando uma espécie de ceticismo. Mas, conforme mostrarei, seguindo Charles Taylor, há uma vertente mais radical de construcionismo social que rejeita toda essa "imagem" representacionalista de conhecimento e crenças.

[24] Charles Taylor, "Merleau-Ponty and the epistemological picture". In: Taylor Carman; Mark B. N. Hansen (Orgs.). *The Cambridge companion to Merleau-Ponty* (Cambridge: Cambridge University Press, 2005), p. 26. Em um artigo relacionado, Taylor destaca que essa concepção epistemológica é mecanicista: "Se considerarmos [a percepção] como outro processo em um universo mecanicista, temos que interpretá-la a ponto de envolver, como um componente crucial, a recepção passiva de impressões do mundo externo. O conhecimento, então, se apoia em determinada relação entre o que está 'lá fora' e certos estados internos que a realidade externa causa em nós." Taylor, "Overcoming epistemology", in: *Philosophical arguments* (Cambridge: Harvard University Press, 1995), p. 3-4. É por isso que, a seguir, veremos Rorty e Brandom falando sobre termostatos e fotocélulas com frequência.

Mas, para pragmáticos como Wittgenstein, Rorty e Brandom, essa "imagem" é justamente o problema. "Uma *imagem* nos manteve cativos", observou Wittgenstein em *Investigations*. "E não podíamos sair dela, pois ela jazia em nossa linguagem e a linguagem parecia repeti-la a nós de modo inexorável."[25] O "realismo" que Christian Smith promove é a resposta a uma pergunta que não deveríamos fazer, justamente porque se baseia na imagem I/E. Essa imagem I/E representacionalista se sedimentou até mesmo em nossas epistemologias "populares", em nossas suposições cotidianas sobre como nos relacionamos com o mundo. Uma vez que a imagem I/E se estabeleceu em nossa postura "cotidiana", é "natural" que tenhamos preocupações "realistas". Com efeito, a imagem nos ilude, levando-nos a pensar que, se rejeitarmos a correspondência ou o representacionalismo, rejeitaremos a realidade. E é muito difícil escapar dessa imagem. Como Taylor comenta: "Não basta que alguém escape de sua atividade apenas para declarar que mudou de opinião sobre essas questões. É possível, por exemplo, rejeitar a ideia de representação, afirmar que não se tem nada com isso, que nada se encontra entre nós e o mundo que conhecemos e, ainda assim, continuar trabalhando dentro da imagem".[26]

Essa é a exata situação da tentativa de Christian Smith de restaurar o realismo, ainda que um realismo "crítico". De modo ainda mais grave, a alegação particularmente ingênua de Smith sobre a necessidade de recuperar uma abordagem "referencialista" da linguagem parece estar despreocupadamente inconsciente da força e das características da crítica pragmática da referência e

---

[25] Ludwig Wittgenstein, *Philosophical investigations*, 3. ed., trad. para o inglês de G. E. M. Anscombe (New York: Macmillan, 1953), p. §115 [edição em português: *Investigações filosóficas* (São Paulo: Vozes, 2014)].

[26] Taylor, "Overcoming epistemology", p. 28. Taylor prossegue considerando como esta imagem permanece operativa na obra de Donald Davidson, embora Davidson seja um crítico radical do "fundacionalismo" (p. 28-30).

da representação.²⁷ O único relativismo digno de respeito — o único relativismo que vale nossa reflexão e com o qual talvez tenhamos algo a aprender — é o relativismo que questiona essa imagem, que questiona justamente o referencialismo que Smith exalta.²⁸ Mas isso não significa que a *verdade* é questionada? Ou que as alegações essenciais da fé cristã são evisceradas? Será que o "realismo" é a única maneira de afirmar que algo é *verdadeiro*? Creio que não e essa suposição precipitada de que sim é o que desejo contestar neste livro.

Alvin Plantinga e o antirrealismo

Sugeri que o relativismo usa muitas máscaras. Às vezes, ele aparece em versões ingênuas bem conhecidas, como: "Bem, isso pode ser errado para você, mas não para mim". Há também formas mais sofisticadas, como vimos nas descrições da realidade feitas pelo construcionismo social. Outra forma erudita ou "acadêmica" de relativismo circula sob a bandeira do "antirrealismo".²⁹ Como

---

²⁷Taylor prossegue explicando como é o representacionalismo e a imagem I/E, e não o pragmatismo, que levam ao ceticismo (ibidem, p. 38-9).

²⁸ É por isso que, em última análise, a distinção entre construcionismo social "fraco" e "forte" é irrelevante. O construcionismo social "fraco" — ou o "realismo crítico" de Smith — continua sendo *referencialista* e *representacionalista* ao aceitar a antropologia "interior/exterior" que sustenta essa epistemologia (Taylor). É essa imagem que o pragmatismo questiona e sugiro que (1) nada na fé cristã *exige* que aceitemos o representacionalismo e (2) pode haver boas razões teológicas para rejeitarmos tal representacionalismo e, portanto, concordarmos com os pragmáticos — até certo ponto. Rorty diria que o realismo crítico é a resposta a uma pergunta que deveríamos deixar de fazer.

²⁹Consulte o discurso presidencial de Alvin Plantinga, intitulado "How to be an anti-realist", à Divisão Ocidental da APA em 29 de abril de 1982 em: *Proceedings and addresses of the American Philosophical Association* 56, 1982, p. 47-70. Plantinga teve como alvo o "Antirrealismo continental em filósofos como Richard Rorty" e o "Antirrealismo linguístico de Wittgenstein e seus muitos seguidores" em sua palestra proferida no Stob Lectures: "The twin pillars of Christian scholarship", in: *Seeking understanding: the Stob Lectures, 1986-1998* (Grand Rapids: Eerdmans, 2001), p. 128-32

podemos imaginar, o antirrealismo é "contra" — ou, pelo menos, nega — exatamente o tipo de "realismo" que Christian Smith defende. No entanto, embora os realistas suponham precipitadamente que isso significa que os antirrealistas negam a existência de um mundo extracraniano, o que esses chamados antirrealistas costumam negar é a imagem representacionalista do conhecimento, que postula um interior/exterior. Assim, pragmáticos como Rorty não são "antirrealistas", porque acreditam que todo o debate realista/antirrealista repousa sobre um erro de categoria — uma concepção de conhecimento que é contingente, defeituosa e "moderna", a qual deveríamos rejeitar.

Como se pode imaginar, as preocupações *morais* em relação ao relativismo (ou o antirrealismo) não estão distantes das preocupações especificamente *teológicas*. Se o relativismo oblitera fatos morais, o que ele faz com Deus? Em sua forma mais forte, a preocupação com o construcionismo social viria de ele implicar que nós "construímos" Deus — que Deus, em vez de ser um Ser eterno e transcendente que nos precede (e fala conosco e nos ama), é um produto da nossa construção social, uma invenção que criamos. Não "há" um "Deus" fora do conceito/entidade que "construímos". Na versão de Feuerbach dessa concepção deflacionária da crença religiosa, Deus, na verdade, é um *nós* amplificado, uma projeção de tudo o que não somos.[30] Se *essa* é a implicação do relativismo, então ela é claramente uma visão antitética à fé cristã ortodoxa. Portanto, precisamos enfrentar esse desafio.

Alvin Plantinga trata tais descrições como possíveis "anuladores" da fé cristã.[31] E ele aborda explicitamente a concepção

---

[30] Veja Ludwig Feuerbach, *The essence of Christianity* [edição em português: *A essência do cristianismo* (São Paulo: Vozes, 2013)]. Para uma abordagem favorável, veja Van A. Harvey, *Feuerbach and the interpretation of religion* (Cambridge: Cambridge University Press, 1997).

[31] Veja a explicação de Plantinga sobre os "anuladores" (e os anuladores do anulador) em: *Warranted Christian belief* (New York: Oxford University Press, 2000), p. 359-66 [edição em português: *Crença cristã avalizada* (São Paulo: Vida Nova, 2018)].

deflacionária que Rorty faz da verdade como exemplo de um possível anulador "pós-moderno", questionando de uma maneira bem simples: "Será que o pós-modernismo é incoerente com a fé cristã?". Vale a pena observar o início da resposta de Plantinga. De certa forma, segundo ele, as alegações "pós-modernas" não são anuladoras da fé cristã, porque "algumas são inteiramente compatíveis com ela. Por exemplo, normalmente os pós-modernos rejeitam o fundacionalismo clássico, que também foi rejeitado por porta-vozes valentes da fé cristã tais como Abraham Kuyper, William Alston e Nicholas Wolterstorff e, de forma antecipada, por Agostinho, Tomás de Aquino, Calvino e Edwards".[32] Assim, a primeira vez que você ouviu isso foi de Plantinga: Kuyper e Rorty talvez não estejam tão distantes um do outro quanto se possa imaginar.

Mas ainda não é hora de nos sentar, dar as mãos e cantar. "Outras alegações pós-modernas", enfatiza Plantinga, "realmente parecem ser incompatíveis com a fé cristã. Por exemplo, as afirmações de que Deus está morto, de que não há padrões morais 'objetivos' e talvez também a afirmação de que não existe algo que possa ser chamado *verdade*, pelo menos segundo o entendimento do senso comum".[33]

Eu não me deparei com muitos supostos teóricos "pós-modernos" que saem por aí dizendo não haver "algo que possa ser chamado *verdade*". Isso seria sincero e direto demais, não

---

[32] Ibidem, p. 423. Ele prossegue observando que o pós-modernismo e o cristianismo compartilham preocupações em relação aos pobres, à opressão e à injustiça sistêmica; além disso, ambos têm um senso saudável de autossuspeita e defendem o falibilismo (p. 424).

[33] Ibidem, p. 424, grifo original. Tanto Rorty quanto Charles Taylor alertariam contra suposições precipitadas sobre o que é "senso comum" no que diz respeito à verdade. Toda uma "imagem" de conhecimento relativamente "nova" (isto é, moderna) se infiltrou em nossa consciência popular, de modo que uma descrição representacionalista do saber é "senso comum" *agora*. Isso, porém, não significa que ela seja *natural*.

condizente com a ironia deles. Certamente, não é algo que Rorty diz. Em vez de pensar que eles rejeitam "algo que possa ser chamado verdade", seria melhor dizer que eles nos oferecem *concepções deflacionárias* da verdade. Eles *explicam* a verdade de modo diferente daquele aos quais nossos hábitos (realistas) nos levam a usar. Assim, eles não negam a verdade, tampouco perdem a capacidade de dizer: "X é verdadeiro"; eles simplesmente não acham que a verdade é um mecanismo pelo qual os conceitos da nossa mente magicamente se conectam a entidades fora dela. Se é *assim* que você costuma pensar sobre a verdade — se essa é sua imagem padrão e seu "senso comum" de verdade — então a impressão é a de que Rorty está negando a existência da verdade. A realidade, porém, é que ele simplesmente não acredita na história que costumamos contar sobre a verdade.

Plantinga parece gostar desse tipo de coisa. Portanto, ele resume o anulador pós-moderno da seguinte maneira: "Existe um tipo de visão pós-moderna comum sobre a verdade, segundo a qual o que é verdadeiro depende daquilo que nós, seres humanos, dizemos ou pensamos" — e isso, acrescenta ele, "*de fato* parece incompatível com a fé cristã", porque tal alegação significaria que "a existência de alguém como Deus ser verdade ou não depende de nós e do que fazemos ou pensamos".[34] Plantinga se prende à afirmação provocativa de Rorty de que "a verdade é o que nossos pares nos permitem dizer".[35] Em outras palavras, isso

---

[34] Ibidem, p. 424.
[35] Ibidem, p. 429, citando Richard Rorty em *Philosophy and the mirror of nature*, p. 176 (ligeiramente modificado). (Abordaremos essa afirmação em seu contexto no capítulo 3 adiante.) Plantinga discorre sobre isso da seguinte maneira: "Presumivelmente, a alegação de Rorty é de que a verdade de uma crença ou proposição depende, de alguma forma importante, de algum tipo de realidade social; a verdade é, de alguma maneira, uma função da sociedade e do que ela faz ou faria. O que é verdadeiro 'para nós', portanto, dependerá, de certo modo, de nossa própria sociedade" (*Warranted Christian belief*, p. 431). Todavia, essas reservas (*de alguma forma importante*; *de alguma maneira*; *de certo modo*) são cruciais. Não fica de todo claro, dependendosde

⟨ "DEPENDE" ⟩

significaria que "Deus depende de nós para sua existência" — ou, pelo menos, de nossos pares[36] — e, "de uma perspectiva cristã, isso é totalmente absurdo. Essa forma de pensar sobre a verdade, portanto, é incompatível [...] com a fé cristã".[37]

Em última análise, quero que sintamos a força da preocupação de Plantinga, mas que nos refreemos de chegar à conclusão dele por enquanto. Concordo inteiramente com ele que qualquer entendimento da verdade que torne a existência de Deus dependente de nós seria incompatível com a fé cristã ortodoxa. Contudo, eu gostaria que assistíssemos ao *replay* em câmera lenta e reavaliássemos as jogadas que levaram à sua conclusão precipitada. Precisamos ser um pouco mais cuidadosos com algumas delas. Em primeiro lugar, devemos confirmar que a tradição pragmática de Wittgenstein, Rorty e Brandom realmente alega que "o que é verdadeiro depende do que nós, seres humanos, dizemos ou pensamos" (como creio que depende). Depois, em segundo lugar, precisamos considerar, com cuidado, *por que* esses

---

como esses qualificativos são compreendidos, que *esse* tipo de alegação seja necessariamente incompatível com a fé cristã. Na verdade, pode-se sugerir que a própria descrição que Plantinga faz de aval já absorve algo parecido com essas considerações. (Plantinga observa que sua descrição de "aval", conforme articulada em *Warrant and proper function*, torna o aval "*relativo* às circunstâncias" [ibidem, p. 428, grifo na citação].)

[36] Plantinga, *Warranted Christian belief*, p. 429. Em seu discurso à APA, Plantinga comenta sobre a alegação de Rorty: "A ideia não é, entendo, que nossos pares são tão esplendidamente informados e meticulosos que, com efeito, só nos permitirão dizer algo se — e somente se — isso for verdadeiro" ("How to be anti-realist", p. 50). É verdade (ironicamente) que Rorty *não* quer dizer que nossos pares têm um conhecimento que "corresponda" à "forma como as coisas são", o que seria realismo por tabela. No entanto, como veremos em uma exposição mais cuidadosa do argumento de Rorty, nossos pares *não* nos permitirão dizer qualquer coisa, porque nós habitamos um mundo que nos restringe de alguma maneira. A questão é que, assim que realistas como Plantinga ou Smith ouvem a linguagem da "restrição", eles pensam que a *única* explicação deve ser a "correspondência". Retornaremos a essas questões no cap. 4.

[37] Plantinga, *Warranted Christian belief*, p. 425.

33

pragmáticos fazem tais afirmações e se essas afirmações não estão, na realidade, meticulosamente enraizadas nas condições de nossa finitude e condição de criatura. Quando o fizermos, creio que descobriremos que o pragmatismo é uma filosofia robusta da contingência e totalmente compatível com a doutrina cristã da criação — e até mesmo uma espécie de lembrete profético da importância da distinção entre Criador e criatura. Em terceiro lugar, devemos confirmar se eles chegam ao tipo de conclusão metafísica que Plantinga lhes atribui. Por exemplo, será que eles realmente têm a intenção de afirmar que as condições humanas e sociais do saber e das alegações de verdade são metafisicamente criativas? Ou que, a menos que os seres humanos *digam* que algo "é verdadeiro", as coisas não *existem*?

Então, somente então, poderemos finalmente retornar à pergunta de Plantinga: será que tal ponto de vista (pragmático) sobre a verdade é incoerente com a fé cristã? Mas nós também viraremos o jogo e perguntaremos o seguinte: será que a concepção "realista" oferecida por Smith e Plantinga é a melhor — ou a *única* — opção epistemológica para os cristãos? Ou poderia haver, na realidade, boas razões *teológicas* para suscitar questões sobre o realismo e a epistemologia que ele pressupõe? Poderia haver razões e recursos, internos à confissão cristã, que deveriam nos levar a pensar de forma diferente sobre a verdade e o conhecimento?

VISUALIZANDO CONTINGÊNCIA E SOLIDARIEDADE EM *WENDY E LUCY*

Os cristãos que são alarmistas em relação à ameaça do relativismo costumam invocar a "verdade absoluta" tanto como vítima quanto como antídoto. Aquilo que é ameaçado pelo relativismo é a verdade "absoluta", mas a única coisa capaz de nos livrar do relativismo é a verdade "absoluta". O uso frequente e negligente do qualificativo "absoluto" gera uma confusão comum do "relativismo" com simples arbitrariedades. Assim, quando alguém depara com a alegação de que a verdade "é relativa", o que a pessoa *ouve* é isto: a verdade é *arbitrária* — tudo é permitido. Em resposta, os cristãos invocam a verdade "absoluta" como um isolante e escudo contra tal arbitrariedade — sem realmente explicar o que o adjetivo "absoluto" faz quando está associado à "verdade". O que exatamente o qualificativo "absoluto" acrescenta à palavra "verdade"? E, se o fato de algo ser absoluto significa que ele é isento de relação (no sentido técnico da palavra), o que isto poderia significar para *criaturas* sociais e contingentes como nós?

Essa reação cristã ao relativismo, com a aplicação terapêutica da verdade "absoluta", é sintoma de um problema teológico mais profundo: uma incapacidade de honrar a contingência e a dependência de nossa condição de criaturas.[38] Pode até haver algo bastante gnóstico (e herético) nesse fracasso em reconhecer a contingência; na verdade, pode-se argumentar que afirmar tal "absolutismo" está no cerne do primeiro pecado no jardim.[39] Em contrapartida, reconhecer nossa finitude criada como a condição sob a qual sabemos (e sob a qual fomos *feitos* para saber) deveria nos compelir a reconhecer a contingência do nosso conhecimento sem acabar em arbitrariedade. Dizer "depende" *não* equivale a dizer "não é verdade" ou "não sei". Assumir nossa finitude *não* significa abrir mão da verdade, da revelação ou da autoridade bíblica. Significa simplesmente reconhecer que as condições do nosso conhecimento são coincidentes com nossa posição de seres sociais finitos e criados. E essas condições foram consideradas

---

[38] Logo, *Quem tem medo do relativismo?* pode ser lido como uma extensão dos argumentos que apresentei sobre a finitude e a condição de criatura em meu livro anterior: *The fall of interpretation: philosophical foundations for a creational hermeneutic*, 2 ed. (Grand Rapids: Baker Academic, 2012) [edição em português: A queda da interpretação: fundamentos filosóficos para uma hermenêutica criacional (Rio de Janeiro: Thomas Nelson Brasil, 2021)].

[39] Nicholas J. Ansell, "The call of wisdom/the voice of the serpent: a canonical approach to the tree of knowledge", *Christian Scholar's Review* 31, no. 1, 2001, p. 31-57.

"muito boas" pelo Criador (Gênesis 1:31). Uma razão pela qual os cristãos deveriam levar a sério a tradição pragmática que vem de Wittgenstein, passa por Rorty e chega a Brandom é que ela pode ser recebida como uma descrição filosófica rigorosa da finitude e da contingência, atenta às condições materiais e sociais do saber humano, próprio da criatura.

Será que cristianismo é sinônimo de "objetividade"? Os seres humanos finitos são capazes de deter verdades "absolutas"? E se o evangelho for "relativamente" verdadeiro? Porventura a verdade da fé cristã não é *relativa* a Jesus Cristo? E nosso entendimento dessa história por acaso não é *dependente* da fé narrada pelas Escrituras e transmitida pela tradição? Lembre-se, por exemplo, da descrição que Christian Smith faz do construcionismo social "forte", que resumi anteriormente, segundo o qual ele pressupõe:

- que os seres humanos *constituem* nossa "realidade";
- que esse ato de "criar" nosso mundo é inevitavelmente *social* e, por conseguinte, depende de uma comunidade ou sociedade ou de "pessoas";
- que nosso conhecimento da realidade é, portanto, *relativo* às categorias e aos conceitos que nossa comunidade nos oferece;
- e que isso significa que nunca poderemos "saber" se nossas crenças *correspondem* à realidade, pois não haveria como sair de uma comunidade para verificar se nossas categorias "se conformam" a uma realidade *externa*.

E, se considerássemos isso uma descrição do modo em que somos iluminados pelo Espírito Santo como parte do corpo de Cristo, recebendo as categorias e conceitos corretos da autorrevelação de Deus em Cristo e nas Escrituras, de tal forma que somos capacitados a finalmente enxergar a verdade sobre a criação que, de outra forma, seria suprimida pela injustiça (Romanos 1:18-23)? Não é verdade que a promessa feita por

Jesus de que o Espírito nos guiará a toda a verdade (João 16:13) teve seu início no Pentecoste, que é, ao mesmo tempo, o envio do Espírito e a constituição da igreja como corpo de Cristo, a "sociedade" do Espírito? O verdadeiro conhecimento *depende* da revelação de Deus e receber essa revelação *depende* do poder regenerador e esclarecedor do Espírito como condições do saber, o que requer envolvimento com o "povo" que se reúne em adoração para ouvir a Palavra, iluminado pelo Espírito. Compreender a verdade sobre Deus, o mundo e nós mesmos depende do pertencimento ao "nós" iluminado pelo Espírito, os herdeiros do dom das Escrituras, e à comunidade da prática interpretativa, que é a igreja (1Coríntios 2:6-16).[40] Então, em certo sentido, a resposta à pergunta "O cristianismo é verdadeiro?" é a escandalosa afirmação: "Depende". Depende daquele em quem todas as coisas se reconciliam (João 1:1-4; Colossenses 1:15-20).

O cristianismo americano é especialmente alérgico ao relativismo e à contingência evidenciados pelo pragmatismo, justamente porque nos tornamos um povo apegado à segurança, ao conforto e à autonomia. Ficamos desconfortáveis com a dependência escandalosa do discipulado radical. Somos deístas funcionais e ateus na prática, intoxicados pelos ideais americanos de independência. Isso não é uma *causa* para nossas suposições epistemológicas, mas pode explicar parcialmente como elas se tornaram "senso comum". Desse modo, creio que um envolvimento com o pragmatismo pode ser um exercício de autoexame, levando-nos a recordar e recuperar convicções essenciais da ortodoxia cristã que nossas epistemologias reinantes nos fizeram esquecer. Poderíamos considerar a ideia de convidar Rorty para a igreja, porque ele tem algo a nos ensinar.

---

[40] Conforme resumido de forma bem sucinta por Stanley Hauerwas e Sam Wells, "Por meio da adoração, Deus treina seu povo a dar como garantidas as coisas corretas" ("The gift of the church and the gifts God gives it", in: Stanley Hauerwas; Samuel Wells, orgs., *The Blackwell companion to Christian ethics*, [Oxford: Blackwell, 2006], p. 25).

Se a doutrina cristã da criação e da condição de criatura inclui uma sólida descrição de contingência e dependência e se o pragmatismo é uma descrição filosófica dessa contingência e dependência, sugiro o filme *Wendy e Lucy*, de Kelly Reichardt, como uma poderosa ilustração cinematográfica desses mesmos temas.

A narrativa é toda conduzida por Wendy, maravilhosamente interpretada por Michelle Williams. Vemos Wendy e sua fiel cadela, Lucy, pela primeira vez de forma indireta: a câmera a observa por trás das árvores. Observá-la de forma oblíqua, por entre a floresta, é uma maneira cinematográfica de transmitir um senso de vulnerabilidade. Será que alguém a está espreitando? Seríamos *nós* a espreitá-la? Seria a imagem que temos dela uma espécie de perspectiva divina? Ou estamos junto com ela na aventura?

Nós a encontramos vagueando sozinha com Lucy, fora do caminho demarcado — e, como trilha sonora, um cantarolar melancólico, expressando um meio-termo entre contentamento e tristeza. Aqui, já podemos sentir força e fragilidade ao mesmo tempo. Ela havia tido a coragem de partir sozinha, deixar para trás uma vida em Indiana e buscar novas oportunidades no Alasca. Quando a encontramos no meio do caminho, no Noroeste Pacífico, sua "independência" não é muito segura. Pelo contrário, sua situação é frágil. A não ser por Lucy, ela está sozinha, dirigindo um Honda Civic antigo, caindo aos pedaços, que parece estar prestes a pifar. A fragilidade da situação é realçada por vislumbres constantes de um registro improvisado de suas finanças pessoais: um pequeno caderno em espiral com planos e cálculos, calculando o custo do combustível em face de seus recursos limitados (e bastante escassos). Qualquer despesa imprevista colocaria tudo a perder. A situação é o oposto de "segurança financeira".

Apenas alguns minutos após o início do filme, essa vulnerabilidade e fragilidade é materializada: em uma fração de segundo, Lucy desaparece. Procurando por ela, Wendy agora é quem está à espreita: ela observa, em meio às árvores, um grupo de andarilhos reunidos em torno de uma fogueira, ameaçadores e

⟨ "DEPENDE" ⟩

imprevisíveis. E Lucy está com eles. Engolindo em seco, ela se aproxima, mas logo percebemos que os medos são infundados. Os andarilhos estão bem familiarizados com o sofrimento e a dependência. Ao perceberem a necessidade de Wendy, oferecem ajuda — afinal de contas, eles têm algo em comum: estão todos de passagem. Essa é uma fala constante de Wendy, uma expressão repetida nos esparsos diálogos do filme: "Estou apenas de passagem". E, conforme essa frase continua sendo repetida, os sons e as imagens constantes de trens começam a fazer sentido: o gemido, o ruído e o assobio dos trens são a visualização da ideia de "estar de passagem". Afinal de contas, quem não está?

Diante da generosidade dos andarilhos, que também estão apenas "de passagem", somos confrontados com o fato de que nosso senso de ameaça é algo que *nós* projetamos neles por não se conformarem aos ideais de autonomia e segurança responsáveis. Como eles não estão em conformidade com nossa concepção de "estabilidade" e normalidade, nós os imaginamos como uma ameaça. Se Wendy tivesse espiado por entre as árvores e avistado Lucy com uma simpática família suburbana rindo à beira da piscina no quintal de casa, não teríamos pensado duas vezes. O fato, porém, é que aqueles andarilhos não eram as pessoas bonitas com que estamos acostumados. O filme de Reichardt volta o olhar da câmara para um aspecto da vida americana que não costuma ser retratado: a vulnerabilidade das regiões desfavorecidas, sem o esplendor e o brilho imaculado das áreas novas, residenciais, respeitáveis. Esse é um mundo sem a segurança financeira e a autonomia da classe média; o que vemos, em vez disso, são pessoas vivendo perigosamente, apenas sobrevivendo, dependentes da ajuda dos outros e da sorte, uma vez que um simples infortúnio é tudo o que as separa da ruína total.[41]

---

[41] A "trilha sonora" do filme está em harmonia com a escassez de recursos dos personagens: não há músicas pop ou canções *indie*; apenas o rangido e o apito dos trens, e, às vezes, de pessoas cantarolando.

E, não obstante, essas pessoas dependentes e vulneráveis não parecem alimentar a ilusão de estarem em uma situação diferente — a ilusão de segurança e independência que são parte inseparável de nossa "normalidade" burguesa. Como pessoas dependentes, elas reconhecem a dependência dos outros e estão dispostas a ajudarem a partir de sua própria posição de dependência. O desajustado grupo no depósito de reciclagem é acolhedor e se mostra pronto a ajudar Wendy. Até mesmo o segurança da farmácia está longe de estar seguro; ele mal consegue se manter com o salário mínimo que ganha em seu emprego de meio período. E, no entanto, ele dá sete dólares de presente para Wendy e nós sabemos que isso é equivalente à oferta da viúva.

A ruína se torna a história de Wendy. Ela estava sendo poupada disso por um fio extremamente frágil, mas as circunstâncias da vida logo romperam esse fio: ela dormia em seu carro, mas, certo dia ao acordar, o carro não funciona mais, o que implica em um custoso reparo. Isso significa que ela não teria dinheiro suficiente para comer — nem para alimentar Lucy, que é tão dependente de Wendy quanto Wendy é do universo. Então, em um momento de fraqueza, ela decide roubar alguns alimentos. Detida por furto,[42] ela é levada para a prisão e Lucy fica abandonada por horas. Ao retornar, Lucy não está mais lá. Sem um veículo para procurá-la, Wendy percorre penosamente muitos quilômetros a pé. Após o carro ter sido rebocado para conserto, ela perde o abrigo que tinha para dormir, ficando ainda mais exposta: começa a passar a noite ao relento, o que provoca uma cena assustadora de perigo e

---

[42] O adolescente de 16 anos que flagra Wendy e exige sua prisão é, mais tarde, buscado pela mãe e levado em segurança no Volvo da família. Os automóveis são alegorias no filme. Esse mesmo adolescente expressa o ponto de vista de segurança da classe média decorosa quando, ao pronunciar sua sentença contra Lucy, declara: "Se a pessoa não tem dinheiro para comprar ração, não pode ter um cachorro". Quem pode argumentar contra esse tipo de lógica econômica?

ameaça, uma cena aterradora de vulnerabilidade. Ainda em uma frenética busca por Lucy, Wendy deixa peças de roupas onde a cadela poderia passar. Aqui, ela renuncia aos seus últimos bens: só lhe restam a camisa e alguns dólares no bolso.

Mas, finalmente, chegam boas notícias: Lucy foi encontrada. Ela havia sido acolhida por uma família adotiva, uma espécie de lar transitório para cães. Tendo tirado suas coisas do carro, sem conserto, pagado a conta do mecânico e usando seus últimos centavos para tomar um táxi para encontrar Lucy, Wendy encontra sua amiga fiel em uma casa simples, porém idílica: ali, um senhor gentil cuida dela e a sustenta e ela tem um jardim para brincar. Naquele momento, Wendy toma a decisão mais difícil de todas: deixar Lucy ali. Reconhecendo sua própria dependência, Wendy percebe a realidade da dependência que Lucy tem dela e toma a dolorosa decisão de confiá-la a esse novo cuidador — alguém de quem o cão poderia depender.

Observando-a subir em um vagão de cargas com apenas a mochila que lhe restou, percebemos que a relação de Lucy para com Wendy é a mesma de Wendy para com o universo: será que alguém adotaria, acolheria e sustentaria a *Wendy*?

UMA FILOSOFIA CRISTÃ DA CONTINGÊNCIA

A igreja é mais fiel, argumenta Stanley Hauerwas, quando "estamos satisfeitos em viver 'fora de controle'. Afinal, estar fora de controle significa que os cristãos podem arriscar confiarem em dons e, portanto, não têm razão para negarem o caráter contingente de nossa existência".[43] Em outras palavras, saber que Deus é Deus (e que nós *não* somos) é reconhecer a tênue fragilidade de nossa existência. Isso é reconhecer que *tudo*

---

[43] Stanley Hauerwas, "Reforming Christian social ethics: ten theses", in: John Berkman; Michael Cartwright, orgs., *The Hauerwas reader* (Durham: Duke University Press, 2001), p. 113.

depende — não apenas nossa vida e nosso fôlego, mas também a verdade e o conhecimento, até mesmo nossa epistemologia e metafísica. Não obstante, com muita frequência nós formulamos explicações para o conhecimento e a verdade que, na prática, negam nossa dependência, que apagam nossa vulnerabilidade e tentam "nos proteger" da relatividade própria de ser uma criatura (racional, consciente).

Por esse motivo, creio que o pragmatismo poderia, na verdade, ser um dom para a igreja e seus filósofos. O pragmatismo é uma filosofia de contingência, mas é também (*por causa* disso) uma filosofia de comunidade — uma explicação filosófica do conhecimento e da verdade que reconhece o vínculo essencial entre dependência e comunidade, contingência e solidariedade. E *essa* intuição, eu argumentaria, é uma percepção essencialmente *criacional*: ela equivale a nada menos do que uma apreciação filosófica das características gerais da condição de criatura.

Adotar a contingência não implica adotar o "liberalismo"; pelo contrário, é quando negamos nossa contingência que estamos autorizados a negar nossa dependência e, assim, assumir uma posição em que *nós* somos os árbitros da verdade. Em seguida, rejeitamos a dependência que temos da tradição e assumimos uma postura de conhecimento "objetivo", por meio da qual podemos desprezar aspectos da Escritura e da ortodoxia cristã por serem obscuros e incultos. Em resumo, é a negação da dependência que sustenta uma agenda progressista. A concepção de conhecimento legada a nós pelo Iluminismo é uma negação direta de nossa dependência e produz uma representação divina da razão humana. É a "objetividade" que é "liberal".

Assim sendo, há duas formas diferentes de enfatizar a contingência. Conforme Hauerwas observa em outro lugar, os liberais, muitas vezes, *de fato* enfatizam que "tudo é contingente". Mas ele também nota uma tensão estranha: tal afirmação é menos liberal e mais niilista. Em contrapartida, a alegação cristã sobre contingência não é que *tudo* é contingente, mas que tudo o que foi *criado* é contingente.⁴⁴ Tudo o que foi criado depende do Criador trino, o único ser necessário. E isso faz toda a diferença, salienta Hauerwas, porque significa que o próprio entendimento cristão de contingência é dependente. "Os niilistas liberais estão, naturalmente, certos de que nossa vida é contingente", diz ele, "mas a explicação de contingência que apresentam é incompreensível. Contingente a quê? Se tudo é contingente, afirmar que nós somos contingentes é simplesmente desinteressante. Os cristãos, por sua vez, sabem que sua contingência é correlata à sua condição de criatura. Ser contingente é reconhecer que nossa vida só é compreensível quando descobrimos que somos personagens em uma narrativa que nós não criamos".⁴⁵ E essa própria descoberta, eu acrescentaria, depende de estarmos "em Cristo".

Este livro é um ensaio que explora as implicações dessa intuição básica sobre a contingência e a dependência que são relativas à criatura para nossas explicações de conhecimento e verdade. Ao mesmo tempo, é uma conversa filosófica prolongada com o pragmatismo, pois o considero uma rigorosa descrição filosófica da contingência, da dependência e da sociabilidade que caracterizam a condição humana de criatura. Portanto, o pragmatismo de Wittgenstein, Rorty e Brandom oferece recursos importantes não para desenvolver uma descrição "pós-moderna" da verdade que seja estilosa, relevante, atual e "para a nossa época", mas uma descrição de conhecimento e verdade que volta a recordar e apreciar as implicações de uma doutrina bíblica da criação. Em outras palavras, não estou exaltando o pragmatismo como forma de fazer com que a igreja "atualize" nossa descrição de conhecimento e "acompanhe os tempos" para que possamos ser "relevantes" em uma era pós-moderna. Pelo contrário, o que eu defendo

---

⁴⁴ Uma afirmação cuidadosamente explicada por Tomás de Aquino em sua pequena obra metafísica intitulada *De ente et essentia*.
⁴⁵ Stanley Hauerwas, "Preaching as though we had enemies", *First Things*, maio de 1995, p. 9.

é que um envolvimento filosófico cristão com o pragmatismo pode ser uma ocasião para recordarmos temas centrais da ortodoxia cristã dos quais nos esquecemos na modernidade.

A estrutura do livro é relativamente simples. Por um lado, ela é simplesmente cronológica, dedicando um capítulo a cada personagem-chave, começando com Wittgenstein, depois Rorty e, por fim, Brandom. Essa ordem, porém, também é uma espécie de bola de neve conceitual. É Wittgenstein quem consolida a percepção central do pragmatismo de que "significado é uso". Richard Rorty desenvolve isso e enfatiza os aspectos *sociais* do conhecimento e da verdade a partir da percepção de Wittgenstein. Então, Robert Brandom elabora algumas implicações de como devemos pensar sobre razão e lógica à luz de Wittgenstein e Rorty.

Ao longo dessas exposições, também refletirei sobre como e onde as percepções do pragmatismo cruzam com uma compreensão cristã da condição de criatura e da contingência, incluindo uma extensa comparação entre Agostinho e Wittgenstein na conclusão do capítulo 2. Por fim, no capítulo 5, exploraremos as implicações de um "pragmatismo cristão" para a teologia e o ministério cristãos. Essa abordagem foi corporificada na noção de "pós-liberalismo" elaborada por George Lindbeck, incluindo suas oportunas propostas referentes ao formato do evangelismo, da missão e da apologética.

dois

Comunidade como contexto

Wittgenstein sobre o "significado como uso"

Não são muitos os que optam por ser "relativistas". Não é o tipo de coisa que se anuncia em camisetas ou tatuagens. Isso costuma ser uma descrição que "nós" atribuímos aos outros, um rótulo aplicado àqueles de quem discordamos.

A história que contamos sobre o "relativismo" está enraizada em uma história que normalmente não articulamos, mas que ainda assim pressupomos: uma "imagem" específica de *como* sabemos. E, conforme Christian Smith discerniu com razão, tal explicação do saber (epistemologia) está associada a uma "imagem" específica do que é a linguagem e de como ela funciona. Portanto, se abordarmos as questões filosóficas que estão em jogo no campo do relativismo, temos que passar a maior parte do tempo lidando com a filosofia da linguagem e as questões filosóficas relacionadas ao significado. Essas são questões que passaram a fazer parte do cerne do pragmatismo após a obra *Philosophical investigations*, de Wittgenstein.

Se o pragmatismo pode ser descrito como um tipo de relativismo, isso não se deve ao fato de os pragmáticos estarem ávidos por assumirem uma versão insossa, desleixada, sentimental e imatura do raciocínio: "Bem, isso talvez seja verdade para você". O "relativismo" articulado pela tradição pragmática de Wittgenstein, Rorty e Brandom é baseado em uma crítica claramente filosófica da imagem epistemológica que sustenta o *realismo* — especificamente, a explicação *representacionalista* da linguagem e do significado. Assim, se estou pedindo que consideremos as virtudes (relativas) do pragmatismo — e que consideremos a possibilidade de um "pragmatismo cristão", talvez até mesmo de um "relativismo cristão" — não é porque estou ávido por assumir a insipidez de um relativismo do tipo "aja como bem entender", mas porque acho que o pragmatismo é uma explicação filosófica mais adequada para as condições do saber relativas à criatura. Mais do que o realismo e o representacionalismo, o pragmatismo é uma filosofia atenta à nossa dependência. É por isso que, em minha opinião, a suposição padrão de que os cristãos devem ser "realistas" merece ser questionada; afinal, só chegamos ao "realismo" se começarmos com o "representacionalismo". E o representacionalismo é um ponto de partida filosófico ruim por uma série de razões que exploraremos — especialmente porque, conforme demonstrarei, ele parece ser uma epistemologia empenhada em superar nossa condição de criatura.[1]

É isso o que nos leva a Ludwig Wittgenstein, cuja obra sobre lógica, linguagem e significado paira sobre a filosofia do século 20 — e serve de base para a crítica posterior do representacionalismo realista. Ainda que a vida de Wittgenstein gere fascínio, eu me concentrarei em uma exposição de sua obra seminal:

---

[1] No mínimo, deveríamos reconhecer que a epistemologia representacionalista é um desenvolvimento contingente na história da filosofia e, portanto, não tem como ser a pressuposição necessária de qualquer filosofia autenticamente "cristã". Se fosse o caso, Agostinho não poderia ter sido um filósofo cristão!

Philosophical investigations.² Esse "livro"³ essencial — uma coleção quase aforística de percepções e projetos de pensamento — é escrito como uma crítica à obra do "primeiro" Wittgenstein, o *Tractatus logico-philosophicus*,⁴ que, em muitos aspectos, apresenta o representacionalismo realista que Wittgenstein rejeita. Em outras palavras, em *Investigations*, Wittgenstein está criticando sua própria versão imatura representacionalista. Uma vez que o representacionalismo sustenta o "realismo" teimoso, o qual rejeita o relativismo com tanta firmeza, traçaremos o fio argumentativo de Wittgenstein a fim de entendermos por que deveríamos deixar de ser "realistas".

"SIGNIFICADO COMO USO": QUEBRANDO O FEITIÇO DA REPRESENTAÇÃO

Wittgenstein inicia as *Philosophical investigations* tendo como alvo uma "imagem" específica da linguagem. Essa imagem ou modelo de linguagem nos parecerá "senso comum", mas Wittgenstein tentará mostrar que, na verdade, ela é uma "imagem" da linguagem que aprendemos. E ele tentará nos ajudar a *des*aprendê-la.

---

²Wittgenstein revelou ser uma fonte de fascínio cultural além dos estreitos limites da filosofia profissional. Veja, por exemplo, a notável representação da família feito por Alexander Waugh em: *The house of Wittgenstein: a family at war* (New York: Doubleday, 2009). Considere também o romance de David Markson: *Wittgenstein's mistress* (Champaign: Dalkey Archive Press, 1988). Uma edição de 2012 inclui como epílogo o ensaio de David Foster Wallace intitulado "The empty plenum: David Markson's *Wittgenstein's mistress*" (p. 243-75).

³Como o próprio Wittgenstein observou no prefácio: "Este livro é, na verdade, apenas um álbum". Veja Ludwig Wittgenstein, *Philosophical investigations*, 3 ed. trad. para o inglês de G. E. M. Anscombe (New York: Macmillan, 1953), v [edição em português: *Investigações filosóficas* (São Paulo: Vozes, 2014)]; doravante abreviado como *PI*.

⁴Edição em português: *Tractatus Logico-Philosophicus* (São Paulo: Editora da Universidade de São Paulo, 2017).

Essa "imagem específica da essência da linguagem humana" pode ser descrita como uma teoria "denotativa" da linguagem: "palavras individuais na linguagem nomeiam objetos" e as frases são apenas coleções de tais nomes (*PI*, §1).[5] Ao tomar como pressuposto essa imagem da linguagem, geramos uma explicação correspondente de significado: "Toda palavra tem um significado. Esse significado está correlacionado à palavra. Ele é o objeto que a palavra representa" (*PI*, §1). O significado, em outras palavras, é a correlação entre uma palavra e uma coisa. Significado é *referência*: uma palavra refere-se a uma coisa e o "gancho" entre os dois é o "significado". As palavras são indicadores e *significam* apenas à medida que apontam corretamente para as *coisas* que nos interessam. É isso que queremos dizer com "significado". Poderíamos chamar isso de uma teoria "referencialista" da linguagem.

Isso parece tão intuitivo a ponto de ser óbvio. Porém, Wittgenstein imediatamente questiona a adequação dessa imagem do significado. Ele usa uma pequena parábola destinada a realçar um "uso da linguagem" que não pode ser explicado por meio da teoria "pictórica".

> Eu envio alguém às compras. Dou-lhe um pedaço de papel com uma inscrição: "cinco maçãs vermelhas". O indivíduo leva o papel para o vendedor, que abre a gaveta marcada como "maçãs". Em seguida, ele procura a palavra "vermelho" em uma tabela e encontra uma amostra dessa cor. Então, recita a série de números cardinais em voz alta — suponho que ele a saiba de cor — até a palavra "cinco", tirando da gaveta, a cada número, uma maçã da

---

[5] Wittgenstein sugere que essa é uma imagem da linguagem muito "substantivada": "Se descrever o aprendizado da linguagem dessa forma, você estará, creio eu, pensando principalmente em substantivos como 'mesa', 'cadeira', 'pão' e nomes de pessoas e, apenas de modo secundário, nos nomes de determinadas ações e características; e considerará os demais tipos de palavras como coisas que se resolvem sozinhas" (*PI*, §1). Em outras palavras, é um pouco difícil saber a que *coisa* a palavra "ou" corresponde.

mesma cor que a amostra listada na tabela. É dessa forma, e de formas semelhantes, que se opera com palavras (*PI*, §1).

Estranho esse vendedor, não? Parece mais um robô com uma inteligência artificial mínima. Em todo o caso, com esse tipo de visão em câmera lenta da interação humana, Wittgenstein está tentando testar a adequação da teoria "pictórica" da linguagem e a explicação referencialista de significado. Até aqui, tudo bem: a palavra "maçãs" se refere às frutas frescas naquela gaveta; a palavra "vermelhas" se refere ao brilho das maçãs que lembram um pouco o caminhão dos bombeiros; e a palavra "cinco" se refere a um número. Assim, o lojista parece ser um bom exemplo de como as palavras significam: por referência.

Mas, quanto a isso, Wittgenstein faz algo comum em *Philosophical investigations* e se torna uma espécie de interlocutor de si, desempenhando o papel de advogado do diabo consigo mesmo.

> "Mas como ele sabe onde e como deve procurar a palavra 'vermelho' e o que deve *fazer* com a palavra 'cinco'?". Bem, suponho que ele *aja* como descrevi. As explicações terminam em algum ponto. Mas qual é o significado da palavra "cinco"? Isso não foi questionado aqui; só se questionou como a palavra "cinco" é utilizada (*PI*, §1).

Há uma pequena brecha na armadura da explicação representacionalista aqui: o desafio do número. Por acaso "cinco" é uma *coisa*? A que "coisa" exatamente a palavra "cinco" se refere? Se imaginarmos o algarismo arábico "5", não é bem isso, pois este é apenas mais um signo para o conceito "cinco". Wittgenstein, portanto, agora nos coloca para pensar: será que a linguagem sempre funciona por *referência*? Ou há outros *usos* da linguagem que não podem ser explicados com a imagem "denotativa" da linguagem? De fato, já podemos ouvir Wittgenstein expressando suas dúvidas ao questionar: como o lojista sabia o que *fazer* com o bilhete? Como ele sabia que o bilhete significava "*Dê-me* cinco maçãs vermelhas"? Wittgenstein está interessado em como o lojista *age* — o que ele *faz* com o pedaço de papel. O que o bilhete *significa* parece ser mais do que aquilo para o que as palavras podem *apontar*.

 Wittgenstein enfatiza isso fazendo uso de um segundo cenário ou ilustração. Imagine, diz ele, uma linguagem destinada a servir como meio de comunicação entre o construtor A e seu assistente B. Vamos chamá-los de Albert e Barney para nossa análise aqui. Albert está construindo com um conjunto variado de pedras: blocos, pilares, lajes e vigas. O trabalho de Barney é levar as pedras corretas para Albert quando ele precisar delas. "Para esse propósito", descreve Wittgenstein, "eles usam uma linguagem que consiste nas palavras 'bloco', 'pilar', 'laje' e 'viga'". Assim, podemos imaginar a cena. Albert está lá em cima no andaime, dando ordens curtas: "Laje!", berra ele. Então Barney "leva a pedra que aprendeu a levar quando ouve tal ordem" (*PI*, §2).

 Essa cena é uma versão compacta da imagem referencialista da linguagem: há palavras ("pilar", "bloco", "laje", "viga") e há coisas (pilares, blocos, lajes e vigas) e Barney conhece o significado de "Viga!" quando associa a palavra certa à coisa certa. Nessa imagem, o significado *é* apenas referência e a compreensão assemelha-se a "ligar os pontos" — como uma daquelas perguntas que caíam na prova de história na escola, em que tínhamos de conectar as palavras entre duas colunas.

 Mas será que essa é uma explicação realmente adequada de significado para esse cenário? Será que Barney realmente "entende" Albert quando correlaciona, de maneira acertada, a palavra "viga" à peça de pedra retangular que está sobre a pilha? E se, toda vez que Albert grita "Viga!", Barney simplesmente olhasse para a peça de pedra retangular e, toda vez que Albert grita "Pilar!", ele corretamente olhasse para a peça de pedra cilíndrica? Isso não seria suficiente para indicar que Barney "entende" Albert? Afinal de contas, ele claramente associou a palavra à coisa; ele sabe quais palavras *se referem* a quais coisas. Logo, ele deve entender o *significado* das palavras de Albert, certo?

Bem, pergunte a Albert! Por já ter trabalhado como ajudante de pedreiro, eu posso afirmar que, se eu simplesmente correlacionasse a palavra à coisa quando recebesse uma ordem do pedreiro, eu teria sido convidado — de uma maneira não muito educada — a me retirar e nunca mais voltar (é possível que houvesse alguns palavrões também). Albert não pensaria que a mera correlação de referência contaria como "compreensão" do que ele disse. Não; quando grita "Viga!", ele espera que Barney *leve* uma viga. É por isso que é crucial notar uma característica importante, porém negligenciada, do cenário de Wittgenstein: ele nos diz que essa linguagem serve *para alcançar um propósito*. Eles estão envolvidos no trabalho comum de construir algo. Há um *fim* para o qual eles estão trabalhando de forma colaborativa. Eles estão tentando *fazer* algo. A linguagem é instrumento para um fim; eles a usam para realizar algo. É por isso que o entendimento de Barney só está correto quando ele *age* como resposta. O que a exclamação "Viga!" significa é relativo ao — e dependente do — contexto em que é empregada. Essa é a ideia crucial da explicação alternativa que Wittgenstein dá para a linguagem e o significado. E é por isso que todos nós somos relativistas.

Então, a pergunta é: como Barney aprende essa linguagem? "Entender" a linguagem equivale a simplesmente aprender "referências", a correlação entre palavras e coisas? Se esse fosse o caso, aprenderíamos uma linguagem — e, assim, aprenderíamos o "significado" — somente *apontando* para as coisas. Ou, como Wittgenstein expressa, todo o ensino de línguas se resumiria ao ensino "ostensivo" — isto é, ensinar *apontando*. O ensino ostensivo de palavras é o que fazemos com crianças pequenas: nós seguramos uma bola e dizemos: "bola" (por alguma razão, costumamos dizer a palavra em câmera lenta com um leve ar de dúvida: "booola?"). Apontamos para o gato e dizemos: "gato".

Apontamos para a mamãe e dizemos: "mamãe". Essa forma de ensino estabelece "uma associação entre a palavra e a coisa" (*PI*, §6). Se significado é referência e, portanto, ensinar o significado é ensinar a associação, a criança está começando a entender se for capaz de imaginar uma bola quando alguém diz "bola". E ela demonstrará esse entendimento quando pegar o objeto redondo diante de si e disser, para o deleite de todos: "Bola?".

Wittgenstein reconhece que isso acontece; ele simplesmente não está convencido de que isso conta como compreensão. E é por isso que ele pergunta: "Mas, se isso acontecer, seria esse o *propósito* da palavra?". Ou, retornando a Albert e Barney: "Se o ensino ostensivo tiver esse efeito, devo dizer que isso gera um entendimento da palavra? Ora, uma pessoa não *entende* a ordem 'Viga!' quando *age* de determinada maneira?" (*PI*, §6, grifo na citação). Nesse caso, o significado de "Viga!" não é apenas uma associação de palavras, uma questão de imaginar o objeto correto ao ouvir a palavra. Essa certamente seria a posição de Albert sobre o assunto.

Talvez, você proteste: "É claro que a ordem 'Viga!' só é totalmente compreendida se Barney levar a viga até Albert. Mesmo assim, ele primeiro tem de corretamente correlacionar a palavra à peça de pedra. Assim, na verdade, a referência ou a correlação é a *base* para o entendimento mais completo, o qual envolve a ação correta por parte de Barney. Embora a compreensão possa, às vezes, envolver mais do que referência, ela parece sempre envolver, *pelo menos*, a referência como base. Portanto, até mesmo a compreensão 'contextual' é referencialista em sua raiz".

Wittgenstein não aceita isso pelo seguinte motivo: o indivíduo só pode aprender apontando se já aprendeu uma série de coisas para as quais ninguém apontou. Em outras palavras, o treino da referência é, na verdade, edificado sobre uma teia complexa de ensino e aprendizagem que não são ostensivos. E todo esse ensino não ostensivo precisa estar estabelecido para que se esteja apto a aprender com alguém apontando. Você só pode aprender o significado como referência se *já* aprendeu todos os outros modos de significado para os quais ninguém jamais apontou. O ensino ostensivo é sempre parte de um ensino anterior mais amplo, vinculado a uma comunidade de prática com fins, objetivos e propósitos. Esse tipo de ensino é mais captado do que ensinado, se você entende o que quero dizer: absorvemos tal compreensão *na prática*, sem nenhuma definição ostensiva.

Por exemplo, imagine uma mulher ensinando sua filha que a forma esférica na frente dela é uma bola. Ela aponta para o objeto e diz à filha: "Bola". Ela faz isso várias vezes, para estabelecer a associação. Com o tempo, a filha fará a conexão — entenderá a referência — e dirá "bola" quando quiser brincar com o objeto esférico (e/ou agradar a mãe). Mas como é que o bebê sabia que o ato de apontar e falar determinada palavra tinha como objetivo incentivar a associação?[6] Por acaso a mãe apontou para si mesma enquanto apontava para o objeto a fim de ensinar o princípio da associação à criança?[7]

Retornemos agora ao exemplo anterior de Wittgenstein (§1). Quando o lojista recebeu o bilhete que dizia "cinco maçãs vermelhas", ele certamente associou as palavras a coisas e conceitos. Contudo, ele não se limitou a imaginar essas coisas, acenar com educação e devolver o pedaço de papel. Ele foi até à gaveta e pegou cinco maçãs vermelhas. Mas como ele sabia — e como ele *aprendeu* — que o bilhete *significava* que ele deveria *fazer* isso? Aqui, Wittgenstein quer que apreciemos duas características do nosso uso da linguagem e, portanto, da dinâmica do significado.

Primeiro, a linguagem é *usada* para algo. Ela é empregada para determinado fim, falada dentro de uma comunidade de

---

[6]Tente apontar para algo na frente do seu gato e veja se ele faz a mesma associação.
[7]Ou, como Wittgenstein pergunta,: "Será que os conceitos de 'lá' e 'isto' também são ensinados de forma ostensiva?" (§9).

prática com um *telos*, que está tentando realizar alguma coisa (mesmo que o "fazer", em alguns casos, seja uma reflexão teórica). O uso da linguagem está sempre envolvida em comunidades de prática teleológicas, o que significa que até mesmo a referência e o ensino ostensivo já são parte integrante de contextos mais amplos de ação e prática. Segundo, em algum sentido, a linguagem e o significado são *maiores* do que as palavras. A linguagem e o significado estão vinculados a um contexto de prática que é maior do que o repertório de nossas palavras e essa penumbra de práticas e ações é essencial à constituição do significado das palavras.[8] As palavras significam mais do que dizemos, justamente porque o significado é mais amplo do que as palavras. Ou, conforme Wittgenstein expressa mais adiante: "Imaginar uma linguagem significa imaginar uma forma de vida" (§19).

A fim de chegar a esse sentido mais amplo de linguagem e significado, Wittgenstein introduz a noção de "jogos de linguagem" para abranger "o todo, composto pela linguagem e as ações em que ela é tecida" (§7). Um jogo de linguagem é o contexto prático em que nossas palavras e nossa fala fazem sentido — e é por isso que a compreensão está vinculada, e é relativa, ao *telos* do jogo de linguagem, ao *fim* ao qual determinada comunidade de prática está orientada. Para que Barney entenda Albert, por exemplo, não basta que ele domine um léxico por definição ostensiva; ele precisa ser treinado no jogo de linguagem do canteiro de obras. Isso envolve absorver um entendimento do que nós estamos *fazendo*. Barney precisa ser inculcado nessa comunidade de prática, precisa aprender a jogar esse jogo — e isso exigirá que ele aprenda todos os aspectos *não* falados do jogo, os quais nunca são ensinados ostensivamente, mas "captados" quando se participa da comunidade de prática.

---

[8] Assim, no exemplo das "cinco maçãs vermelhas", Wittgenstein diz que precisamos considerar as amostras de cor como "parte da linguagem" (§16).

Portanto, para ser um bom entendedor, não basta associar bem as palavras.⁹ Na realidade, para entender, é preciso ser um *praticante* competente; é preciso saber como jogar o jogo (da linguagem); é preciso ter sido introduzido à comunidade de prática. É preciso saber *por que* dizemos o que dizemos e ter um senso daquilo que somos e do que buscamos, pois o significado — até mesmo o significado ostensivo ou referencialista — é, em última análise, dependente das convenções de uma comunidade de prática. O "sentido" ou significado, então, está ligado ao *uso* e o uso é relativo às convenções de uma comunidade de praticantes (ou "jogadores" de um jogo de linguagem). A introdução da noção de um "jogo de linguagem" por Wittgenstein tem o "intuito de colocar em destaque o fato de que o ato de *falar* uma língua é parte de uma atividade ou de uma forma de vida" (§23). Logo, em última instância e em quase todos os casos, "o significado de uma palavra é seu uso na linguagem" (§43).

Uma das conclusões da explicação de Wittgenstein é que a linguagem deve ser vista como algo que usamos e aplicamos de várias maneiras para todos os tipos de fins e não apenas para apontar para as coisas. Em outras palavras, a linguagem não é somente — e

---

⁹ Nesse contexto, Wittgenstein faz uma longa consideração sobre o que afinal pode ser considerado uma "palavra". Por exemplo, ele diz (§§19-20): imagine que um estrangeiro apareça em um canteiro de obras onde um pedreiro grita de vez em quando para o ajudante: "Traga uma viga!" Ainda que esse visitante não seja um praticante competente da língua, o estrangeiro é um observador próximo e, com o tempo, começa a associar a exclamação "Traga uma viga!" à ação do operário de levar um pedaço retangular de pedra ao pedreiro. Deste modo, ele constrói um sentido "correto" de referência. Todavia, ele achará que "Traga uma viga!" é uma única palavra: "tragaumaviga". Assim, ele pensa que "tragaumaviga" *é* "a" palavra que se correlaciona com a ação de buscar o objeto retangular de pedra. Isso significa que ele *não* entende? Somente se aceitarmos a imagem referencialista, "substantivada", da linguagem. Mas se, por um acaso, o estrangeiro for contratado como operário, veremos que ele é capaz de funcionar nessa comunidade de prática porque sabe o que *fazer*. A associação de uma palavra isolada é menos relevante do que entender o que se deve fazer com as palavras no jogo. As diferentes concepções "internas" daquilo que o pedreiro está falando e do que o estrangeiro ouve não parecem ser relevantes.

nem mesmo fundamentalmente — indicativa. A linguagem não serve apenas para indicar, apontar ou declarar. A linguagem não serve apenas, nem mesmo fundamentalmente, para fazer afirmações ou articular declarações proposicionais. Nós *fazemos* muitas coisas com palavras além de afirmações e declarações indicativas. Essa percepção está em sintonia com o que agora conhecemos como teoria do "ato de fala", a qual considera a linguagem como um modo de ação que pode ser usado para realizar todo tipo de coisa.[10]

Nesse contexto, Wittgenstein introduz uma importante metáfora que retrata a linguagem como uma cidade. Ainda que as teorias referencialistas de significado reconheçam que pode haver outros usos da linguagem, elas insistem fervorosamente que as afirmações (declarações indicativas) estão no cerne da linguagem, isto é, que são a "região central" dessa cidade linguística.[11] Todos os outros usos, portanto, são os "subúrbios" da língua (§18). Já para Wittgenstein, a linguagem é mais como uma "cidade antiga: um labirinto de pequenas ruas e praças, de casas antigas e recentes e de casas que receberam novos cômodos ao longo de diversas eras; e tudo isso circundado por uma profusão de áreas modernas, com ruas retas e pavimentadas e casas uniformes" — mas sem uma "região central" que constitua o cerne ou a "fundação" do uso da linguagem. Em vez disso, o uso é tão maleável e adaptável quanto a multiplicidade de atividades que realizamos, transmutando e dilatando, expandindo e incorporando com o passar do tempo.

Observar que "significado é uso" é reconhecer que o significado é sempre relativo ao jogo, o que equivale a dizer que o

---

[10] Veja J. L. Austin, *How to do things with words*, 2 ed. (Cambridge: Harvard University Press, 1975); John Searle, *Speech acts: an essay in the philosophy of language* (Cambridge: Cambridge University Press, 1970). Para uma extensa consideração da teoria do ato de fala a partir de uma perspectiva cristã, veja Nicholas Wolterstorff, *Divine discourse: philosophical reflections on the claim that God speaks* (Cambridge: Cambridge University Press, 1995) [edição em português: Discurso divino: reflexões filosóficas sobre a tese de que Deus fala (Viçosa: Editora Ultimato, 2023)].

[11] Veremos esta questão de novo na crítica de Brandom a Wittgenstein.

significado é sempre *convencional*. Ele depende; mais especificamente, o significado depende das convenções de uma comunidade de prática — o que Wittgenstein descreve alternadamente como "jogo de linguagem" ou "forma de vida".[12] O *locus* do significado não é a linha que conecta os pontos entre uma palavra e uma coisa; o *locus* do significado é toda uma teia de práticas e convenções comunais. O significado de "Viga!" não está simplesmente na correspondência da palavra com a coisa; tampouco o significado reside na mente do enunciador, uma vez que, ao berrar "Viga!", Albert está fazendo parte de um jogo que já está em andamento. Ele se encontra em dívida para com uma comunidade ao mesmo tempo em que é capaz de mobilizar os dons da convenção para fazer algo. Assim, a alegação de que "significado é uso" é, em sua raiz, uma explicação profundamente *social* de significado. Se podemos descrever isso como um "relativismo", uma vez que o significado se torna *relativo* a uma forma de vida, não devemos confundi-lo com subjetivismo. O significado não é relativo *a mim*: ele é relativo às convenções de uma comunidade. Aliás, para Wittgenstein, não existe um "eu" que não esteja, desde já e sempre, em dívida para com uma comunidade de prática. O solipsismo é simplesmente uma impossibilidade.

Poderíamos dizer que Albert é capaz de acionar o *nome* "viga", porque adquiriu competência — um saber-*como* [know-*how*][13] — referente aos nomes no contexto de determinada comunidade de prática. Ele sabe como fazer uma jogada nesse jogo de

---

[12] Como veremos adiante, isso *não* significa que a comunidade pode simplesmente "atribuir significado" como quiser. Observar que a convenção é uma condição necessária do significado não equivale a afirmar que é a *única* condição. É por isso que o "relativismo" de Wittgenstein não é uma arbitrariedade. Retornaremos a essas questões em nossa consideração de Rorty.

[13] Ao longo de toda a obra, Smith trabalhará o contraste entre os termos know-*how*, know-*what* e know-*that*. A fim de indicar com clareza as ocorrências desses termos ao longo do argumento, optamos por traduzi-los da seguinte forma: saber-*como*, saber-*o-quê*, e saber-*que*, seguindo os itálicos quando presentes no original. (N. do E.)

linguagem usando a peça "viga". Ele foi inculcado no jogo de linguagem de tal forma que entende seu propósito ou objetivo e agora as palavras fazem parte da "linguagem" mais ampla que ele emprega para jogar esse jogo. Ele nomeia as coisas com o intuito de *fazer* algo. Saber o que fazer com as palavras depende de um saber-*como* que é não falado e não articulado. A mesma coisa se aplica a Barney: ele só é capaz de aprender a "definição" de "viga" porque absorveu a aura de sentidos e significados que circundam a palavra na própria tarefa de construir o edifício. A aquisição desse saber-*como* é um pré-requisito para saber-*o-quê [know--what]* — um pré-requisito para nomear. Assim, Wittgenstein conclui: "É preciso que já se saiba (ou seja capaz de fazer) algo para poder perguntar sobre o nome de algo. Mas o que alguém precisa saber?" (*PI*, §30).

Para chegar a essa pergunta, ele apresenta outro exemplo: uma pessoa ensinando outra a jogar xadrez. Considere todo o treinamento ostensivo (isto é, referencial) que acontece nesse caso. "Este é o bispo; este é um peão; este é o rei" e assim por diante. No entanto, mais uma vez, Wittgenstein observa que tal treinamento ostensivo/referencialista só será eficaz se já tiver havido alguma outra iniciação a jogos — certo saber-como que o aprendiz já traz para essa análise. "Quando alguém mostra o rei no xadrez e diz: 'Este é o rei', isso não explica qual é o uso da peça, a menos que a pessoa já conheça as regras do jogo até este último requisito: o formato do rei" (*PI*, §31). Em outras palavras, é preciso muita preparação antes que a instrução ostensiva que diz "Este é o rei" realmente ensine algo ao aprendiz. Mais uma vez, o significado referencialista depende de um conhecimento vinculado ao *uso*. A menos que eu saiba para que *serve* um rei, a instrução "Este é o rei" será basicamente sem sentido. Somente se eu já trouxer comigo alguma noção do que são jogos é que poderei ser instruído com relação aos lances válidos *nesse* jogo. "As palavras 'Este é o rei' (ou 'Esta peça é chamada rei') só são uma definição se o aprendiz já 'souber o que é uma peça de jogo'" (§31). A referência sempre depende de outros modos de significado e de saber-como.

Inclusive, Wittgenstein considera a possibilidade de "alguém ter aprendido o jogo sem jamais aprender ou formular as regras" (§31). O que ele parece querer dizer aqui é que alguém pode ter absorvido as regras do jogo a ponto de ser um "mestre" e, ainda assim, não ter a capacidade de *articular* esse saber-como. Tal prodígio talvez não seja capaz de jogar o jogo referencialista/ostensivo de correlacionar nomes e peças e, não obstante, saber *como* movê-las. Nesse caso, o indivíduo teria dominado as convenções e os propósitos da comunidade de praticantes e, assim, entendido o que deve *fazer*. E, se significado é *uso*, então isso significa que é possível entender o significado sem ter de articulá-lo quanto à referência. O significado *precede* a referência, em vez de equivaler a ela. Isso terá sérias implicações para o "realismo", justamente porque ele está enraizado no tipo de referencialismo que Wittgenstein desconstrói.

CONTEXTUALIZAÇÃO DA REFERÊNCIA

Se a filosofia analítica é definida pela redução de assuntos aos seus menores componentes — reduzindo a complexidade a questões atomísticas de definição, a fim de obter clareza —, então Wittgenstein certamente *não* é um filósofo "analítico". Pelo contrário, ele se recusa a reduzir o significado a algo simples ou atomístico, como a denominação ou a referência. Por essa razão, filósofos posteriores na linhagem wittgensteiniana — como Wilfrid Sellars, Rorty e Brandom — descreveram a abordagem de Wittgenstein como um "holismo": em vez de reduzir o significado a pequenas unidades básicas, como palavras ou signos individuais, Wittgenstein leva-nos a ver como nós *usamos* a linguagem e, assim, a reconhecer que proferimos frases, não palavras isoladas.[14]

---

[14] Wilfrid Sellars, que foi professor de filosofia na Universidade de Pittsburgh por muito tempo, influenciou tanto Rorty quanto Brandom. Sua obra mais seminal é *Empiricism and the philosophy of mind*, com introdução

Vale a pena observar algo sobre o método idiossincrático de Wittgenstein. Uma vez que ele está argumentando que significado é uso, ele constantemente tenta direcionar nossa atenção à maneira de usarmos a linguagem. Isso requer resistir a um hábito muito ruim dos filósofos: tratar seres humanos comuns como se fossem todos filósofos. Nesse caso, Wittgenstein está tentando combater o hábito de desenhar os utilizadores da linguagem à imagem dos representacionalistas, pois ele está convencido de que, se realmente prestarmos atenção à prática linguística, veremos que a representação desempenha um papel apenas marginal. Desse modo, ele está sempre nos segurando pelos ombros, sacudindo-nos vigorosamente e dizendo, em outras palavras: "Tirem seus antolhos filosóficos e *olhem*! Parem de olhar para a prática humana por meio de lentes representacionalistas e apenas observem como a linguagem é aplicada na prática comum". Seu objetivo é abrir nossos olhos para o que ele chama de "superstição filosófica" (§49), isto é, a fabricação de teorias que não prestam atenção à prática, à "linguagem comum".[15] Portanto, Wittgenstein está constantemente insistindo para que não deixemos nossas teorias nos cegarem ao que está bem na nossa frente. Como ele diz, de modo bem direto: "Não pense; olhe!" (§66). "A fim de enxergarmos com mais clareza, tanto aqui quanto em inúmeros casos semelhantes, devemos nos concentrar nos detalhes do que acontece; devemos olhar para eles *de perto*" (§51). Wittgenstein está tentando nos ajudar a olhar para nossa prática linguística mais de perto.

E, quando o fizermos, acredita ele, veremos que as *palavras* não são a "unidade básica" da linguagem, mas, sim, as frases.

---

de Richard Rorty e um guia de estudos de Robert Brandom (Cambridge: Harvard University Press, 1997).

[15] Por exemplo, em §151-184, Wittgenstein tenta nos dissuadir da superstição filosófica da vida mental "interior" como uma necessidade para que o significado tenha sentido.

Em outras palavras, o "nomear" vem em segundo lugar. Recordemos a crítica inicial de Wittgenstein: nós adotamos inconscientemente uma imagem referencialista da linguagem segundo a qual as palavras são consideradas o nome das coisas. Nesse modelo referencialista, os nomes/palavras/signos são a unidade básica da linguagem e as frases são apenas coleções de nomes. Assim, começamos com correlações de palavras e coisas e, em seguida, reunimos essas correlações para formar frases, que são coleções de associações entre palavras e coisas. Chamemos isso de imagem "atomística": as palavras são como átomos e as frases são como moléculas de significado — coleções de nomes.

No entanto, Wittgenstein já mostrou que a denominação ou referência já está sempre integrada em outros modos de significado ("uso"). O ato de nomear não é básico, o que significa que a associação entre coisas e palavras não é básica. Então, em contraste com essa imagem atomística, Wittgenstein oferece uma explicação *holística*, segundo a qual as frases precedem as palavras, pois são as *frases* que constituem lances em um jogo de linguagem. É na enunciação de frases que nós nos comunicamos e fazemos coisas.

> Nomear e descrever não estão no mesmo nível: a denominação é uma preparação para a descrição. A denominação ainda não é um lance no jogo da linguagem, assim como colocar uma peça em seu devido lugar no tabuleiro tampouco constitui uma jogada no xadrez. Podemos dizer: quando se nomeia uma coisa, *nada* foi feito ainda. Ela nem sequer *tem* um nome, exceto no jogo de linguagem. Foi isso o que Frege quis dizer também quando afirmou que uma palavra só tem significado como parte de uma frase (§49).

"Nomear" (que Wittgenstein considera sinônimo de referência) não é sequer um lance em um jogo de linguagem, porque, na prática, isso não realiza nada. Isso é mais parecido com posicionar uma peça no tabuleiro. A bem da verdade, uma palavra só funciona *como* um nome se considerada em relação ao seu uso no jogo de linguagem.

Wittgenstein não está negando que a denominação/referência tenha um lugar; ele está oferecendo o que poderíamos chamar de uma explicação "deflacionária" da referência. Ao passo que os modelos representacionalistas consideram a denominação/associação/referência como algo fundamental, Wittgenstein considera-a secundária e relativamente insignificante. Acima de tudo, a correspondência ou referência são, em si mesmas, dependentes do jogo. O que conta como correspondência é uma conexão relativa ao jogo. A correspondência é convencional (§51).[16]

Agora, mais uma vez, precisamos resistir à tentação de nos lançarmos em invectivas indignadas sobre como a explicação de Wittgenstein significa que "vale tudo", apagando qualquer senso de realidade "objetiva" e, assim, leva-nos a uma terra de fantasia onde podemos simplesmente inventar qualquer coisa. Dizer que a correspondência é uma questão de convenção tem como objetivo enfatizar duas coisas. Primeiro, a ligação entre as palavras e o mundo *é contingente*. As correspondências não são "naturais" e poderiam ter sido de outra forma. O fato de este objeto vermelho mais ou menos esférico que está na minha frente ser chamado de "maçã", em português[17], não é algo ditado ou exigido pelo fenômeno material sobre a mesa. Não é que o objeto esteja ali, já "nomeado" na mente de Deus, o qual agora espera para ver se descobrimos o nome *certo*. Não é como se ele tivesse escrito o nome do objeto em um papel, segurasse-o atrás de si e estivesse aguardando para que adivinhássemos qual é ("É 'macaco'?"

---

[16] Adiante, veremos que Agostinho apresenta basicamente o mesmo argumento.

[17] Esse qualificador em si deveria ser suficiente para nos ajudar a apreciar a contingência de tais nomes. E se o português nunca tivesse surgido como língua? Como "maçã" poderia ser o nome "certo" para esse pedaço do universo?

"Não." "Hmm, é 'maçaneta'?". "Não, mas está ficando quente!"). Pelo contrário, até mesmo na narrativa bíblica, vemos que a humanidade recebe a tarefa de dar nome aos animais. A linguagem, a denominação e a correspondência são características de um sistema cultural contingente pormenorizado e desenvolvido *pela* humanidade.[18]

Em segundo lugar, quando dizemos que a correspondência diz respeito à convenção, estamos dizendo que ela é um fenômeno *social*: trata-se de um acordo entre os utilizadores da língua. Como algo próprio de convenção, a fim de realizar certas coisas, a comunidade de utilizadores da língua concorda que "maçã" será o nome dado a esse tipo de fenômeno. Se fôssemos franceses, o acordo seria que *pomme* serviria a esse fim. É por isso que a explicação de Wittgenstein pode ser considerada "pragmática": ele vincula o significado ao *uso*, porque reconhece que jogos de linguagem têm um propósito. A fala, a escrita, a audição e a expressão são parte integrante da existência humana no mundo; nós não temos a língua simplesmente para comentar sobre o nosso mundo, como se fôssemos meros espectadores. A linguagem está vinculada ao nosso comprometimento com projetos culturais; ela é parte integrante da nossa produção de cultura. Ela faz parte da rede pela qual ocupamos nosso lugar no mundo. E nossa produção de cultura é inerentemente comunitária e social. Nós estamos sempre em dívida para com aqueles que nos cercam e para com aqueles que nos precederam, mesmo que incorporemos aquilo que nos deixaram de uma forma que tenda a negar nossa dívida. Qualquer argumento a favor do solipsismo, por exemplo, só pode ser feito fazendo uso do sistema linguístico que é produto de uma *comunidade* de utilizadores da linguagem.

---

[18] Em "The Linguistic turn as a theological turn", John Milbank argumenta que "a ortodoxia cristã sempre incentivou a visão de que a linguagem era de origem humana, não divina" (*The word made strange: theology, language, culture* [Oxford: Blackwell, 1997], p. 84-113).

Ou, em um nível político, todo revolucionário vive do capital emprestado da sociedade a qual ele ou ela criticam. Wittgenstein nos insta a reconhecer que essa situação comunal é fundamental e precede toda a nossa produção de significado, constituindo sua condição de possibilidade. Ser humano é ser social, o que equivale a estar em dívida, a ser parte de uma teia de produção de significado que é produto da construção social. É por isso que Wittgenstein enfatiza posteriormente que aprender a falar e aprender a saber são aspectos do *costume*, de um tipo de treino que mais se assemelha a uma "socialização" em um povo do que à ingestão didática de ideias (*PI*, §198-219). Também é por isso que podemos reconhecer que a correspondência é convencional sem nos lançarmos ao abismo da pura arbitrariedade (conforme a preocupação de Christian Smith). "Deflacionar" a correspondência e "situar" a representação dentro da rede da convenção social não significa que o certo e o errado deixam de existir. Se chamarmos essa fruta vermelha sobre a mesa de "abóbora", estaremos *errados* — não porque o som "abóbora" não corresponde, de modo natural ou essencial, ao objeto, mas porque nós, como comunidade de utilizadores da língua, chegamos ao acordo de que utilizaremos o som "maçã" para denominar esse objeto. E não existe nome ou referência que não esteja enraizada em tal convenção. A comunidade precede a correspondência. E esse é um atributo da finitude, uma característica do estado de criatura.

TRAÇOS DE FAMÍLIA E CONCEITOS OBSCUROS

Creio que uma das razões pelas quais Wittgenstein nos deixa nervosos é que muitos filósofos são maníacos por controle conceitual. A própria tarefa da análise visa encontrar definições claras e demarcadas e conceitos individualizados. Portanto, o próprio objetivo da filosofia "analítica" é esclarecer nossos conceitos: disciplinar nosso uso confuso de termos a fim de obtermos clareza e o (lendário) "rigor" que se supõe ser o resultado de tal análise.

Bem, se esse for seu ideal de filosofia, Wittgenstein deixará seus nervos à flor da pele. Na verdade, já é possível sentir isso na obra *Investigations*, onde ele nos informa que está ciente da preocupação. Após sua introdução da noção de "jogos de linguagem" e sua explicação de significado como uso, Wittgenstein introduz a voz de um interlocutor exasperado que responde ao seu argumento com não pouca frustração.

> Você escolhe a saída mais fácil! Você fala sobre toda sorte de jogos de linguagem, mas, em lugar algum, diz qual é a essência de um jogo de linguagem e, por conseguinte, da linguagem: o que é comum a todas essas atividades e o que as transforma em linguagem ou partes da linguagem. Desse modo, você escapa bem na parte da investigação que já lhe deu muita dor de cabeça: a parte concernente à *forma geral das proposições* e da linguagem (§65).

Wittgenstein está disposto a reconhecer essa objeção: "Isso é verdade", diz ele. "Em vez de produzir algo comum a tudo o que chamamos de linguagem, estou dizendo que esses fenômenos não têm algo em comum que nos faça utilizar a mesma palavra para todos, mas *que eles estão relacionados* uns aos outros de variadas maneiras. E é por causa dessa relação, ou dessas relações, que nós chamamos todos eles de 'linguagem'" (§65). Percebendo a perplexidade do interlocutor, ele promete explicar. A explicação, entretanto, provavelmente não será satisfatória, uma vez que a resposta a essa pergunta será a defesa proposta por Wittgenstein desses conceitos "nebulosos".

Wittgenstein pede que paremos de esperar que nossa prática se conforme a algum ideal platônico e nos convida a prestar atenção àquilo que de fato *fazemos*, a como nossa linguagem *funciona*. Quando fizermos isso, descobriremos que somos mais do que capazes de seguir a vida sem definições precisas e demarcadas. Na verdade, *precisamos* de conceitos nebulosos e, na prática, dependemos deles o tempo todo. "Considere, por exemplo, os procedimentos a que chamamos de 'jogos'. Quero dizer jogos de tabuleiro, jogos de cartas, jogos de bola, jogos olímpicos e assim por diante. O que é comum a todos eles?" (§66). E, imediatamente, ele argumenta contra nossa tendência à superstição filosófica — nossa tendência de impor expectativas platônicas sobre nossa experiência diária. Assim, ele adverte: "Não diga: '*Deve* haver algo em comum, senão não os chamaríamos de 'jogos' — em vez disso, *olhe e veja* se há algo comum a todos" (§66).

Quando *olharmos* para nossa prática real e *virmos* o que fazemos, "não veremos algo comum a *todos*, mas semelhanças, relações e uma série de coisas assim" (§66). Na verdade, se alguém tentar encontrar uma *única* coisa que seja comum ao jogo de paciência, ao salto com vara, à dança das cadeiras e ao basquete, ficará paralisado. As características que o salto com vara e o basquete têm em comum não servirão à paciência; e, quando achar que encontrou a única coisa que há em comum entre a paciência e a dança das cadeiras, você procurará em vão no basquete, e assim por diante. Em vez de pensarmos que deve haver *uma* coisa que defina a essência de "jogo", precisamos olhar para nossa prática linguística e reconhecer que somos capazes de aplicar a palavra "jogo" de formas significativas, em um amplo leque de circunstâncias, *sem* definirmos tal essência. O que é comum aqui não é uma essência, mas, sim, "uma rede complicada de semelhanças sobrepostas e cruzadas: às vezes, semelhanças gerais; às vezes, semelhanças nos detalhes" (§66). Wittgenstein caracteriza essas semelhanças complexas, porém intuídas, como "traços de família": "pois as diversas semelhanças entre os membros de uma família — estatura, fisionomia, cor dos olhos, modo de andar, temperamento, entre outros — se sobrepõem e se cruzam da mesma forma" (§67). É nesse sentido — e por meio desse tipo de semelhança — que todos esses fenômenos diversos podem ser descritos como "jogos". E, por isso, podemos falar de jogos de linguagem sem termos de definir a "essência" da linguagem.

Os utilizadores competentes da língua não têm problema em gerenciar essa rede complexa e, portanto, em aplicar com êxito a palavra "jogo" em uma série de contextos. *Na prática*, sempre sabemos mais do que somos capazes de definir. Na prática, nossos conceitos e palavras não são "restritos" com rigidez; isto é, o emprego e extensão de conceitos "*não* é delimitado por uma fronteira" (§68). Ora, você *pode* fazer isso se quiser: pode estipular rigidamente um limite para um conceito. Todavia, sua estipulação rígida ainda será convencional e, na verdade, bastante arbitrária. A estipulação rígida de clareza conceitual só funcionará quando você consiguir que uma comunidade de praticantes linguísticos *concorde* com essa "definição" do conceito — e, nesse caso, a definição continua sendo convencional.

Definir e "esclarecer" nossos conceitos de forma rígida é um exercício convencional que não atenua o fato de que, *na prática*, nós gerenciamos nossa presença no mundo com todo o tipo de imprecisão conceitual. Nós sabemos o que queremos dizer — e podemos nos comunicar com os outros — com êxito sem ficarmos estabelecendo tais fronteiras conceituais. "Repetindo," diz Wittgenstein, "podemos estabelecer um limite, mas para um propósito especial" — por exemplo, a análise lógica de proposições. Mas "será que isso é necessário para que um conceito seja utilizável? De maneira nenhuma! (Salvo para esse propósito especial.)" (§69). Todos nós usamos a palavra "jogo" sem sermos capazes de dar uma definição "essencial" que nos permitiria usá-la como descrição tanto do jogo de cartas chamado paciência quanto da patinação esportiva. Em outras palavras, podemos *usar* o conceito sem termos o tipo de clareza conceitual individualizada que esclareça a "essência" de um jogo. Desse modo, talvez devamos abandonar a procura por tais essências e reconhecer que, mesmo quando supostamente as "encontramos", nós estamos apenas estipulando-as de acordo com determinada convenção.

Porventura, isso significa que *não* há regras para a aplicação de tais conceitos — que posso chamar qualquer coisa de "jogo"?

Não, diz Wittgenstein: por que é sempre tudo ou nada para vocês? Reconhecer que nossos conceitos não são rigidamente definidos ou delimitados *não* significa dizer que não há regras ou que "tudo é permitido". Não se trata de saber *se* os nossos conceitos são regulados, mas *como*. Wittgenstein tenta articular isso fazendo uma analogia com o tênis: um conceito "não é circunscrito por regras em todo lugar; tampouco há regras que limitam a altura ou a intensidade com que a bola é jogada no tênis; e, não obstante, o tênis é um jogo com regras" (§68). Não é porque não há regras claras governando cada mínimo aspecto do tênis que esse esporte é totalmente *des*regrado. A bola tem de cair dentro das demarcações; não se pode pisar nas demarcações ao sacar a bola; não se pode pegar a bola com as mãos, e assim por diante. Há parâmetros para o jogo, mas há também toda sorte de aspectos não regulados: a altura que a bola pode alcançar após o saque, a possibilidade de usar uma ou duas mãos para segurar a raquete, dentre outros.

O interlocutor cético de Wittgenstein, determinado a defender a precisão conceitual, tende a assumir uma postura "tudo ou nada" que simplesmente não se encaixa com o volume de imprecisão que aceitamos em nossa prática (inclusive a dos filósofos analíticos!). Assim, o opositor acredita que, se não houver limites conceituais rígidos, não há conceito; que, se não tivermos uma definição individualizada, nem sequer poderemos saber sobre o que estamos falando. "Se o conceito 'jogo' [e, portanto, o 'jogo de linguagem'] for irrestrito desse jeito", objeta ele, "você não sabe o que quer dizer com 'jogo'" (§70). Contudo, Wittgenstein nos lembra de um argumento anterior: somos todos mestres de um saber-*como* que não podemos articular (§31). Então, ele responde ao seu opositor: "Quando eu faço a seguinte descrição: 'O chão estava coberto de plantas', você quer dizer que eu não sei do que estou falando enquanto não puder dar uma definição de planta?" (§70). A pergunta é: "O que significa *saber* o que é um jogo? O que significa saber o que é, mas não poder expressá-lo?" (§75, grifo na citação).

O fato é que, em nossa prática — que é significativa e dá sentido ao nosso mundo — *sabemos* com conceitos que têm "contornos imprecisos" (§71). Na verdade, eles só parecem "imprecisos" quando entramos em modo analítico e esperamos um tipo de clareza e precisão que é artificial em comparação à nossa experiência de vida. O analista questionará se um "conceito impreciso" é, de fato, um conceito. Mas, mais uma vez, isso é impor um ideal sobre a nossa situação de presença no mundo que não constitui um problema na prática. E Wittgenstein indaga: "Será que é mesmo sempre uma vantagem substituir uma imagem imprecisa por uma imagem nítida? Por acaso a indistinta não é, muitas vezes, justamente aquilo de que precisamos?" (§71).[19] Os "conceitos imprecisos" podem nos ajudar a "fazer coisas" de maneiras que as imagens nítidas talvez não possam.

Em última análise, conclui Wittgenstein, estamos falando de dois tipos muito diferentes de saber. Quando você me pede para *definir* um jogo — para apresentar uma imagem nítida, um conceito que destile a essência —, está me pedindo para articular meu conhecimento sobre jogos de uma forma que caiba em uma proposição. Esse é o tipo de articulação necessário à análise lógica. É o conhecimento proposicional. E se, por eu não conseguir definir jogo *desta maneira*, você concluir que eu não *sei* o que é um jogo — ou ficar preocupado porque "nós" não poderemos *saber* o que é um jogo —, isso apenas indica que você está trabalhando com uma noção limitada de conhecimento. Você está, na prática, reduzindo todo o conhecimento a um conhecimento proposicional e presumindo (e, portanto, exigindo) que qualquer afirmação que deva ser levada *em conta* deve apresentar esse tipo de conhecimento.

---

[19] Wittgenstein confronta Gottlob Frege: "Frege compara um conceito a uma área e diz que uma área com contornos vagos não pode ser chamada de área. Isso presumivelmente significa que não podemos fazer nada com ela. Mas seria desprovido de sentido dizer: 'Fique mais ou menos ali'?" (§71).

Wittgenstein, entretanto, recusa-se a pactuar com isso, justamente porque reconhece múltiplos modos de saber. Ele reconhece o conhecimento proposicional — o tipo de conhecimento que pode ser definido com clareza — mas não acredita que esse seja o *único* modo de saber, tampouco que seja o modo mais fundamental ou mais importante. Leia sua pergunta novamente: "O que significa saber o que é um jogo? O que significa saber o que é, mas não poder expressá-lo?" (§75). Ele escrutina isso em um parágrafo que é, ao mesmo tempo, enigmático e quase poético.

> Compare *saber* e *dizer*:
>
> qual é a altura do Mont Blanc;
> como a palavra "jogo" é usada;
> qual é o som de um clarinete.
>
> Caso se admire diante do fato de que é possível saber algo, mas não ser capaz dizê-lo, talvez você esteja pensando em um caso como o primeiro. Certamente não em um caso como o terceiro (§78).

Saber *como* usar uma palavra, sugere Wittgenstein, é mais parecido com saber qual é o som de um clarinete do que saber qual é a altura do Mont Blanc. E saber o que é um jogo — *assim como aprender a jogar um jogo* — é um tipo de conhecimento absorvido socialmente. É o tipo de conhecimento que se adquire em comunidade, assim como aprendemos nosso idioma primário por estarmos inseridos no contexto de uma família. Será necessário muito tempo até que eu domine a gramática do meu idioma primário (se é que um dia eu a dominarei!). É possível ser um falante competente, até mesmo magistral, de um idioma sem aprender a articular a gramática (cf. §31). Isso acontece porque falar exige mais saber-*como* do que saber-*o-quê*. E Wittgenstein acredita que amplos reservatórios de "saber-como" são a condição de possibilidade para participar do jogo do "saber-o-quê", que tem relação com definição e análise. É o nosso domínio de conceitos imprecisos que nos possibilita, para determinados fins, estipular conceitos mais definidos e nítidos. Todavia, Wittgenstein nos adverte a não pensar que tal clareza seja fundamental ou constitui um ideal universal. Há muitas circunstâncias em que a rigidez acaba reduzindo a utilidade (§79).

Por isso, Wittgenstein relativiza as alegações de lógica sem simplesmente rejeitá-las. O que ele rejeita, poderíamos dizer, é um tipo de fundamentalismo lógico. A tradição analítica contra a qual Wittgenstein se opõe tem a tendência de ver a lógica como uma "linguagem ideal", que é, considerada a norma para *todas* as línguas, mesmo que de maneira aspiracional. Nesse contexto, ele está criticando a declaração de F. P. Ramsey de que a lógica é uma "ciência normativa" (§81), mas também está respondendo às suas próprias declarações feitas anteriormente em *Tractatus*. Wittgenstein admite que podemos considerar a lógica como tal linguagem "ideal". No entanto, "o máximo que se pode dizer é que nós *construímos* linguagens ideais. Aqui, porém, a palavra 'ideal' pode induzir ao erro, pois soa como se tais linguagens fossem melhores, mais perfeitas do que a nossa linguagem cotidiana; e como se fosse necessário um especialista em lógica para mostrar às pessoas qual é a aparência de uma frase correta" (§81). Contudo, a lógica não é tão "sublime" quanto nos disseram: "Parecia que uma profundidade peculiar e um significado universal pertenciam à lógica. A lógica parecia estar no fundo de todas as ciências. Afinal, a investigação lógica explora a natureza de todas as coisas. Ela procura ver as coisas a fundo e não tem a intenção de se ocupar em determinar se é isto ou aquilo que acontece na prática" (§89). Em resumo, a lógica é uma "linguagem" que foi eviscerada da contingência e da particularidade. Sem dúvida, esse é um jogo que podemos jogar, diz Wittgenstein; mas não o confundamos com uma descrição de como nós, criaturas encarnadas, finitas, contingentes e dependentes fazemos parte do mundo.[20]

Em vez disso, ele cita a famosa declaração de Agostinho, extraída de *Confissões*: "O que é, então, o tempo? Contanto que ninguém me pergunte, eu sei. Caso deseje explicá-lo a um inquiridor, eu não sei".[21] Esse é o tipo de coisa que sabemos, mas não conseguimos dizer; por isso, é também o tipo de conhecimento que não pode fazer sentido na linguagem da lógica. Assim, Wittgenstein conclui, em um tom de cautela quase místico: "Algo que sabemos quando ninguém nos pergunta, mas que deixamos de saber quando devemos explicar é algo do qual temos de nos *lembrar* (e é obviamente algo do qual, por alguma razão, é difícil de lembrar.)" (§89).

VISUALIZANDO O "SIGNIFICADO COMO USO": *A GAROTA IDEAL*

O "pragmatismo" de Wittgenstein é uma filosofia de contingência atenta às estruturas sociais de dependência que constituem

---

[20] Na verdade, nosso "esclarecimento" é sempre seletivo. É por isso que, muitas vezes, sinto-me frustrado, por exemplo, diante do projeto da "teologia analítica", que se considera responsável por esclarecer toda a imprecisão confusa da teologia (tal como praticada pelos teólogos) ao aplicar a (suposta) clareza conceitual da análise filosófica às nossas alegações teológicas (os filósofos geralmente pensam que, caso se queira algo bem-feito, deve-se pedir que a um filósofo para fazê-lo). No entanto, sempre que leio a literatura emergente da "teologia analítica", eu fico impressionado justamente com aquilo que é considerado esclarecimento. Eles de fato abordam termos específicos e aplicam a análise lógica a fim de refinar a maneira em que esses termos se relacionam entre si. Porém, ao longo do processo, sempre me espanto com os termos que permanecem presumidos e sem esclarecimento. Todos nós operamos com imprecisão e conceitos vagos. Nós simplesmente escolhemos *quais* deles permanecerão "imprecisos".

[21] Wittgenstein cita a versão latina de *Confissões*. Eu citei a tradução de Henry Chadwick para o inglês (Oxford: Oxford University Press, 1991, p. 11.14.17).

as redes nas quais nosso mundo "significa" algo. Como tal, creio que ela também pode servir como uma filosofia da criatura, uma filosofia que aborda as questões complicadas que se encontram no entroncamento entre linguagem, significado e realidade. Se a teoria de Wittgenstein pode ser resumida na expressão "significado é uso", é crucial ouvirmos a declaração fundamental *por trás* dessa explicação: a saber, que o significado e o conhecimento são inexoravelmente *sociais* e comunais. Nosso conhecimento do "real" está associado — e inextricavelmente ligado — à(s) trama(s) social(is) na(s) qual(is) estamos tecidos. A comunidade é a condição de possibilidade para o significado, até mesmo para a "realidade", em certo sentido. E grande parte da nossa capacidade de conhecer o mundo é mais uma espécie de saber-*como*, um ponto de referência que trazemos ao mundo, uma sensibilidade em relação ao mundo que aprendemos com os outros (geralmente, a essa altura do meu curso, alguém cita o contraexemplo das crianças selvagens![22]). O mero fato de conhecer o mundo já é uma dívida a uma comunidade de prática. Nosso conhecimento depende dessas comunidades de prática — e é relativo a elas. Somos todos como os pedreiros que aprenderam a jogar um jogo no trabalho (seu conhecimento já é relativo às relatividades!).

Tenho buscado sugerir que essa não é uma tese radical e naturalista. A explicação pragmática de Wittgenstein, do "significado como uso", não é um prelúdio ao ateísmo. Pelo contrário, penso que é justamente a conclusão a que devemos chegar se estivermos atentos às condições da criatura. Se Agostinho pôde se inspirar nos "espólios" de Platão, minha sugestão é que, como filósofos cristãos, possamos nos inspirar nos "espólios" do pragmatismo de Wittgenstein como uma espécie de alerta para despertarmos

---

[22] Foi um deleite ver que George Lindbeck também alude às "crianças lobo" como uma exceção que prova a regra! Veja Geroge Lindbeck. *The nature of doctrine: religion and theology in a postliberal age* (Philadelphia: Westminster, 1984), p. 34.

quanto à finitude e à condição de criatura — mesmo que isso signifique *des*aprender alguns hábitos adquiridos que nos prenderam à retórica do realismo e da representação. Mas, talvez, seja proveitoso tentar "visualizar" essa tese.

Acredito que essa imagem pode ser vista em um filme peculiar intitulado *A garota ideal*. Nessa história, vemos um saber-como operante, uma compreensão comunitária que possibilitou uma comunidade a dar sentido a algo incrível. Alguns de vocês provavelmente conhecem o filme. A história, que se passa durante o frio gélido de um inverno em Minnesota, gira em torno de Lars Lindstrom — um jovem debilitado imerso em uma cultura que não é dada à articulação de emoções ou ao processamento de traumas. Quando encontramos Lars pela primeira vez, ele é um rapaz de 27 anos gentil e afável, mas profundamente solitário e isolado. Ele é literalmente intocável: usa várias camadas de roupas para evitar qualquer tipo de contato humano, pois tal contato lhe é fisicamente doloroso.

Aos poucos, descobrimos o possível motivo disso: sua mãe morreu ao dar à luz. Depois dessa tragédia, seu pai nunca mais foi o mesmo, sendo incapaz de cuidar de verdade de Lars. Seu irmão mais velho, Gus, com medo de enfrentar aquela situação, saiu de casa assim que pôde. Quando Gus e sua nova esposa, Karin, retornam à casa da família após a morte do pai, Lars é posto para morar na garagem.

Ninguém está realmente ciente de quão profunda é a debilidade de Lars até que a história toma um rumo surpreendente. Por meio de maquinações que não narrarei aqui, digamos apenas que Lars adquire uma companheira estranha: ele encomenda uma espécie de "boneca", um manequim criado para, digamos, propósitos "amorosos" — embora Lars esteja buscando apenas uma amiga (o fato de que tais artefatos existem em nosso mundo é, em si, um testemunho da triste desordem em que se encontram os bens sociais da criação). Então, Lars bate à porta de Gus e Karin para anunciar que está com uma visita e pergunta se pode trazê-la para jantar. Animados ao ver Lars fazendo amizades, Karin e Gus aproveitam a oportunidade para incentivar o relacionamento.

Você pode imaginar a expressão deles ao ver Lars trazendo Bianca para a sala de estar. O atordoado silêncio que se segue é ensurdecedor. Lars havia inventado toda uma história para Bianca: ela era uma missionária criada por freiras, mas que agora estava de licença sabática (uma história incomum para bonecas desse tipo!). De fato, Bianca também havia lhe dito que Deus a havia feito para ajudar pessoas.

Os pobres Gus e Karin não sabem como processar isso. Bem, na verdade, Gus faz um diagnóstico instantâneo: "Ele está louco! O que vamos fazer?". Em determinado momento, eles o levam a uma médica local, chamada Dagmar, a qual os instrui a ajudar Lars em seu delírio tratando Bianca *como um ser humano*, isto é, tratando-a como Lars a vê: como se ela fosse *real*. Gus não consegue acreditar nisso. "Não, não, não, não...", ele murmura. Ele não vai fazer isso de jeito nenhum. Contudo, a médica aconselha que é o que precisa ser feito. "Mas todos vão rir dele", protesta Gus. "E de você", alerta Dagmar. A doutora quer que ele entenda a situação em que ele está aceitando participar.

Poderíamos dizer que Dagmar os está pressionando a jogar um jogo totalmente novo: um jogo em que Bianca é *real*, um jogo de linguagem em que uma boneca inanimada é *considerada* a querida namorada de Lars. No entanto, a realidade é que eles sempre estiveram treinando para esse jogo, pois foram treinados como uma comunidade de amor. No cerne dessa história, está uma das mais belas imagens da igreja que você verá no cinema. Aliás, o filme começa em uma pequena igreja luterana, onde Lars está ouvindo atentamente ao sermão. E, nessa cena de abertura, ouvimos o pastor exortar aquele grupo humilde e genérico de seguidores de Jesus: "Nós nunca precisamos perguntar: 'Senhor, o que devo fazer?', pois o Senhor nos *disse* o que fazer: 'Amem-se uns aos outros.' Essa, meus amigos, é a única lei verdadeira". Isso prenuncia o tipo de comunidade da qual Bianca participará. E também faz parte do "treinamento" comunitário responsável por criar o contexto em que Bianca será amada, pois Lars é amado. O amor *significa* tudo aqui e a verdade não deve ser rigorosamente circunscrita por preocupações empíricas relativas à correspondência.

O momento decisivo acontece quando Gus e Karin comparecem a uma reunião paroquial para explicar sua situação. Eles querem receber Bianca *como* um ser humano e querem que a congregação faça o mesmo. A despeito de alguns protestos mal humorados, o amor vence: é claro que Bianca é bem-vinda na igreja — o que, naturalmente, equivale a dizer que *Lars*, em toda a sua debilidade, é bem-vindo na igreja. A situação, entretanto, não deixa de ser um tanto estranha no domingo seguinte. Há tanto olhares furtivos, quanto olhares fixos e perplexos. Mas essas pessoas peculiares refletem a imagem de Deus a Lars e Bianca: eles dão flores para Bianca, fazem convites aos dois e até mesmo oferecem oportunidades para que Bianca sirva na comunidade. Elas a lavam, vestem e põem para dormir. E o mais bonito é que vemos sinais de que o fazem *mesmo quando Lars não está vendo*. O que vemos, portanto, é uma comunidade em que Bianca é uma "garota real".

Mas é claro que *Bianca não é real*, protestará o realista. Isso é uma espécie de delírio comunitário. Isso é construcionismo social descontrolado.

Será que deveríamos realmente nos preocupar com teorias de correspondência da verdade aqui? Porventura o policiamento cuidadoso do que é "real" garante a *verdade* nesse contexto? A "realidade" está do lado da parcimônia ontológica ou do amor? Se amar Bianca é errado, então eu não quero estar certo. Afinal, naquela pequena cidade do Minnesota — a cidade que serve de lar a Lars e que ainda carrega a memória de sua mãe e seu pai — amar Bianca é *verdadeiro*.

De fato, em um momento crucial do filme, quando Bianca é levada para participar de um evento comunitário à noite,

Lars tem um pequeno acesso de autocomiseração, queixando-se de que Bianca o abandonou e que ninguém se importa. "As pessoas só fazem o que têm vontade", reclama Lars. "Elas não se importam."

Mas sua cunhada, Karin, ama-o o bastante para também dizer a verdade: "Isso simplesmente *não é verdade*", protesta ela. "Meu Deus! Todo mundo nessa cidade está se virando do avesso para fazer a Bianca se sentir em casa. [...] Porque todas essas pessoas amam *você*. [...] Nada disso é fácil para nenhum de nós. Mas nós fazemos isso por *você*."

Aqui, acontece a reviravolta na história de Lars: essa é a boa notícia que ele precisava ouvir, precisava saber, precisava entender. Eles o amaram com vistas à cura, agindo como o tipo peculiar de pessoas capazes de acolher o inacreditável. Eles representaram a verdade por meio de suas ações. E Bianca os ama também! Em uma cena emocionante, no funeral de Bianca (longa história!), o tranquilo pastor do interior profere algumas palavras: "De sua cadeira de rodas, Bianca mexeu conosco de maneiras que nunca poderíamos imaginar. [...] Ela foi uma lição de coragem. E Bianca amava a todos nós, especialmente Lars. Especialmente ele".

Como uma comunidade de pessoas em posse de um saber-como que não faz sentido se articulado em proposições e formatado como um silogismo, eles *significaram* Bianca como uma "garota de verdade" *a fim* de amar Lars e ser um grupo que faz o que Jesus faria. O significado *como uso* é sempre relativo a *um fim*, uma meta. Uma vez que o amor é o *telos* dessa comunidade de prática, o contexto final em que eles dão sentido ao mundo, tais pessoas *significam* Bianca *como* uma garota de verdade.

Quando assisti a esse filme pela primeira vez, eu não conseguia parar de pensar em uma passagem de 1Coríntios 1:26-29:

> Irmãos, pensem no que vocês eram quando foram chamados. Poucos eram sábios segundo os padrões humanos; poucos eram

poderosos; poucos eram de nobre nascimento. Mas Deus escolheu o que para o mundo é loucura para envergonhar os sábios e escolheu o que para o mundo é fraqueza para envergonhar o que é forte. Ele escolheu o que para o mundo é insignificante, desprezado e *o que nada é*, para reduzir a nada o que é, a fim de que ninguém se vanglorie diante dele (grifo na citação).

A economia divina da "realidade" não parece se encaixar perfeitamente com nosso fetiche por "realismo". Pelo contrário, Deus usa os "que nada são" para redimir o mundo. Aquele que cria a partir do nada usa os "que nada são" deste mundo para chamar a criação *de volta* à existência. E, assim, nessa pequena congregação genérica em uma cidade qualquer, o povo de Deus ama Bianca *como um ser humano* a fim de amar Lars e ajudá-lo a alcançar a integridade humana. Stanley Hauerwas, certa vez, observou: "Nós não vemos a realidade apenas abrindo os olhos".[23] O real é tanto construído quanto descoberto; é tanto feito quanto reconhecido.[24] E ver o real — *fazer* o real — exige que se tenha o treinamento adequado. Em *A garota ideal*, vemos uma comunidade treinada para fazer o amor, por assim dizer — para fazer um mundo em amor e por amor.

APRENDENDO A USAR O MUNDO: AGOSTINHO, O RELATIVISTA

O que vemos retratado em *A garota ideal* é como se fosse uma versão cristã da tese de Wittgenstein: o significado é o uso, constituído por uma comunidade — e, quando a comunidade é

---

[23] Stanley Hauwerwas, *Vision and virtue: essays in Christian ethical reflection* (Notre Dame: University of Notre Dame Press, 1986), p. 36.

[24] Isso tem implicações para os prospectos de qualquer "teologia natural", algo que discutiremos nos capítulos 3 e 4 adiante. Hauerwas esclarece implicações semelhantes em: *With the grain of the universe: the church's witness and natural theology* (Grand Rapids: Brazos, 2001).

definida por *amor*, o mundo *significa* algo diferente.²⁵ Isso não é nada menos do que uma reconfiguração do "real". "Significado como uso" quer dizer apenas que o significado está sempre indexado a um *fim*, um *telos*; e nós (só) nos tornamos orientados na direção de um *telos* por meio da imersão em um corpo social, uma comunidade de prática que nos ensina como usar o mundo.

Se isso soa como uma tese radical e pós-moderna, saiba que ela é, na realidade, bastante antiga. No mínimo, tão antiga quanto Santo Agostinho. Portanto, a fim de "levar Wittgenstein para a igreja", que tal levá-lo para visitar o bispo?

Eu sugiro que a intuição de Wittgenstein foi prenunciada pela filosofia de linguagem de Agostinho, apresentada em *De doctrina christiana*.²⁶ A despeito de como esse título costuma ser traduzido, *De doctrina* não é um resumo da *doutrina* cristã; ele é um manual para o *ensino* cristão. Como bispo, Agostinho era responsável por treinar os pregadores em sua diocese. E, como havia sido treinado para ser um retórico, ele tinha fortes opiniões sobre o assunto. Assim, *Ensinando o cristianismo* é seu manual para pregadores e equivale a uma retórica cristã. Haja vista o meio de comunicação utilizado na tarefa do pregador, *De doctrina* também é a articulação madura de uma filosofia de linguagem por Agostinho.²⁷ No entanto, conforme veremos, sua filosofia de linguagem está ligada à sua ontologia, à sua filosofia da realidade.

---

²⁵ Na verdade, Agostinho diria que não é uma questão *de saber se* a nossa comunidade ama, mas *o que* ela ama (em *City of God*, 19.24-26).

²⁶ Por vezes traduzido erroneamente como *A doutrina cristã*, esse título é, na verdade, mais bem traduzido como *O ensino cristão* ou, como Edmund Hill, *Ensinando o cristianismo* (*Teaching Christianity: the works of Saint Augustine I/11* [New York: New City Press, 1996]); doravante abreviado como *DC*.

²⁷ Ele também trata da filosofia da linguagem em uma obra anterior, *De magistro*. Abordei essa obra de modo mais completo em: *Speech and theology: language and the logic of incarnation*, Radical Orthodoxy Series (New York: Routledge, 2002), p. 114-49.

É interessante observar que as *Philosophical investigations*, de Wittgenstein, começam com uma longa citação de Agostinho — extraída não de *De doctrina*, mas do livro 1 de suas *Confissões*, o qual inclui uma seção sobre linguagem.

> Quando eles (meus anciãos) nomeavam algum objeto e, ao fazê-lo, voltavam-se em direção a ele, eu percebia isso e compreendia que o objeto era chamado pelo som que eles proferiam quando desejavam indicá-lo. A intenção deles era demonstrada por seus movimentos corporais, como se estes fossem a linguagem natural de todos os povos: a expressão do rosto, o jogo dos olhos, o movimento de outras partes do corpo e o tom de voz que expressam o estado da nossa mente ao buscar, possuir, rejeitar ou evitar algo. Assim, conforme eu ouvia as palavras sendo repetidamente usadas nos lugares apropriados em frases diversas, aprendi, aos poucos, a entender quais objetos elas significavam; e, após treinar minha boca a formar esses signos, passei a usá-los para expressar meus próprios desejos.[28]

Como você pode imaginar, Agostinho faz essa breve aparição na abertura das *Investigations* de Wittgenstein como um garoto propaganda da teoria "pictórica" da linguagem, a descrição representacionalista da linguagem em que cada palavra se refere a alguma coisa — justamente a teoria que Wittgenstein está rejeitando. Conforme ele posteriormente resume a visão de Agostinho, "Agostinho descreve o aprendizado da linguagem humana como se a criança chegasse a um país estranho e não compreendesse a língua do país; ou seja, como se já tivesse uma língua, mas não esta. Ou, mais uma vez: como se a criança já pudesse *pensar*, mas ainda não falar" (§32). O único tipo de treinamento na descrição de Agostinho é ostensivo: nossos pais nos ensinam a correlacionar palavras a coisas. Em outras palavras, a

---

[28] *Confissões* 1.8, conforme citado e traduzido em *PI*, §1.

imagem de Agostinho em *Confissões* é culpada do proposicionalismo estreito que Wittgenstein rejeita.

Portanto, a princípio, a iniciativa de tentar argumentar que Agostinho prenuncia a explicação de Wittgenstein de "significado como uso" parece estar fadada ao fracasso. No entanto, a imagem de língua e significado apresentada no livro 1 de *Confissões* é bastante diferente da descrição rica e detalhada que encontramos na obra posterior de Agostinho, *Ensinando o cristianismo*. Quando atentarmos para essa obra posterior, creio que encontraremos algo muito semelhante à descrição social de significado feita por Wittgenstein — dessa vez, porém, feita por um bispo e enraizada em convicções bíblicas.

Limites imprecisos entre "palavras" e "coisas"

Se a imagem da aquisição de linguagem apresentada nas *Confissões* reduz o significado à correlação de palavras a coisas, a obra *De doctrina* distingue entre palavras e coisas apenas para complicar o assunto logo na sequência. Primeiro, a distinção: "Todo ensino", explica-nos Agostinho, "diz respeito ou a coisas ou a signos; entretanto, as coisas são aprendidas por meio de signos. Aquilo a que agora chamei de coisas, todavia, em um sentido estrito, são as coisas que não são mencionadas a fim de significar algo, como madeira, pedra, animal e outras coisas como essas" (*DC* 1.2.2). Desse modo, ele divide o mundo em "signos" e "coisas". Os signos são indicadores: eles se referem (isto é, apontam) para as coisas. Dito de forma simples, os signos *significam* algo diferente, ao passo que as "coisas" não são indicadores ou significantes. Os sinais escritos "á-r-v-o-r-e" constituem um *signo*, porque apontam para — e trazem à mente — a *coisa* que é alta e verde. Os signos são sempre instrumentais — apontam para além de si — ao passo que as coisas são uma espécie de fim em si mesmas, um ponto de chegada. Você precisa *atravessar* um signo para chegar a uma coisa. Nesse sentido, Agostinho repete uma distinção clássica que é reiterada até o século 20.

Todavia, ele logo acrescenta uma complicação à imagem. "As coisas", diz ele, não são "mencionadas a fim de significar outra coisa" — exceto quando, de fato, são! Veja a exceção de Agostinho em contexto:

> Aquilo a que agora chamei de coisas [...], em um sentido estrito, são as coisas que não são mencionadas a fim de significarem algo diferente, como madeira, pedra, animal e outras coisas como essas. *Não, porém*, o pedaço de madeira que, conforme lemos, Moisés lançou nas águas a fim de remover sua amargura; nem a pedra que Jacó colocou sob a cabeça; nem o animal que Abraão sacrificou no lugar do filho. Tudo isso, na verdade, são coisas *de tal modo que* também atuam como signo de outras coisas (*DC* 1.2.2, grifo na citação).

Quase no mesmo instante em que divide o mundo em coisas e signos, Agostinho já atenua essa distinção, lembrando-nos de várias "coisas" nas Escrituras que, na verdade, servem *como* signos, muitas vezes signos de Cristo. A distinção é estremecida, justamente porque começa a parecer que praticamente tudo pode ser um signo.

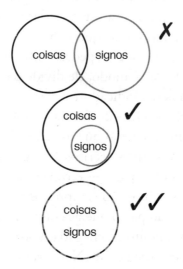

A (in)distinção entre "coisas" e "signos".

Isso suscita a pergunta: quando uma coisa é um signo? Como saber? Se uma pedra ou uma árvore podem ser um signo, então parece que praticamente *qualquer coisa* poderia ser um signo. E, de fato, para Agostinho, porque toda a criação é *sacramentum mundi*, qualquer *coisa* é capaz de funcionar como *signo*; qualquer coisa "pode ser empregada para significar" (*DC* 1.2.2). Logo, a distinção entre coisas e signos não é ontológica ou metafísica: *é funcional* e *contextual*. A qualidade de signo — o tipo de significado que é referencial — não é substancialmente inerente a determinado subconjunto de coisas; em vez disso, as coisas funcionam *como* signos quando são "consideradas" como signos por ouvintes e leitores humanos. Não é que os signos sejam constituídos por algo específico; em vez disso, eles são coisas que são *usadas* de determinada maneira. Os signos são as coisas que usamos.

Contudo, o argumento de Agostinho é ainda mais radical do que isso, pois ainda temos de responder a esta pergunta: como e quando sabemos que uma coisa deve ser *usada* como signo? Em outras palavras, como se aprende quais coisas devem ser usadas como signos? Ou como sabemos *quando* usá-las como signos? Se sua qualidade de signo — seu poder de significação — não é uma propriedade metafísica, mas diz respeito a uma função, então até mesmo reconhecer quando uma coisa deve atuar como signo (isto é, algo a ser usado) diz respeito, em si mesmo, ao *uso*. Nada é um signo apenas "objetivamente": as coisas funcionam *como* signos dentro de uma comunidade de prática. Em última análise, o que a comunidade me ensina é o que amar; e o que eu amo determinará como eu uso o mundo.

O que o amor tem que ver com isso? Sobre "uso" e "fruição"

É por isso que, imediatamente após introduzir sua distinção imprecisa entre signos e coisas, Agostinho faz uma segunda distinção crucial: entre "uso" (*uti*) e "fruição" (*frui*). Ele a introduz da seguinte maneira: "Há algumas coisas que se destinam a ser fruídas, outras que se destinam a ser usadas e outras que *são* tanto fruídas quanto usadas. As coisas que devem ser fruídas nos fazem felizes; as coisas que devem ser usadas nos ajudam em nosso caminho rumo à felicidade" (*DC* 1.3.3).

Você perceberá que esse tipo de distinção corresponde um pouco à distinção entre signos e coisas. Tal como os signos, *usamos* algumas coisas para outros fins — a saber, a fruição (ou felicidade ou bem-aventurança ou aquilo que Aristóteles chamaria de *eudaimonia*). As coisas que fruímos são fins em si mesmas, bens finais. E Agostinho diz que as coisas que *fruímos* são as coisas que *amamos*: "A fruição, afinal de contas, consiste em apegar-se amorosamente a algo pelo que é em si, ao passo que o uso consiste em direcionar [observe a linguagem típica dos sinais] o que vem ao nosso encontro àquilo que o amor visa obter — desde que isso *mereça* ser amado" (*DC* 1.4.4, grifo na citação). O que você ama é o que você frui e o que você frui é o que você ama — o que você trata como supremo, o que você trata como um fim em si mesmo.

Assim, algumas coisas nós usamos e outras coisas nós amamos, o que leva à pergunta: quais são quais? Como podemos saber a diferença? Aqui, Agostinho salienta que nós, seres humanos, somos criaturas únicas, porque habitamos um espaço ambíguo "intermediário": somos as "coisas" que *tanto* fruem *quanto* usam. "Nós mesmos", diz ele, "tanto fruímos quanto usamos as coisas e encontramo-nos no meio, em posição de escolher o que fazer" (1.4.4). E, se errarmos nessa escolha, frustraremos nossa felicidade. "Portanto, se quisermos fruir as coisas *destinadas* a serem usadas, impedimos nosso próprio progresso e, por vezes, também somos desviados do nosso curso, pois, com isso, sofremos atraso na obtenção daquilo que deveríamos fruir ou nos afastamos complemente dessas coisas, obstruídos por nosso amor pelas coisas inferiores" (1.4.4, grifo na citação). Agostinho emprega uma metáfora de viagem para ilustrar o argumento: *usamos* o navio para chegar ao nosso destino, que é o nosso *fim*, o local de nossa fruição. Mas, se acabarmos tratando o navio como um fim em si, *fruindo-o* em vez de *usá-lo*, nunca chegaremos ao nosso destino. Nós nos apaixonamos pelo transporte em vez de desfrutar das bênçãos do destino. Na versão "pródiga" da história de Agostinho, isso significa que nunca chegaremos em casa.

Existe uma suposição crucial na análise de Agostinho que precisamos destacar: ela está imersa na linguagem normativa que emprega nessa análise. Observe que algumas coisas são *destinadas* a ser usadas, ao passo que outras *merecem* ser amadas; algumas coisas são descritas como *inferiores*, ao passo que outras são vistas como bens *finais*. Algumas coisas *devem* ser usadas; outras coisas *devem* ser fruídas. Essa é uma linguagem igualmente *normativa* e (por causa disso) *avaliativa*. Uma vez que há coisas melhores e piores, bens superiores e inferiores, há obrigações correspondentes para nós, criaturas, nesse espaço "intermediário": devemos fruir o superior e usar o inferior; devemos tratar as coisas inferiores como "signos" que nos remetem para as coisas supremas, as quais são fruídas por serem fins em si mesmas. Essa ordem de avaliação e obrigação é o que Agostinho chama de *ordo amoris*, a ordem correta do amor. E, mais uma vez, a distinção é um pouco estremecida quando ele analisa a ordem correta do uso/fruição, porque, em última análise, as "coisas [...] a serem fruídas são o Pai, o Filho e o Espírito Santo, isto é, a Trindade, a coisa una e suprema, aquela que é compartilhada por todos os que a fruem" (1.5.5). Mas, então, Agostinho imediatamente se refreia: "*se* é que se pode dizer que é uma coisa e não a causa de todas as coisas; *se* é que ela é realmente uma causa. Não é fácil, afinal de contas, encontrar um nome que se adeque a tal majestade transcendente" (1.5.5).

O Deus trino é a coisa acima de todas as coisas — a fonte de tudo o que está além da qualidade de "coisa" — às quais fomos feitos para fruir, feitos para amar. Quando nosso amor é ordenado para esse fim, toda a criação se torna um signo que remete para além de si, para o Criador. E, quando nosso amor é assim ordenado, também podemos, de certo modo, deleitar-nos *na criação*. Agostinho expressa isso da seguinte forma: "Quando algo que é amado está disponível para você, é inevitavelmente acompanhado pelo deleite; mas, caso você o atravesse e o remeta ao fim onde você estará permanentemente, na verdade, você está usando essa coisa — e é como figura de linguagem, e não no sentido próprio da palavra, que se afirma que você o está fruindo" (1.33.37). Pode-se imaginar isso como a distinção entre a Fruição, com "F" maiúsculo, e a fruição, com "f" minúsculo: se nosso amor for ordenado para encontrarmos nossa Fruição suprema no Criador trino, seremos capazes de usar a criação de modo que ela seja fruída com "f" minúsculo, recebida como um dom que nos conduz ao Doador.[29] Se não o fizermos — se nosso amor for desordenado e Fruirmos a criação em lugar do Criador — a criação se torna um ídolo em vez de um ícone, uma "coisa" e não um "signo".

Agora, o círculo da analogia e do paralelo voltou ao início. O que transforma uma coisa em um signo é *como* nós a "usamos"; a distinção entre coisas e signos é funcional, não ontológica. Assim, da mesma forma, se a criação funciona como uma coisa ou como um signo do Criador, isso diz respeito a *como* nós nos relacionamos com ela — *como* amamos. Se a criação funciona ou não como um signo *depende* do que fazemos com ela. Não obstante,

---

[29] Agostinho sugere um tipo semelhante de distinção entre o que poderíamos chamar de *Amor*, com "A" maiúsculo, e *amor*, com "a" minúsculo: "Disso deveríamos estar fazendo uso com certo amor e deleite que não são, por assim dizer, permanentemente estabelecidos, mas transitórios e causais, como amor e deleite em uma estrada, ou em veículos, ou em quaisquer outras ferramentas e instrumentos que preferirmos, ou em qualquer outra coisa melhor com a qual se possa expressar isso, de modo que amemos os meios pelos quais estamos sendo transportados em razão do objetivo a que estamos sendo transportados" (1.35.39). Portanto, seria possível dizer que eu amo o caminho para Grantchester porque Amo o jardim que se encontra no fim do caminho; eu fruo a caminhada até Grantchester como parte da experiência de finalmente Fruir o chá à beira do rio Cam (no mesmo jardim onde Wittgenstein fez isso!).

também há uma dinâmica normativa aqui: Agostinho estipula claramente que nós *devemos* usar a criação e não a fruir. Existe uma ordem correta de amor à qual devemos nos conformar.

Isso, mais uma vez, suscita a pergunta: *como sabemos?* Qual é a base para essa "ordem correta de amor"? Como ficamos sabendo que esta é a ordem correta de amor? Como sabemos que a Trindade é *o telos* da felicidade humana? Como conhecemos essa "ordem" pela qual devemos avaliar tudo o que existe? Isso é "objetivamente" verdadeiro em relação à criação? É auto evidente? E, se for, por que algumas pessoas parecem fazer uma "leitura" tão diferente deste mundo?

A resposta de Agostinho aqui é apropriadamente complicada. Primeiro, ele reconhece que uma "ordem correta" de amor deve ser relativa a alguns critérios de avaliação. A própria noção de "ordem correta" é inerentemente normativa. Portanto, "viver uma vida justa e santa requer que o indivíduo seja capaz de fazer uma avaliação objetiva e imparcial das coisas; de amar as coisas, isto é, na ordem correta, para que não ame o que não deve ser amado ou não deixe de amar o que deve ser amado ou tenha um amor maior por algo que deve ser menos amado" e assim por diante (*DC* 1.27.28). Nós somos *destinados* a amar o Deus trino acima de tudo e esse amor (fruição) supremo deve ordenar todos os nossos afetos menores. Agostinho afirma que essa é a forma que a criação foi concebida: poderíamos dizer que, ontologicamente, essa ordem é uma característica do universo criado pelo Deus trino.

No entanto, *o reconhecimento* desse fato — na verdade, a própria capacidade de conhecer o Deus trino e, portanto, a ordem de amor que ele ordena — depende da graça da revelação apresentada nas Escrituras e proclamada pela igreja.[30] A distinção

---

[30] Temos a tendência de achar que o relativismo exclui as normas ou que a linguagem normativa deve ser "absoluta". Contudo, creio que a descrição de Agostinho aqui desafia essa imagem, destacando que, na verdade, nossas normas são relativas à história/comunidade de prática em que estamos imersos.

entre uso e fruição não é "objetiva", no sentido de que pode ser simplesmente "apreendida" do mundo diante de nós. A própria distinção entre uso e fruição — a ordem de amor — é *relativa a* uma história, a história revelada nas Escrituras, proclamada no evangelho e transmitida a nós no corpo de Cristo. Mesmo quando consideramos a distinção *verdadeira*, recebendo-a como a "verdadeira história do mundo inteiro", somos sempre e desde logo dependentes desse contexto social de recebimento e proclamação, dessa comunidade de prática que nos ensina como *significar* o mundo como um dom. Assim como aquela cidade de Minnesota em *A garota ideal*, é uma comunidade de prática que nos provê o saber-como, para que vejamos "o real" como ele de fato é. Logo, o significado é irredutivelmente social.

E isso não surpreende Deus, tampouco lhe causa reações alérgicas. Na graciosa aproximação do seu ser encarnado, a revelação de Deus nos encontra *em* e *sob* essas condições sociais de significado. A revelação de Deus vem ao nosso encontro nessas condições de contingência e dependência. É por isso que o Deus trino não simplesmente nos envia uma Palavra "objetiva"; ele envia seu Filho que, ao ascender, outorga o Espírito, o qual dá à luz uma comunidade de prática que nos possibilita apreender seu mundo. Nosso Criador revelador não é apenas encarnado; ele é pentecostal. Ele não apenas nos envia uma mensagem; ele nos envolve em seu corpo. E esse corpo é a comunidade de prática na qual aprendemos a significar o mundo — o contexto em que aprendemos *para que* é o mundo. O fato de enxergarmos o mundo como um dom a ser usado é relativo à nossa imersão na História em que isso faz sentido. A igreja é o jogo de linguagem em que aprendemos a interpretar o mundo corretamente. Se não há

Agostinho obviamente entende que essas normas são inerentes ao universo — que são características do cosmo. No entanto, elas são conhecidas apenas em — e por meio de — nossa imersão na comunidade de prática que recebe e transmite a Palavra de Deus.

salvação fora da igreja, também podemos dizer que a distinção entre uso e fruição tampouco existe fora da igreja. A igreja é a comunidade "convencional" em que o Espírito nos treina para conhecer o mundo real. No entanto, essa imersão nas convenções de uma comunidade de prática é uma característica essencial de tal "realismo" do Espírito, um realismo sem representação.

três

⟨ Quem tem medo da contingência?
Admitindo nossa condição de criatura com Rorty ⟩

Richard Rorty é um filósofo que os realistas adoram odiar (o que significa, *mutatis mutandis*, que é um filósofo que os filósofos cristãos adoram odiar). As densas florestas hifenizadas da linguagem de Heidegger são demasiado enigmáticas e o jogo enlouquecedor de acrobacia francesa de Derrida é confuso e frustrante; por isso, quando os filósofos analíticos procuram um bode expiatório antirrealista e um garoto propaganda de tudo o que há de errado com o pós-modernismo, eles normalmente miram em Richard Rorty. Educado nas Universidades de Chicago e de Yale e professor titular de filosofia em Princeton, Rorty falava a língua deles. Sua prosa acessível e sua facilidade com Quine e Sellars fizeram com que ele *soasse* como um dos seus. Contudo, ele dizia coisas extremamente absurdas e provocativas. Por exemplo, nós já vimos que Alvin Plantinga repudia, com perplexidade, a afirmação de Rorty de que "a verdade é o que nossos pares nos permitem dizer". Conforme Plantinga conclui, isso parece ser claramente antitético a qualquer alegação de verdade objetiva e, portanto, igualmente antitético à fé cristã.

No entanto, como espero mostrar, quando compreendermos o *argumento* que envolve essa afirmação chocante, descobriremos que, além de o pragmatismo de Rorty não ser essencialmente antitético à fé cristã, sua explicação de justificação social — que desenvolve percepções fundamentais de Wittgenstein — equivale a uma filosofia da condição de criatura que deve ser adotada pelos cristãos.[1] Não estou tentando embotar ou domar o radicalismo de sua alegação; pelo contrário, meu objetivo é sentir a força total da crítica de Rorty ao "realismo", a fim de, então, reconsiderar criticamente nossas suposições filosóficas cristãs. Se *atravessarmos* a crítica de Rorty, em vez de simplesmente rejeitá-la ou ignorá-la, creio que poderemos sair com uma explicação filosófica cristã de contingência que é compatível com nosso estado de criatura. Assim, o pragmatismo de Rorty talvez seja mais um aliado do que um inimigo de uma filosofia cristã íntegra.

ABALANDO AS FUNDAÇÕES: MAUS HÁBITOS E PSEUDOPROBLEMAS DA FILOSOFIA

Embora Rorty tenha construído um grande *corpus* ao longo de sua carreira, abordarei apenas o argumento crítico presente em sua clássica obra *Philosophy and the mirror of nature*.[2] Essa foi a

---

[1] Isso significa, obviamente, que as próprias conclusões de Rorty sobre religião — e sobre o cristianismo em particular — não são decorrentes de sua explicação pragmática de conhecimento. Pelo contrário, o não fundacionalismo de Rorty deveria ter atenuado seu repúdio à religião. Veja, por exemplo, a crítica de Nicholas Wolterstorff a Rorty quanto a isso em: "An engagement with Rorty", *Journal of Religious Ethics* 31, 2003, p. 129-39. Para uma resposta (favorável), veja Richard Rorty, "Religion in the public square: a reconsideration", *Journal of Religious Ethics* 31, 2003: p. 141-49.

[2] Richard Rorty, *Philosophy and the mirror of nature* (Princeton: Princeton University Press, 1979) [edição em português: *Filosofia e o espelho da natureza*

obra que transformou Richard Rorty no "Rorty" que tantas vezes seria apontado como o autor de falas chocantes. Trata-se de uma obra tanto histórica quanto construtiva, a qual conta uma história diferente sobre filosofia a fim de filosofar de forma diferente. A relação de Rorty com a — e a crítica da — história da filosofia é essencial para o seu argumento em *Philosophy and the mirror of nature*. A bem da verdade, a história que ele tem para contar (que ocupa os primeiros dois terços do livro) *é* o seu "método", em certo sentido. Algumas pessoas facilmente se frustram com esse tipo de abordagem que olha para a "floresta" e não para as "árvores". Elas preferem passar tempo analisando árvores — e não apenas isso: preferiam, ainda, analisar a casca, os anéis ou as folhas de uma única árvore. O jogo da filosofia profissional — e a competitiva corrida que leva à docência universitária — incentiva os filósofos a se manterem focados na análise de árvores e a achar que todo filósofo "sério" ou "rigoroso" se dedicará à análise de árvores. Mas você gostaria que essas pessoas fossem responsáveis pela confecção de um mapa da floresta? Você lhes perguntaria como retornar ao acampamento? E se as árvores indicadas forem as árvores erradas?

Seguindo com essa metáfora, Rorty está interessado em remapear a floresta, porque ele acha que muitos filósofos se puseram a trabalhar equivocadamente com certas árvores porque herdaram diretrizes incorretas, por assim dizer. Ou poderíamos dizer que, de acordo com a história de Rorty, esses filósofos estão dedicando

---

(Rio de Janeiro: Relume-Dumara, 1994)]; doravante abreviado como *PM*. Para uma introdução mais abrangente à obra de Rorty como um todo, consulte o excelente e conciso volume de Ronald Kuipers: *Richard Rorty*, Bloomsbury Contemporary American Thinkers (London: Bloomsbury, 2013). Os leitores que desejam explorar o *corpus* de Rorty devem lançar-se à leitura de: *Contingency, irony, and solidarity* (New York: Cambridge University Press, 1989) [edição em português: *Contingência, ironia e solidariedade* (São Paulo: Martins, 2007)]. No entanto, é possível encontrar uma introdução retrospectiva na coleção posterior de Rorty: *Philosophy and social hope* (New York: Penguin, 1999).

seu trabalho analítico a "árvores falsas de plástico" (parafraseando Radiohead). Como cartógrafo, o projeto de Rorty é afastar o *zoom* e questionar: que tipo de floresta é esta? O que estamos fazendo aqui? E por quê? É com *isso* que a filosofia deve estar preocupada? A fim de fazer essas grandes perguntas, ele precisa contar uma história em um nível "meta".

Ora, alguns pensam erroneamente que, se estamos lidando com uma história, *não* estamos atrás de um "argumento". Contudo, creio que essa é uma falsa dicotomia que revela um pensamento limitado em relação ao que pode ser considerado um argumento. Rorty verdadeiramente está procurando elaborar um argumento: ele está assumindo uma posição, oferecendo evidência e tentando nos persuadir. Mas poderíamos dizer que o argumento em si tem uma forma "narrativa". Ele pergunta: "Como chegamos aqui?" e a resposta a essa pergunta é inevitavelmente uma história — uma *história* da filosofia moderna. Assim, vejamos um resumo da trama antes de nos voltarmos para as especificidades.

Para Rorty, o próprio fato de que a filosofia se tornou uma "disciplina" foi uma espécie de começo do fim. Como disciplina profissional, a filosofia faz do *conhecimento* seu assunto e especialidade (uma determinação limitada que teria surpreendido Platão ou Cícero). Em particular, a filosofia profissional está preocupada com questões de *legitimação* ou *justificação*: o que sabemos, como sabemos e quem disse? "A filosofia como disciplina, portanto, vê-se como a tentativa de alicerçar ou repudiar alegações de conhecimento feitas pela ciência, moralidade, arte ou religião" (*PM*, p. 3). Dessa forma, a filosofia também se coloca como o árbitro da *cultura*, um tipo de guarda da fronteira do sentido e do significado. Se fizermos qualquer alegação, temos de comunicar aos filósofos, mostrar-lhes os documentos (as evidências) e eles decidirão se temos direito de entrar no país chamado "racionalidade". Contudo, a filosofia só pode policiar a cultura dessa forma porque reduz a cultura *ao* "conhecimento". Quando se é um epistemólogo, tudo é uma proposição. E, quando a filosofia moderna reduz o conhecimento à *representação* (mais especificamente, à capacidade mental de representar o que está "fora" da mente), ela avalia diferentes setores da cultura no que diz respeito à sua capacidade de representar a realidade: alguns setores fazem isso bem (ciência); outros, não tão bem (arte, literatura?); e alguns fracassam totalmente (religião, moralidade?).

Rorty considera essa configuração da tarefa e do campo da filosofia totalmente contingente, associando-a a importantes mudanças no século 17 (Locke, Descartes), culminando no paradigma kantiano do século 18 — o qual é "concluído", por assim dizer, nos diversos neokantismos do século 20 (quer sejam analíticos ou continentais) que tentaram "fundamentar" todo tipo de coisa.[3] Nesse modelo, a filosofia "é um tribunal de razão pura, sustentando ou negando as alegações do restante da cultura" (*PM*, p. 4). Aqui, Rorty faz uma observação interessante: concebida dessa forma, a filosofia "tornou-se, para intelectuais, um substituto da religião", uma vez que funcionava como um "vocabulário final", "a área da cultura onde se tocava o fundo" (p. 4). Mas, então, algo curioso aconteceu a caminho da secularização: quando o secularismo gradualmente triunfou, a filosofia não era mais necessária como antídoto cultural para a superstição, ficando com pouca relevância cultural. Embora diversas correntes tenham dado continuidade ao trabalho de "fundamentar" a cultura, "as tentativas tanto de filósofos analíticos quanto de fenomenólogos de 'fundamentar' isso e 'criticar' aquilo

---

[3] O pragmatismo de Rorty é, de algumas maneiras, mais radical do que os projetos fenomenológicos de Heidegger e Derrida, precisamente porque esses últimos ainda parecem manter uma versão desse paradigma "representacionalista". É por isso que a desconstrução termina em ceticismo "antirrealista", ao passo que o pragmatismo rejeita o paradigma representacionalista por completo e, assim, não tem que optar entre realismo ou antirrealismo.

foram desprezadas por aqueles cujas atividades estavam supostamente sendo fundamentadas ou criticadas" (p. 5). O resultado foi a marginalização cultural da filosofia, razão pela qual hoje a profissão é, em grande parte, irrelevante para o discurso do público mais amplo. E, no entanto, essas preocupações filosóficas passaram, aos poucos, a se sedimentar na consciência popular, de modo que agora todos estão preocupados com a "correspondência". Nossas epistemologias "populares" — as suposições implícitas que fazemos sobre o conhecimento — derivam de Descartes e Locke. Hoje, portanto, as pessoas nos bancos das igrejas fazem as perguntas que primeiro preocuparam Descartes. Agora, somos todos céticos preocupados.

Essa direção da filosofia, entretanto, foi *contingente*. Poderia ter sido diferente. Assim, a resposta adequada a esse projeto mal concebido, sugere Rorty, não é uma réplica na mesma moeda para as propostas de Descartes, Locke ou Kant. Isso seria como consertar a pista de dança do Titanic. A filosofia precisa recusar o que lhe foi (contingentemente) oferecido. Para tanto, Rorty se volta para a obra de sua trindade terapêutica: Wittgenstein, Heidegger e Dewey. Na obra deles, a filosofia "libertou-se da concepção kantiana de filosofia como algo fundamental" (p. 5). Rorty considera os projetos desses autores "terapêuticos" e "edificantes", porque são "projetados para fazer com que o leitor *questione suas próprias motivações para filosofar*" (p. 5-6, grifo na citação). Esses três rejeitam as condições preestabelecidas para a análise. Eles estão "de acordo que a ideia de conhecimento como representação, possibilitada por processos mentais especiais e inteligível graças a uma teoria geral de representações, precisa ser abandonada". Desse modo, eles não estão oferecendo "'teorias de conhecimento' *alternativas* ou 'filosofias da mente'". Na verdade, "eles vislumbram a possibilidade de uma forma de vida intelectual em que o vocabulário de reflexão filosófica herdado do século 17 pareça tão despropositado quanto o vocabulário filosófico do século 13 pareceu para o Iluminismo" (p. 6). Seu projeto não é revisionista nem reformista, mas "revolucionário" (no sentido inaugurado por Thomas Kuhn): eles nos oferecem "novos mapas do terreno" (p. 7). Portanto, o projeto de *Philosophy and the mirror of nature* consiste em examinar e resumir estes desenvolvimentos e apontar o beco sem saída para onde está orientada a filosofia na tradição "kantiana" (fundacionalista).[4]

Em última análise, Rorty considera esse projeto filosófico moderno "como uma tentativa de escapar da história" (*PM*, p. 9). Assim, o projeto de Rorty é fazer com que a filosofia reconheça sua — e *nossa* — contingência e historicidade (p. 9). Isso se assemelha menos a uma "teoria de correspondência da verdade" realista e mais a uma "concepção deweyana do conhecimento", na qual o conhecimento é entendido como "aquilo em que temos razões para acreditar" e onde tal justificação é entendida como um fenômeno *social* "em vez de uma transação entre 'o sujeito cognoscente' e a 'realidade'" (p. 9).

---

[4]Especificamente, ele mostrará que a "virada linguística" na filosofia contemporânea, na verdade, nada faz para substituir os hábitos kantianos na filosofia (*PM*, p. 8). A razão disso é que a virada linguística é apenas outra forma de representacionalismo. Rorty deseja mostrar que grande parte daquilo que circula sob a bandeira da "virada linguística" não é uma revolução radical na filosofia; pelo contrário, é uma continuação do projeto kantiano de outras maneiras. Ainda que *pareçam* atentar para a contingência empírica da linguagem, eles estão "transcendentalizando" a linguagem *como se* ela não fosse contingente (p. 258) — tentam "*destranscendentalizar* a epistemologia, enquanto, não obstante, obrigam-na a fazer o que sempre tivemos esperança de que conseguisse" (p. 299). Em outras palavras, a linguagem é vista como um novo elemento *a priori* (p. 266). Nesse aspecto, a crítica de Rorty é bastante análoga à crítica de Derrida a Platão e Husserl, os quais deixam que a aparente "imaterialidade" da fala os leve a pensar que ela não é contingente, material e condicionada. Acompanhando Donald Davidson e o trabalho posterior de Hilary Putnam, Rorty destaca a materialidade e a contingência da linguagem — daí a incapacidade dela de atuar como esse tipo de elemento *a priori* (por exemplo, p. 261). Em suma, a "filosofia da linguagem" permanece sob o domínio do projeto "kantiano" de "fundamentar" o conhecimento em algo que não é relativo aos jogos; ou seja, ela continua sendo um projeto "fundacionalista" que rejeita a virada *pragmática*.

Isso significa reconhecer as maneiras pelas quais o conhecimento é socialmente restrito e construído. Rorty, então, une isso a uma compreensão pragmática da verdade, não mais como "representação precisa", mas como "aquilo em que é melhor acreditar" (p. 10). "Representação precisa", portanto, é apenas um "cumprimento vazio que prestamos às crenças que nos ajudam a fazer o que queremos" (p. 10).

Ora, há uma pergunta legítima que pode desde já ser feita a Rorty: a fim de que sua explicação pragmática ofereça alguma vantagem, não precisa haver um sentido em que ela seja *verdadeira*? Em outras palavras, ele não precisa acreditar que sua explicação não é arbitrária? Creio que sim. Para isso, é necessário distinguir o que é "contingente" do que é "arbitrário" — dois termos que tratamos erroneamente como sinônimos com frequência. Se fizermos essa distinção, veremos que Rorty pode dizer que há algo em nossa finitude comunitária que faz com que sua "explicação deweyana" tenha força sem equivaler a uma alegação velada de "correspondência". A explicação disso é o objetivo final de *Philosophy and the mirror of nature*.

ILUSÕES DA EPISTEMOLOGIA: REPRESENTACIONALISMO REVISITADO

Rorty se coloca como um "terapeuta" filosófico. Como qualquer terapia de qualidade, isso exige uma análise de nossa história. Assim, a primeira metade de *Philosophy and the mirror of nature* é comparável a colocar a filosofia no divã e extrair dela sua história familiar desde Descartes. É somente após ouvir a história que podemos analisá-la e ver em quais entroncamentos tomamos a direção errada. O início da terapia do pragmatismo serve para nos ajudar a identificar nossas manias. Poderíamos dizer que, para Rorty, nossa fixação no realismo e nossas ansiedades em relação à correspondência são sintomas de uma neurose filosófica contingente que precisa ser *curada*, não satisfeita. Portanto, seu objetivo é apoiar a alegação (comum a Wittgenstein e Dewey) de que pensar em um conhecimento que apresenta um "problema" e acerca do qual devemos ter uma "teoria" é um produto da concepção de conhecimento como um conjunto de representações — uma concepção de conhecimento que [...] foi um produto do século 17. A moral a ser extraída é que, se esse modo de pensar sobre o conhecimento é opcional, então a epistemologia também é, bem como a filosofia *conforme* compreendida desde meados do século passado (*PM*, p. 136, grifo original).

O "problema" que deixa a "filosofia enquanto epistemologia" perplexa — ou seja, "como sabemos que há um mundo fora da nossa mente?" — é um pseudoproblema que criamos e que se infiltrou por entre os bancos da igreja, por assim dizer. E todas as soluções que criamos para afastar o ceticismo inerente a essa questão (realismo, a teoria de correspondência da verdade, entre outros) são pseudossoluções: tratam só os sintomas de uma pseudodoença que inventamos. O pragmatismo de Rorty é uma etiologia de nossas neuroses filosóficas.

Então, como chegamos aqui? Quando e onde a doença começou? Rorty tem uma história longa e complicada para nos contar sobre isso, a qual resumirei apenas com os principais destaques. Eis a versão abreviada:

- Descartes cria o *campo* da epistemologia, inventando "a mente".[5] Esse "espaço interior" se torna o cinema para "ideias" e "representações", que são reproduzidas na tela da consciência como imagens *de* um mundo situado "fora"

---

[5] O que Rorty teria de mostrar, naturalmente, é que "a alma" de Platão, Aristóteles e Aquino é, de certa forma, muito diferente da "mente" cartesiana. A propósito, veja a ênfase de John Milbank e Catherine Pickstock na distinção entre a noção de correspondência de Aquino e as noções modernas em: *Truth in Aquinas* (London: Routledge, 2003), p. 4-5.

da mente (um "véu de ideias"). A chave para a certeza é "fundamentar" ou "alicerçar" ideias ou representações do exterior na base da própria mente. Por isso, é a invenção da "mente" por Descartes que também dá origem ao projeto fundacionalista — a saber, fixar nosso conhecimento do "exterior" em *algo* "interior".[6]

- Locke retoma o modelo cartesiano e começa a se preocupar com a *mecânica* da mente — como exatamente essas ideias e representações "se conectam" e "correspondem" à "realidade". A essa altura, a filosofia se torna uma epistemologia orientada por uma pergunta inicial e básica: "Como o nosso conhecimento é possível?".[7] A mente é uma tábula onde impressões são inscritas ou um espelho que reflete a natureza. No entanto, a própria resposta de Locke a essa pergunta (empirismo) não era caracterizada pela segurança da certeza cartesiana (gerando diferentes respostas em Hume e Reid).

- Kant entra em cena e "coloca a filosofia 'no caminho seguro da ciência', situando o espaço externo dentro do espaço interno (o espaço da atividade constituinte do ego transcendental) e, então, alegando a certeza cartesiana sobre o interno para as leis do que antes se acreditava ser o externo" (p. 137). "Somente o pensamento relaciona" (p. 147) é a máxima de Kant — "não existem 'coisas qualificadas' — objetos — anteriores à 'ação constitutiva da mente'" (p. 147). Um objeto é sempre o resultado ou produto da *síntese*. Em outras palavras, uma vez que nós "constituímos" os objetos

---

[6] É por isso que alguns dos que rejeitam o fundacionalismo "clássico" continuam sendo "fundacionalistas", uma vez que aceitam a distinção entre interior e exterior e procuram *fundamentar* nosso conhecimento do exterior.

[7] Rorty observa que a história da filosofia é reescrita, retroativamente, após esta mudança (*PM*, p. 132-3) — como se Platão e Aristóteles e Aquino estivessem preocupados com o mesmo problema.

que conhecemos e que nossas ideias são certas, podemos ter certeza daquilo que constituímos.

Logo, somos todos kantianos agora, mesmo que gastemos nosso tempo criticando Kant. Toda a filosofia profissional posterior — e uma porção nada pequena de nossa filosofia "popular" — aceita esse paradigma, ainda que muita energia seja despendida brigando a respeito dos detalhes. O jogo de linguagem epistemológico é a língua franca da filosofia (e passou a ser a linguagem dos não filósofos também; veja, por exemplo, os programas apologéticos populares). A filosofia é uma busca pelo santo graal da "crença verdadeira justificada". No entanto, foi a invenção da distinção entre interno e externo que nos colocou nessa missão.

Nesse processo, a filosofia considera como "certo" aquilo que é contingente. O que a epistemologia considera como "certo" — como o que "encontramos" quando investigamos nossa "experiência" — é, na verdade, *colocado* ali por nosso treinamento no jogo de linguagem da epistemologia: o que "encontramos" é o que fomos treinados para ver. É preciso ter sido inculcado nesse jogo para "ver" as coisas dessa maneira. E, depois de ser assimilado no jogo, ele deixa de ser um jogo: se torna apenas "o modo que as coisas são", os "fatos", a "realidade". As metáforas de tábulas e espelhos deixam de ser metafóricas — o que equivale simplesmente a dizer que esquecemos a própria matriz humana e social que deu à luz essa explicação (*PM*, p. 159).

Portanto, vivemos no que Rorty chama de "consenso neokantiano" que "aparece como o produto final de um desejo original de substituir *confrontação* pela *conversação* como o aspecto determinante de nossa crença" (*PM*, p. 163). Em outras palavras, a rede social do nosso conhecimento desaparece e, em lugar disso, adotamos uma imagem de conhecimentos que equivale a "mentes" atomísticas, isoladas e interiorizadas que são *confrontadas* por um "mundo externo". Por razões que já vimos em Wittgenstein, Rorty acha que essa imagem "representacionalista" esquece sua própria contingência. E, mais importante, que procura esconder o caráter social do nosso saber. Logo, seu projeto não é abandonar a verdade ou a racionalidade como tais, mas recuperar e reconhecer o significado de nossa contingência e dependência, de nossa finitude e sociabilidade.

Assim, Rorty enfatiza a natureza *conversacional* do nosso conhecimento e agimos bem ao considerar isso uma extensão do "significado como uso" de Wittgenstein. Nas palavras de Rorty:

> Se pensarmos em "certeza racional" como vitória na argumentação e não como uma relação com um objeto conhecido, olharemos aos nossos interlocutores e não às nossas faculdades de explicação do fenômeno. Se pensarmos na nossa certeza sobre o teorema de Pitágoras como nossa confiança, com base na experiência com argumentações sobre tais assuntos, de que ninguém encontrará uma objeção às premissas a partir das quais o inferimos, não o explicaremos pela relação da razão com a triangularidade. Nossa certeza será conversação entre pessoas e não interação com uma realidade não humana (*PM*, p. 156-7).[8]

Nossas alegações de conhecimento são artefatos sociais e culturais e os critérios para sua avaliação são igualmente sociais e culturais. Aqui, Rorty (assim como Brandom, como veremos posteriormente) está ampliando a percepção central de Wilfrid Sellars: a de que nós, criaturas que "sabem", habitamos

---

[8] Essa alegação é bastante provocativa e eu gostaria que Rorty tivesse sido um pouco mais cuidadoso. Afinal, quando ele diz que diz respeito à conversação, *em vez de* "interação com uma realidade não humana", ele estabelece uma dicotomia a qual não creio que sustente mais adiante (como veremos). Não é que a "realidade não humana" seja completamente irrelevante para o caso. Aqui, ele está apenas enfatizando que aquilo que torna nosso conhecimento "racional" é tanto uma questão de "interação" quanto, e talvez mais fundamentalmente, de conversação. Se ele tivesse dito "correspondência" em lugar de "interação", a dicotomia estaria correta. Eu não creio que sua explicação negue a "interação" propriamente dita.

"o espaço lógico das razões"; não estamos apenas sujeitos a uma relação causal com objetos (*PM*, p. 157). Nosso conhecimento, pode-se dizer, é cultural, não meramente natural.[9] Portanto, o conhecimento diz mais respeito à conversação do que à mera confrontação. Agora, nossa preocupação será compreender as implicações disso.

ALÉM DA REPRESENTAÇÃO, OU EPISTEMOLOGIA COMO ETNOGRAFIA

Na narrativa em andamento de Rorty, a trindade terapêutica de Wittgenstein, Dewey e Heidegger é destacada por quebrar paradigmas. No entanto, ele também considera Quine e Sellars como responsáveis por apontar brechas na armadura da epistemologia. Mas, em última análise, o que todos eles estão contestando? Segundo Rorty, eles questionam a suposição de que podemos localizar algumas "representações privilegiadas" que funcionam como a base ou o "fundamento" para o saber (*PM*, p. 170). Tais representações privilegiadas constituiriam uma espécie de *imediação* (p. 174), um "espelho da natureza" (p. 170), consideradas como as "*premissas* a partir das quais nosso conhecimento de outras entidades é normalmente inferido" (p. 177). Questionar essa imagem ecoa a recusa de Wittgenstein de enraizar o significado em alguma "interioridade".

Rorty descreve a alternativa deles de várias formas diferentes: como um "holismo" (p. 170, 174); como uma explicação de verdade/conhecimento/justificação enraizada na prática social e não fundamentada em representações privilegiadas; como um modelo em que a justificação diz respeito à *conversação* (p. 170-1);

---

[9] Em resposta a críticos como Brandom e Bjørn Ramberg, Rorty foi ainda mais explícito sobre isso posteriormente e abandonou as tentativas anteriores de reduzir a objetividade à intersubjetividade. Para uma análise proveitosa e sucinta sobre essas questões, veja o capítulo 5 da obra *Richard Rorty*, de Kuipers.

e como um "behaviorismo epistemológico" em oposição a um algoritmo de conhecimento (p. 174-5,182). Analisar esses diferentes ângulos da alternativa pode nos ajudar a entender o que Rorty está sugerindo.

Essa explicação *conversacional* de conhecimento é "holística", no sentido de que, em vez de reduzir o conhecimento a correlações diversas entre palavras e coisas ou entre mentes internas e mundos externos (o "espelho da natureza"), o conhecimento é visto como uma *realização* que requer imersão em — e dívida a — uma rede de práticas sociais. O conhecimento é uma realização social complexa que inclui todo tipo de know-*how* que não pode ser articulado em proposições ou resumido como "crenças". "Compreendemos o conhecimento quando compreendemos a justificação social de crença e, assim, não temos necessidade de considerá-lo como exatidão de representação" (*PM*, p. 170).

Perceber o conhecimento como realização social nos prepara para reconhecermos que a "justificação" do nosso conhecimento está enraizada nessa rede de interação social. A justificação não diz respeito à relação especial entre ideias (ou palavras) e objetos, mas à conversação, à prática social. A epistemologia, então, deixa de ser a "ciência" que assegura a correlação fundamental entre as representações mentais e a realidade externa. Em vez disso, se é que algo semelhante à "epistemologia" permanece, diria mais respeito à etnografia — uma destilação filosófica de nossas práticas sociais de justificação. Seria menos uma física do conhecimento e mais uma sociologia do conhecimento.[10] É por isso que Rorty descreve sua explicação pragmática como um "behaviorismo epistemológico" que entende a racionalidade e a autoridade epistêmica em referência a "o que a sociedade nos permite dizer" (*PM*, p. 174). ("Sociedade" aqui corresponde à comunidade

---

[10] O que torna a abordagem sociológica de Neil Gross à própria história de Rorty ainda mais interessante. Veja Neil Gross, *Richard Rorty: the making of an American philosopher* (Chicago: University of Chicago Press, 2008).

de prática de Wittgenstein. Trata-se menos de um apelo a um tribunal nacional e mais a uma forma de falar sobre um contexto social como a dos pedreiros envolvidos em um projeto comum.)

A filosofia como o "estudo do conhecimento humano", então, seria apenas "o estudo de certas formas pelas quais os seres humanos interagem", em vez de procurar assegurar ou fundamentar o conhecimento em alguma "base ontológica".[11] A fim de analisar e compreender a afirmação "S sabe que p", é melhor a enxergarmos como "uma observação sobre a condição do relato de S entre os seus pares" do que "como uma observação sobre a relação entre sujeito e objeto, entre a natureza e seu espelho" (*PM*, p. 175). Isso *só* parecerá uma explicação "deflacionária" do conhecimento e da verdade *se* você estiver esperando receber uma explicação fundacionalista. Rorty, porém, não está simplesmente dizendo que isso é impossível (o que seria uma conclusão meramente cética); ele está dizendo que devemos parar de *querer* isso, pois isso nos reduz a meros espelhos passivos e não considera que o conhecimento é uma realização humana e social.

Rorty não está desistindo da "verdade": ele está oferecendo uma terapia que procura tirar de nós a necessidade da verdade como correspondência. É como se Descartes e Locke fossem traficantes que nos viciaram na droga da representação e agora todos precisamos de nossas doses de correspondência. Nesse contexto, Rorty é um conselheiro de reabilitação que, em vez de oferecer novas drogas, tenta conter o vício e o desejo. "Ser um behaviorista no sentido mais amplo, como Sellars e Quine são", diz Rorty, "não é oferecer uma análise reducionista, mas se recusar a tentar determinado tipo de explicação" (*PM*, p. 176). Como Wittgenstein diria, às vezes, a sabedoria é saber quando

---

[11] Conforme veremos adiante, eliminar a busca equivocada por uma "base ontológica" para o conhecimento *não* inviabiliza alegações ontológicas.

parar de fazer certas perguntas. Portanto, em vez de tentar fundamentar a verdade como correspondência, é melhor enxergarmos a verdade como uma "assertividade avalizada" — a verdade como "o que nossos pares, *ceteris paribus*, permitem-nos dizer" (p. 176). A verdade, então, é uma questão de "aquilo em que é bom acreditar" e não da acrobacia metafísica do "contato com a realidade".

Quando a epistemologia faz essa mudança — na direção de uma consideração das práticas sociais humanas — ela precisa estar mais sintonizada com a contingência e particularidade da finitude humana, com as condições da criatura. O conhecimento é relevante apenas para as criaturas que podem se colocar sob *regras*. E

> só podemos nos colocar sob regras epistêmicas quando entramos na comunidade onde o jogo governado por essas regras é jogado. Podemos repelir a alegação de que conhecimento, consciência, conceitos, linguagem, inferência, justificação e espaço lógico das razões caem sobre os ombros da criança inteligente lá pelos seus quatro anos, sem ter existido sequer na forma mais primitiva até então. Porém, não repelimos o pensamento de que vários direitos e responsabilidades recaem sobre ela em seu décimo oitavo aniversário, sem jamais ter estado presente sequer na forma mais primitiva até então. Essa última situação é, com certeza, mais bem definida do que a anterior, uma vez que não há qualquer marca na primeira ocasião, salvo a observação casual de alguns adultos (por exemplo, "a criança sabe do que está falando"). Mas, em ambos os casos, o que aconteceu foi uma mudança nas relações da pessoa com as outras, não uma mudança dentro da pessoa que agora lhe *serve* para entrar em tais novos relacionamentos (*PM*, p. 187, grifo no original).

Alegações de conhecimento e verdade são mercadorias negociadas em uma comunidade de práticas humanas. Elas são a moeda de práticas claramente *sociais*. O conhecimento só acontece no "espaço das razões", conforme expressa Sellars, o que significa que essas condições sociais determinam e condicionam nosso conhecimento. E isso não se dá apenas de uma forma "falibilista", como um truísmo vago sobre as condições culturais que influenciam nossa capacidade de entender a correspondência direito. Não, o que *conta* como "correspondência" é, na raiz, uma produção *social*. O contexto social não é um mal necessário que "macula" nossa capacidade de representar o mundo; na realidade, estamos imersos em práticas sociais que são a matriz a partir da qual emerge todo o nosso conhecimento. A epistemologia sempre será a etnografia de determinado povo, o que Hegel chamaria de uma *Sittlichkeit* específica, porém contingente ("Foi somente a partir de Hegel", comenta Rorty, "que os filósofos começaram a considerar a noção de que o indivíduo, fora de sua sociedade, é apenas mais um animal" [*PM*, p. 192]). No entanto, isso também significa que as práticas *de* "justificação" serão relativas a essa "sociedade", a essa comunidade *de* prática. Desejar que fosse diferente é desejar eliminar nossa finitude.

O FANTASMA DO ANTIRREALISMO

Rorty, seguindo os passos de Sellars e Quine, deseja nos dissuadir da opinião de que a linguagem "representa" o mundo, "conecta-se" ao mundo, ou "corresponde" ao mundo. Nossas descrições do mundo não podem ser "analisadas" ou reduzidas a algo *extra* linguístico — a algum "estado" simplesmente "dado" como certo (o que Sellars chamou de "mito do dado"). Em suma, não há "base" ou "fundamento" extralinguístico(a) para o nosso conhecimento. A verdade, o conhecimento e a justificação são características da vida e das práticas *sociais*.

Você já pode até imaginar que tipo de reação isso gerará: O quê?! Você está dizendo que não há nada fora da linguagem? Você é algum tipo de idealista berkleyano? Você acha que não há nada fora dos "textos"? Você está dizendo que não há nada de "real"? Você é algum tipo de [pasmem!] antirrealista?

Deixe-me respirar fundo.

A preocupação parece ser algo assim: se Rorty (bem como Sellars, Kuhn e Wittgenstein) estiverem certos, isso não seria dizer que a nossa linguagem não se refere a *coisa* alguma? Nesse caso, não estamos presos em um tipo de idealismo que não se "conecta" ou não se "refere" ao mundo? Estamos presos dentro de nossa própria mente, deixados à mercê de nossos próprios delírios?[12] Se o que é "real" ou "verdadeiro" é relativo a uma "estrutura

---

[12] Aqui, Rorty se concentra especificamente em questões da filosofia da ciência, principalmente porque é ali que as pessoas pensam que a "referência" realmente importa e encontra tração (ninguém se surpreenderia, digamos, caso fosse descoberto que a religião não tem um referente "real" [*PM*, p. 269]; em contrapartida, é justamente o desejo de manter essa distinção que gera tanto mal-estar nos críticos de Quine e Kuhn). De modo específico, isso é apresentado como uma questão de referência e traduzibilidade: "Será Newton deu as respostas certas para as perguntas que Aristóteles respondeu erroneamente? Ou será que eles estavam fazendo perguntas diferentes?" (p. 266).

Se a linguagem é diferente, o mundo é diferente? Se os termos mudam, as coisas mudam? Conforme veremos, isso se torna uma questão de saber se há "progresso" na ciência (p. 275). Afinal, se Aristóteles e Newton não estavam "realmente falando sobre" (p. 268) a mesma coisa, é mais difícil narrar uma história do progresso da ciência desde os indícios primitivos até atingir uma racionalidade confiante.

No entanto, o trabalho de Kuhn (e de outros) mostrou que, de fato, "o significado de muitas declarações na linguagem, incluindo muitas declarações de 'observação', mudava quando uma nova teoria surgia" (p. 270). Diante dos exemplos históricos, os filósofos da referência (isto é, aqueles que defendem o "realismo") admitiram que a observação era uma espécie de interpretação atrelada ao paradigma; *no entanto*, eles começaram a argumentar que ainda assim deve haver critérios "racionais", extraparadigmáticos, que nos permitem avaliar a mudança "racional" (p. 270-1). Contudo, essa foi apenas uma "breve tentação" (p. 271), pois todas as razões quineanas e kuhnianas que impossibilitavam critérios extraparadigmáticos de observação também impossibilitavam critérios extraparadigmáticos para avaliar a mudança de um paradigma para outro (p. 272). "A divisão de trabalho entre o filósofo e o historiador já não fazia sentido" (p. 272).

conceitual" contingente, então "algo que se parecia muito com idealismo começou a se tornar intelectualmente respeitável" (p. 275). (Como ficará claro mais adiante, "idealismo" e "antirrealismo" são sinônimos nessa análise [p. 278].)

Em última análise, Rorty considera isso uma "pseudoquestão" inventada por Hilary Putnam e comenta, com ironia: "É difícil encontrar um filósofo que satisfaça os critérios de Putnam para ser um 'antirrealista'" (p. 278; pode-se acrescentar que é igualmente difícil encontrar um filósofo em vida que se encaixe na imagem do antirrealista "criativo" de Plantinga).[13] Rorty tenta desmistificar um importante equívoco aqui: os críticos realistas confundem o fato de ter uma teoria de referência com a atribuição de uma espécie de peso ontológico às coisas. Ou seja, eles acham que ter uma teoria de referência é a condição necessária para afirmar que há "coisas" extraparadigmáticas. Assim, eles supõem que, se rejeitamos a representação e a correspondência, estamos abrindo mão dos componentes metafísicos do universo. Mas aqueles, como Dewey e James, que rejeitam a "teoria da verdade como correspondência" não tem "qualquer simpatia" pela "inferência [A] 'não é possível fazer uma descrição de algo que seja independente da teoria' à suposta conclusão [B] 'não há coisas independentes de teoria'" (p. 279). Por essa razão, abrir mão de uma teoria de referência enraizada no representacionalismo *não* significa que o suposto antirrealista "não terá uma história para contar sobre os efeitos causais gerados sobre nossos ancestrais dos objetos a respeito dos quais a teoria atual fala" (p. 282). Reconhecer as condições sociais e comunais do conhecimento — que nosso conhecimento é *relativo* ao nosso contexto social — não implica que tudo seja simplesmente "inventado".

---

[13] Em Alvin Plantinga, "The twin pillars of Christian scholarship", in: *Seeking understanding: the Stob lectures, 1986-1998* (Grand Rapids: Eerdmans, 2001), p. 128.

Considere um exemplo da ciência, que costuma ser considerada o árbitro da "verdade objetiva" por excelência. Se as teorias passadas do, digamos, *flogisto* não se referiam à "coisa" flogisto, então também não é verdade que teoria *presente* não se refira a tal "coisa" (*PM*, p. 285)? Todavia, Rorty novamente adverte sobre o exagero nas implicações de sua explicação pragmática (ou holística): "Ora, em um sentido óbvio, sabemos perfeitamente bem — antes mesmo de qualquer teoria — que eles se referiam às mesmas coisas. Todos eles estavam tentando *lidar* com o mesmo universo e se referiam a *ele*" — e nenhuma revolução em paradigmas "nos tiraria o contato com o mundo nem com nossos antepassados" (p. 286, grifo na citação). A bem da verdade, ele é bem explícito em relação a isso, citando Donald Davidson: "Ao abrir mão da dependência do conceito de uma realidade não interpretada, algo fora de todos os esquemas e da ciência, não renunciamos à noção de verdade objetiva — pelo contrário. [...] Nós não abdicamos do mundo, mas restabelecemos um contato sem mediação com os objetos familiares cujas extravagâncias tornam nossas sentenças e opiniões verdadeiras ou falsas" (*PM*, p. 310).[14] O pragmatismo rejeita a representação e a correspondência; não rejeita as "extravagâncias" das coisas.

Para Rorty, reconhecer que a justificação é uma prática social não implica idealismo ou antirrealismo. Idealismo ou antirrealismo é apenas o outro lado da imagem representacionalista. É precisamente essa imagem que Rorty rejeita — e todo o "pacote" que a acompanha (a imagem interna/externa da mente e da representação, uma teoria "denotativa" da relação entre palavra e mundo e uma teoria de verdade como "correspondência"). Não obstante, Rorty pode rejeitar esse "pacote" *sem* rejeitar a "realidade" ou a "verdade". Ele está apenas rejeitando a realidade

---

[14] Citando Donald Davidson, "On the very idea of a conceptual scheme", *Proceedings and addresses of the American Philosophical Association* 47 (p. 1973-4), p. 5-20.

"objetiva" e a verdade "absoluta" conforme enraizadas no realismo representacionalista. Porém, ele afirma claramente que todos nós habitamos um mundo compartilhado que nos resiste — o ambiente compartilhado com o qual "lidamos".[15] Desse modo, talvez possamos considerar que Rorty defende um realismo sem correspondência. E sugiro que esse seja exatamente o tipo de realismo com o qual os cristãos devem se comprometer — e que, *por razões teológicas*, devemos suspeitar de nossa tendência padrão de adotar o realismo representacionalista. Pode haver boas razões para o cristão ser "rortyiano".

VISUALIZANDO A "RESISTÊNCIA" EM *CORAÇÃO LOUCO*

É difícil abandonar nossos hábitos representacionalistas. Eles se tornaram nossa forma padrão de pensar sobre o conhecimento. A revolução epistemológica iniciada por Descartes se espalhou pelas ruas e igrejas, de modo que agora todos nós estamos habituados a considerar o conhecimento como uma relação entre um "interior" (mente) e um "exterior" (mundo). Rorty nos convoca a reconhecer que o conhecimento não é o tipo de coisa que pode ser explicada pela simples resposta passiva a um ambiente. O conhecimento é uma *realização* social e cultural, o que significa que o que *conta* como conhecimento está inextricavelmente ligado à vida social — ao infame "círculo de nossos pares".

Conforme observamos, isso não significa que estamos, portanto, livres para simplesmente inventar coisas — como se o conhecimento fosse arbitrário e irrestrito. Ao rejeitar a representação "realista", Rorty não está defendendo o "antirrealismo" ou

---

[15] Em *Philosophy and the mirror of nature*, essa posição é (na melhor das hipóteses) incipiente e sutil. Todavia, Rorty torna isso mais explícito em "Response to Ramberg", in: Robert Brandom, org., *Rorty and his critics* (Malden: Blackwell, 2000), p. 370-6. Agradeço a Ron Kuipers por suas percepções proveitosas sobre essa questão.

o "idealismo", uma vez que isso seria apenas a inversão do representacionalismo. A definição que Rorty faz de justificação *social*, na verdade, dobra as limitações: por um lado, ainda temos de lidar com as "extravagâncias" das coisas; por outro lado, também somos responsáveis perante uma *comunidade* de outros conhecedores. Sim, Rorty faz a inquietante afirmação de que a verdade é aquilo que nossos pares nos permitem dizer. Mas aqui está o pulo do gato: nossos pares não nos deixam dizer simplesmente qualquer coisa! Enfatizar que a justificação epistêmica está enraizada em uma comunidade de prática social não equivale a negar que o conhecimento possa ser justificado; é mudar o *locus* da justificação. E isso significa que nossas alegações de conhecimento também podem ser *in*justificadas se nossos "pares" não as permitirem. Muitos filósofos entendem a descrição de justificação social feita por Rorty *como se* ela negasse a justificação ou desassociasse as alegações de conhecimento de qualquer padrão de responsabilização, deixando-nos à mercê de caprichos, fantasias e jogos de poder. Mas esse não é, de modo algum, o argumento de Rorty; pelo contrário, penso que a explicação representacionalista é que abandona o conhecimento à relação "privada" entre os indivíduos e uma realidade "exterior". A descrição de Rorty, por outro lado, recoloca todos os conhecedores dentro de uma comunidade de responsabilidade epistêmica, sem recorrer à mágica da "forma como as coisas são". Todos os tipos de pessoas iludidas são "realistas".

Essas dinâmicas são ilustradas no filme de Scott Cooper chamado *Coração louco* (2009), vencedor do Oscar, estrelando Jeff Bridges no papel de "Bad" Blake e Maggie Gyllenhaal no papel de Jean, uma jornalista que o tira de seus delírios.

Vemos Bad pela primeira vez saindo de sua caminhonete caindo aos pedaços após uma longa viagem rumo a um show em um boliche em Nowheresville, Arizona. Aquilo estava muito distante da vida que ele levava como estrela no universo da música country. Por se tratar de um filme em que as letras das músicas conduzem a narrativa e fornecem indicações psicológicas importantes, não é por acaso que a primeira canção que vemos Bad interpretar é um de seus sucessos mais conhecidos, *Somebody else*, em que ele lamenta:

> Eu costumava ser alguém,
> mas agora sou outra pessoa.
> Quem serei amanhã,
> ninguém sabe dizer.

Depois disso, ele sai discretamente de cena e vomita na lixeira mais próxima.

O Bad Blake que é apresentado a nós já é outra pessoa. O alcoolismo havia sabotado sua criatividade e desperdiçado seus dons e recursos. Ele é um homem triste e vazio e, quando, logo na cena de abertura, aparece saindo da caminhonete e despejando uma garrafa com urina no chão, não sabemos se ficamos como nojo ou com dó dele. Perseguido por mulheres mais velhas tão infelizes e solitárias quanto ele, Bad encontra-se em uma espiral descendente de autodestruição e a principal razão disso é por viver somente dentro de sua própria realidade. O álcool é como uma estrutura epistêmica privada — um prisma peculiar que refrata um mundo distorcido no qual ele vive. É um hábito que o isola e distancia dos outros, que o mantém acomodado em suas próprias ilusões — a saber, de que ele está bem, de que o problema está nas outras pessoas. A maior ilusão — e a mais desafiada de todas — é a de que seus hábitos não reverberam sobre os outros. Isso é captado em seu maior sucesso, *Fallin' and flyin'*, no qual ele confessa:

> Eu estava indo aonde não deveria ir,
> Vendo quem não deveria ver,
> Fazendo o que não deveria fazer,
> Sendo quem não deveria ser.

Uma pequena voz me disse que tudo está errado,
E outra voz me disse que certo tudo está.
Eu costumava achar que eu era destemido,
mas, ultimamente, nada posso conquistar.

É engraçado como cair parece voar
por certo tempo.
É engraçado como cair parece voar
por certo tempo.

Mas, a essa altura, a música ganha um tom contumaz, impenitente.

Cansei de ser bom.
Que falta daquela velha sensação de liberdade!
Parei de cantar conforme o tom
e voltei à minha identidade.

Nunca quis machucar ninguém.
Só precisava fazer as coisas a minha maneira.
É possível não querer mais diversão do que se tem.
Pague o preço quem a queira.

Assim, a ambiguidade epistêmica na música ganha um novo significado que poderíamos formular em termos rortyanos: se você acha que está voando, mas seus pares falam que você está caindo, pode haver uma boa razão para pensar que seu "conhecimento" não é justificado, mesmo que você acredite que ele "representa" a realidade.

Podemos "ler" o filme com essa consideração rortyana em mente e, nesse caso, perceberemos dois temas entrelaçados na história. Por um lado, a "extravagância das coisas" atrai e repele Bad de maneiras que desafiam sua postura em relação ao mundo. Enquanto o álcool o incentiva a ser um realista iludido ou um idealista enganado, o mundo continuamente resistirá a essa postura. Por outro lado, são justamente os *outros* — seus "pares" — que desempenham um papel crucial na reformulação de seu envolvimento com o mundo. Pode-se dizer que nem o mundo nem seus amigos permitirão que ele leve adiante sua interpretação das coisas sob o viés do álcool.

Vemos uma série de amigos e relacionamentos que se recusam a dar aval às suas percepções equivocadas da realidade regadas a uísque. Seu amigo de longa data, Wayne, é um barman (por incrível que pareça!) que se recusa a validar essa conduta e está sempre insistindo para que procure ajuda. Até mesmo o seu agente (de caráter nada confiável,) paternalmente tenta gerir as finanças de Bad, a fim de que ele não entregue tudo o que tem à bebida. Esse círculo de pessoas ganha uma força especial quando ele conhece a jornalista especializada em música, Jean, e seu filho, Buddy. O amor e a afeição crescentes de Bad por eles o tiram de seu isolamento e insularidade epistêmica. Ele é tirado da privacidade distorcida de sua percepção à luz do álcool e *chamado* a ser outra pessoa por seu amor a "Jeannie" e seu filho. Os dois se tornam um mundo totalmente novo para ele. Seu egoísmo desaparece na presença deles e ele passa a servir a interesses além dos seus próprios. Bad começa até mesmo a perceber que *feriu* outras pessoas, incluindo um filho que abandonou com apenas quatro anos de idade. Jeannie está despertando Bad para si mesmo.

Ele volta a habitar a realidade e está disposto a responder a esse "chamado" advindo do mundo de Jean e Buddy de formas radicais. Assim, quando Jean lhe pede que não beba na frente de Buddy, ele responde: "Sem problemas".

Mas, na verdade, é um problema. Vícios custam a ser destruídos. Na primeira vez que Jean deixa Buddy aos cuidados de Bad, ele cumpre a promessa. Contudo, um dia sem beber é quase suficiente para matá-lo. O mundo, até mesmo o mundo inventado por ele, resiste de formas perturbadoras. Quando Bad entra

⟨ QUEM TEM MEDO DA CONTINGÊNCIA ⟩

em contato com o próprio filho, na esperança de iniciar um relacionamento, é rejeitado. O mundo não se dobra à sua vontade. Depois de voltar a beber, ele bate a caminhonete e essa experiência de quase morte é mais um sinal de que o mundo não permitirá que ele leve adiante a interpretação da realidade com a qual ele viveu até ali. Tampouco seus pares.

Isso culmina em um episódio assustador: certo dia, quando Bad está tomando conta de Buddy no shopping, ele entra em um bar para pegar "só um drink". Mas, em um piscar de olhos, Buddy some de sua vista. A polícia começa a procurá-lo e Jean chega ao departamento de segurança agitada e irada, rejeitando as tentativas de consolo oferecidas por Bad. Quando Buddy é (felizmente) encontrado são e salvo, Bad acolhe Jean e murmura, arrependido: "Você sabe que eu não faria nada para machucar o garoto".

"Mas você *fez*", replica Jean. Ela pega Buddy com pressa, vai para casa e corta relações com Bad. Com isso, ele perde o amor que o havia resgatado de si mesmo e volta a assumir aquele eu ébrio e iludido em um mergulho final que o leva para o fundo do poço. Humilhado e semiconsciente, porém quebrantado e com nojo de si mesmo, ele finalmente chama seu amigo: "Wayne", diz ele, "quero ficar sóbrio".

Uma análise rortyiana possibilita-nos observar duas coisas sobre essa virada na história. Primeiro, o que Rorty chama de "extravagância" das coisas tem uma espécie de peso ontológico que não nos permite simplesmente dizer o que *quisermos* a respeito delas. Existem formas pelas quais o mundo não nos permite levar adiante concepções insustentáveis. Concepções ruins (isto é, as concepções de Bad[16]) simplesmente não são capazes de *lidar* com a inflexibilidade das coisas: por exemplo, seu corpo não é capaz de fazer o que ele acha que pode e Jean

---

[16] O autor faz um trocadilho com o nome do personagem, que pode ser traduzido literalmente como "ruim". (N. do R.)

não tolera sua postura com relação à vida. Em outras palavras, ela não permite que ele continue se safando sem consequências.

Segundo, o momento crítico de Bad é resultado de seu envolvimento em uma nova comunidade de "pares" — a comunidade de reabilitação da qual ele passa a fazer parte com a ajuda de Wayne. Esse contexto *social* não é apenas uma desintoxicação biológica; é também uma reconfiguração social de suas estruturas epistêmicas. A *verdade* não é algo que Bad pode "acessar" por conta própria. Porque a verdade é uma realidade *social*, Bad precisa de uma comunidade para enxergar a verdade sobre si mesmo. Ele adentra em um novo "espaço de razões", poderíamos dizer, quando confessa ao grupo: "Há alguns dias, perdi uma criança. Eu estava bêbado. Passei a maior parte da minha vida bêbado. Perdi um monte de coisas". Enfatizar a dependência que nosso conhecimento tem das condições sociais não é fugir da realidade rumo a uma terra de fantasia onde podemos simplesmente inventar coisas. Não se trata de dizer que o conhecimento é *ou* social, *ou* "objetivo"; na verdade, a objetividade é uma realização social. Abrir mão de nossas ilusões de independência talvez seja justamente uma forma de sermos encontrados e de encontrarmos a verdade na comunidade correta de prática.

REPENSANDO A "OBJETIVIDADE"

De uma forma levemente idiossincrática, Rorty exalta a "hermenêutica" como aquilo que fazemos quando superamos a compulsão arraigada de "fazer" epistemologia. Todavia, ele enfatiza que a hermenêutica não é a "sucessora" da epistemologia (*PM*, p. 315); não é o novo jeito de "fazer" epistemologia. Hermenêutica é a *rejeição* da epistemologia, é resistir à tentação de "fundamentar" o conhecimento, a verdade ou a justificação em algo extrassocial ou extralinguístico. Ou, em outras palavras, a hermenêutica abandona a suposição de que, em última análise, todos os discursos são "comensuráveis" — que todas as nossas diferenças podem ser resolvidas ao encontrarmos um "denominador comum" que transcenda ao jogo ou, então, uma "fundação" extrassocial ou uma "linguagem neutra" pertencente a um jogo acima de todos os jogos, capaz de trazer todas as diferenças a um acordo. "A suposição de que uma epistemologia pode ser construída é a suposição de que tal denominador comum existe" (p. 316). Naturalmente, a alegação de que tal fundação independente de um jogo existe é justamente o que Rorty (tal como Wittgenstein) rejeita.[17]

No entanto, por termos adotado uma explicação que identifica a "racionalidade" justamente como essa tão sonhada base/fundação comum, sua rejeição soa como uma desculpa para a *irracionalidade*. O abandono pragmático da busca pela "comensuração" é condenado como "relativismo" (termo que normalmente é

---

[17] No entanto, Rorty está disposto a fazer uma concessão interessante: poderíamos empregar o termo "epistemologia" a uma etnografia de práticas epistêmicas na qual haja um consenso generalizado. Aqui, ele se baseia na distinção de Kuhn entre ciência "normal" e ciência "anormal" (ou ciência "revolucionária"). Conforme expressa Kuhn, quando há um paradigma em vigor — ou seja, quando há um consenso generalizado sobre o paradigma —, ele rege as práticas, as instituições e os critérios da ciência. Em suma, o paradigma especifica o que constitui a "ortodoxia" científica e aqueles que realizam pesquisas dentro de seus parâmetros fazem ciência "normal". Aqueles que vão contra o paradigma são, em certo sentido, hereges científicos. É possível que sejam revolucionários científicos em formação (Galileu) ou apenas "loucos" (por exemplo, a frenologia de Gall).

Nesse sentido, a "ciência normal é o mais próximo que a vida real é capaz de chegar da noção epistemológica do que significa ser racional. Todos concordam na maneira de avaliar tudo o que todos os demais falam" (*PM*, p. 320). Assim, podemos conseguir a "comensuração epistemológica" com bastante confiança onde "já tivermos práticas acordadas de inquirição" (p. 321). O problema é que tal consenso generalizado tende a encobrir o fato de que é um paradigma, de que é produto de consenso social e, portanto, de que é incapaz de reconhecer a contingência da "ciência normal". Em vez disso, aquilo em que se concorda é identificado simplesmente como a racionalidade em si. O que é convencional é considerado "natural". O holismo de Rorty, entretanto, destaca que o melhor que podemos dizer é que isso é fruto de uma conversa longa e bem-sucedida. Portanto, a "epistemologia" deve admitir ser a etnografia de um jogo longo e bem-sucedido, porém contingente e convencional, que jaz sobre um conjunto de práticas e hábitos sociais.

usado como sinônimo de pura arbitrariedade). E abrir mão da comensuração (isto é, do acordo fundamentado em *uma* base ou linguagem universal) aparentemente seria abrir mão de todo e qualquer acordo. Rorty está a par dessas preocupações: "As teorias holísticas", reconhece ele, "parecem dar licença para que todos construam seu próprio pequeno todo — seu próprio pequeno paradigma, sua própria pequena prática, seu próprio pequeno jogo de linguagem — e, em seguida, adentrem nele" (*PM*, p. 317).

Contra esse tipo de preocupação, Rorty parece oferecer duas respostas: (1) o fundacionalismo não é a única maneira de ser "racional"; e (2) a comensuração não é a única maneira de buscar acordo ou consenso. Portanto, o holista/pragmático não abre mão da racionalidade; ele simplesmente entende que os critérios (performativos) para o que é considerado "racional" não são o que nossas teorias referencialistas sugeririam. Tampouco o holista/pragmático se isola em enclaves ou em "corais" metafóricos; pelo contrário, ele busca acordo *em conversação*, como um efeito da persuasão. "A esperança de acordo nunca é perdida enquanto a conversa durar" (p. 318). A conversa em uma comunidade social é o *locus* da nossa "justificação", mas essa conversa acontece entre "pares" que habitam uma formação compartilhada e que, em conjunto, sentem a resistência do mundo, com a qual todos temos que lidar. Portanto, afirmar que a justificação diz respeito à convenção não equivale a nos tirar do mundo "real", mas a nos localizar solidamente dentro dele, com toda a sua contingência e particularidade. A comunidade de prática, que é o *locus* do significado, sempre está incorporada ao mundo.

Isso significa que precisamos repensar (e redimir) a noção de "objetividade". Os críticos "ajudaram a perpetuar o dogma de que somente onde há correspondência com a realidade existe a possibilidade de acordo racional", entendido como verdade "objetiva" (p. 333). De muitas formas, a terapia de Rorty é voltada para nos curar de tais concepções binárias, de "tudo ou nada" — deixando-nos livres para imaginar outras formas de sermos "racionais". Ou, talvez melhor ainda, deixando-nos livres para ver que, efetivamente e *na prática*, nós já trabalhamos com outros modos funcionais de racionalidade e que "objetivo" é apenas um título honorífico que conferimos às posições que gozam de consenso generalizado. "As aplicações de títulos honoríficos como 'objetivo' e 'cognitivo' nunca passam de expressões da presença, ou esperança, de um acordo entre os inquiridores" (p. 335).[18] Em relação a isso, "nossa única

---

[18] Rorty passa as páginas seguintes contestando o falso binarismo entre "realismo" e "idealismo", abordando as críticas da representação que Thomas Kuhn faz da racionalidade científica enraizada na prática (em sua obra de referência *The structure of scientific revolutions* [edição em português: *A estrutura das revoluções científicas* (São Paulo: Perspectiva, 2017)], a qual Rorty enaltece como uma explicação "hermenêutica" da ciência natural). A preocupação dos críticos de Kuhn é que, ao rejeitar um "realismo" puro e reconhecer o papel das práticas sociais na determinação do conhecimento científico, Kuhn reduza a ciência a algo que "inventamos" sobre o mundo — o que obviamente parece absurdo. "Aqui, voltamos, mais uma vez, ao bicho-papão do 'idealismo' [ou 'antirrealismo'] e à noção de que a busca por um algoritmo anda de mãos dadas com uma abordagem 'realista' à ciência, ao passo que um relaxamento para o método meramente hermenêutico do historiador trai a causa a favor do idealista" (*PM*, p. 342). Isso acontece porque, para o realista, qualquer coisa que não seja realismo é idealismo ou antirrealismo. Logo, quando Kuhn aponta para a extensão em que o conhecimento científico está enraizado nas comunidades de prática, suspeita-se de "uma tentativa de tornar o mundo 'maleável à vontade humana'. Isso produz, mais uma vez, a afirmação positivista de que ou fazemos uma distinção clara entre o 'não cognitivo' e o 'cognitivo' ou então 'reduzimos' o primeiro ao segundo. Afinal, a terceira possibilidade — reduzir o segundo ao primeiro [o que os críticos acham que Kuhn está fazendo] — parece 'espiritualizar' a natureza, tratando-a como se fosse história ou literatura, algo que os homens *constroem*, não algo que *descobrem*" (p. 342).
Para Rorty, entretanto, essa é uma crítica confusa, baseada em suposições equivocadas: "A confusão consiste em sugerir que Kuhn, ao 'reduzir' os métodos dos cientistas aos métodos dos políticos, 'reduziu' o mundo 'descoberto' dos nêutrons ao mundo 'construído' das relações sociais". Mas, ao fazê-lo, o "realista" reduz o conhecimento ao que poderia ser adquirido por máquinas (isso será importante para Robert Brandom): "Aqui, mais uma vez, encontramos a noção de que tudo o que não pode ser descoberto por uma máquina programada com o algoritmo apropriado não pode existir 'objetivamente' e, portanto, deve ser, de algum modo, uma 'criação humana'". No entanto, "a distinção entre epistemologia e hermenêutica não deve ser considerada paralela a uma distinção entre o que existe 'lá fora' e o que nós 'inventamos'" (p. 342).

noção *útil* de 'objetividade' é 'acordo', não espelhamento" (p. 337, grifo na citação). Como ele muito bem expressa, de uma maneira que honra a finitude da criatura: "Não devemos lamentar nossa incapacidade de realizar uma façanha que ninguém tem a menor ideia de como realizar" (p. 340).

O que fazemos na maior parte do tempo, Rorty poderia dizer, não é "conhecer", mas *lidar*. De fato, "ao que parece, não valeria a pena brigar pela palavra *conhecimento*, se não fosse pela tradição kantiana de que ser filósofo é ter uma 'teoria do conhecimento' e pela tradição platônica de que a ação não baseada em conhecimento da verdade das proposições é 'irracional'" (p. 356). Contudo, o pragmatismo contesta ambas as condições, não a fim de celebrar a irracionalidade, mas para questionar nossa imagem reducionista do conhecimento "verdadeiro" como correspondência — uma imagem que não reconhece nossa contingência e dependência social *enquanto* conhecedores. Poderíamos simplesmente dizer que a "hermenêutica" de Rorty exalta a prioridade do "saber-*como*", ao passo que nós nos habituamos, em grande medida, a reduzir o conhecimento ao "saber-*quê*". E o saber-*como* não é *in*verídico: apenas é verdadeiro de uma forma diferente.

Certamente, algumas perguntas permanecem. Há certo mal-estar que costuma acompanhar a reflexão sobre o argumento de Rorty. Continuamos sendo assombrados por perguntas que parecem não ter sido respondidas. A resposta de Rorty costuma ser sarcástica: "Bem, parem de fazer essas perguntas! Por que vocês persistem em falar assim?".[19] As perguntas e a inquietação

---

[19] A questão é que alguns "problemas" são pseudoproblemas e o ato de tentar resolvê-los confere credibilidade à ficção criada pela epistemologia. Em uma obra posterior, Rorty replica:

> Existe uma diferença entre desejar o fim da filosofia elementar e desejar o fim da filosofia em geral. Ainda se pensa (como Putnam [...]) que eu recomendo "o fim da filosofia", apesar da minha rejeição explícita desse rótulo na última página de *Philosophy and the mirror of nature* e das

são, em si, efeitos de um paradigma ilegítimo, diria ele. Mas vamos fazer essas perguntas mesmo assim e ver se conseguimos conjecturar uma resposta rortyiana.

Será que Rorty nega a "objetividade"?

Sim e não. *Se*, com "objetividade", você quer dizer uma linguagem final que transcende a contingência da prática — alguma forma pura de encontrar uma correspondência direta com "o jeito que as coisas são" ("o vocabulário final de comensuração para todo discurso racional *possível*" [*PM*, p. 387]) —, então, *sim*, Rorty nega a "objetividade".

Mas *se*, com esse termo, você se refere à "verdade", então, *não*, Rorty não a nega; ele apenas a situa. Buscar a "verdade" nesse sentido é "apenas uma dentre muitas maneiras de sermos edificados" (p. 360). Ele não nega que a "objetividade" é um jogo que se pode jogar. Ela é "perfeitamente possível e frequentemente efetiva", mas não deve ser "transcendentalizada" como o jogo acima de todos os jogos ou como a "base" de todos os outros jogos. É apenas um jogo que se pode jogar. E não devemos fechar os olhos para a *contingência* da "objetividade"[20] — trata-se

---

minhas tentativas de rejeitá-lo em escritos posteriores. Talvez ajude a esclarecer a questão se eu disser que espero que as pessoas nunca parem de ler, por exemplo, Platão, Aristóteles, Kant e Hegel, mas também espero que, cedo ou tarde, elas parem de tentar instigar-nos principiantes um interesse pelo problema do mundo externo e pelo problema de outras mentes.

Veja Richard Rorty, "Hilary Putnam and the relativist menace", in: *Truth and progress: philosophical papers* (Cambridge: Cambridge University Press, 1998), 3:47n16. Sou grato a Ron Kuipers por me ajudar a encontrar essa referência.

[20] Tal projeto exibe "o desejo de ver práticas sociais de justificação como algo mais do que apenas tais práticas" (*PM*, p. 390) — o que, muitas vezes, acaba *naturalizando* o conhecimento, tratando-nos como fotocélulas ou termostatos, em vez de enxergar o conhecimento (e, portanto, a "verdade")

apenas de uma denominação abreviada para a "conformidade às normas de justificação [...] que encontramos sobre nós" (p. 361; cf. p. 335). "Objetivamente verdadeira" é a forma mais rápida e clara que temos de comunicar que determinada alegação é algo que podemos afirmar com facilidade em nosso "paradigma" atual, assim como a expressão "corresponde a como as coisas são" é "um elogio automático oferecido ao discurso normal bem-sucedido" (p. 372). A "'verdade objetiva' não é nada mais e nada menos do que a melhor ideia que temos atualmente sobre a maneira de explicar o que está acontecendo" (p. 385). O que *concordamos* ser "objetivamente" verdadeiro diz respeito às alegações que nos permitem *lidar* com o mundo.

É por isso também que, *se,* com o termo "objetivo", queremos dizer algo como "há um mundo que 'resiste a nós'", então *não*, Rorty *não* nega isso. Ele simplesmente acha que devemos parar de misturar esse aspecto — que ele chama de "obstinação das coisas" — com alguma afirmação mágica de termos "representado" a realidade (p. 375).[21] Por isso, Rorty certamente *não* nega que "somos empurrados para lá e para cá pela realidade física" (p. 375). A pergunta é: "Como ser empurrado para lá e para cá se relaciona com objetividade, representação precisa ou correspondência?". Nós não "fazemos contato" com a realidade (isso pressupõe a imagem interior/exterior que nega a contingência de nosso ambiente social); pelo contrário, nós *lidamos com* a realidade. Nós adentramos no mundo por meio de um saber-*como* que devemos a uma comunidade de criação de significado — da qual também dependemos. É nossa dependência social *enquanto* "conhecedores"

---

como uma realização social. Retornaremos a esses temas com Robert Brandom no próximo capítulo.

[21] "A ausência de descrição é confundida com um privilégio conectado a determinada descrição. Somente por tal confusão é que a incapacidade de oferecer condições de individuação para a única descrição verdadeira das coisas materiais pode ser confundida com insensibilidade à obstinação das coisas" (*PM*, p. 375).

(detentores de saber-*como*) que Rorty acredita estar sendo ignorada pelas descrições representacionalistas. Portanto, em vez de considerar Rorty como alguém implicante que simplesmente sente um prazer juvenil em deflacionar as pretensões das descrições "realistas", deveríamos enxergar seu projeto construtivo e positivo como um reconhecimento renovado das condições contingentes e sociais do nosso conhecimento. E, como tentei sugerir, acredito que isso cruza com uma consideração filosófica cristã que leva a sério as condições da criatura.

Será que Rorty é um "relativista"?

Não e sim. *Se*, com relativista, você quer dizer um "niilista" ou um esteta indiferente e amoral para quem "tudo é permitido", então *não*, Rorty não é um relativista, pois ele claramente faz *avaliações* das sociedades e exalta a democracia liberal (até mesmo a "América") como algo *melhor* do que outras configurações sociais. Isso não é uma contradição hipócrita em seu pensamento, mas um indicador de que qualquer leitura que reduza Rorty à indiferença niilista do "tudo é permitido" deixa de considerar as sutilezas de sua explicação. Há mais de uma maneira de *não* ser um niilista.[22] Então, não, Rorty não é esse tipo de "relativista".

Mas *se*, com "relativista", você quer dizer que ele considera tais avaliações *relativas a* e *dependentes de* práticas sociais contingentes e comunidades de discurso, então *sim*, Rorty é um relativista (*PM*, p. 377). *Mas quem não é?* — responde Rorty (p. 374, 385). Isso é crucial, sobretudo para os cristãos que

---

[22] "Assim como se pensa que o filósofo moral que considera a virtude como autodesenvolvimento aristotélico não se preocupa com o semelhante, da mesma forma o epistemólogo meramente behaviorista é tratado como alguém que não partilha da aspiração humana universal à verdade objetiva" (*PM*, p. 376). No entanto, essa última crítica à "epistemologia" behaviorista é tão equivocada quanto a crítica ao eudemonismo aristotélico.

procuram se apropriar do pragmatismo de Rorty de modo crítico, como uma filosofia de criatura. Aliás, Rorty estrutura isso de modo intrigante, que lança uma espécie de sombra teológica sobre as questões: "A noção de um Espelho da Natureza límpido é a noção de um espelho que seria indistinguível do que foi espelhado e, portanto, não seria um espelho. A noção de um ser humano cuja mente é tal espelho límpido e que *sabe* disso é a imagem, como diz Sartre, de Deus" (p. 376). Ora, muitos representacionalistas apresentarão aqui toda sorte de ressalvas "falibilistas", enfatizando que, embora aleguem o conhecimento "objetivo", eles não fingem haver um conhecimento "puro" e assim por diante. No entanto, o argumento de Rorty não é respondido por ressalvas falibilistas, porque ele está afirmando que a própria imagem do conhecedor "objetivo" nega aspectos de nossa condição de criatura — a saber, nossa contingência, dependência e sociabilidade. Até mesmo o conhecedor (isto é, o representador) falibilista "objetivo" é supostamente capaz de fazer isso *sozinho*. A imagem é fundamentalmente individualista e atomística: o conhecedor isolado, mesmo que "limitado", sendo confrontado pelo mundo "externo" — espelhando-o, ainda que de forma opaca. Até mesmo o "conhecedor" representacionalista falibilista tem aspecto divino, uma vez que *não parece depender de ninguém*.[23]

Ora, um "realista" cristão poderia dizer que depende, em última análise, de *Deus*, mas creio que a explicação de Rorty está mais alinhada com o fato de que, como criaturas dependentes de Deus, fomos feitos para dependermos dos outros. Nossa dependência do divino está inextricavelmente ligada à nossa dependência de outros seres humanos. É por isso que não somos meramente dependentes, mas também *sociais*. Somos sociais *porque* somos

---

[23] É justamente por isso que penso que a linguagem da verdade "absoluta" que as *criaturas* "teriam" é sinal de certa pretensão, conferindo às nossas capacidades epistêmicas uma condição divina.

dependentes. O pragmatismo de Rorty — seu "relativismo" — é uma explicação filosófica que reconhece e acolhe a profundidade de nossa contingência e dependência. O pragmatismo involuntariamente acaba sendo uma filosofia da distinção entre Criador e criatura.

É por isso também que Rorty enxerga algo *des*umano na imagem realista/representacionalista. Funcionalmente, ela atribui a nós certa independência divina; ao mesmo tempo, ela parece anular nossa humanidade, levando à "desumanização dos seres humanos".

> Abandonar a noção de que a filosofia deve mostrar todo o discurso possível convergindo naturalmente para um consenso [a suposição de "realismo" e sua noção de "objetividade"] [...] seria abandonar a esperança de ser qualquer coisa além de ser apenas humano. Seria, portanto, abandonar as noções platônicas de verdade, realidade e bondade como entidades que podem não ser espelhadas sequer tenuemente pelas práticas e crenças atuais e se contentar com um "relativismo" que supõe que as únicas noções úteis que temos de "verdadeiro", "real" e "bom" são extrapolações dessas práticas e crenças (*PM*, p. 377).[24]

Rorty é um "relativista"? Sim, mas apenas neste sentido: de que nosso conhecimento está enraizado em — e depende de — práticas sociais contingentes que refletem as comunidades das quais fazemos parte. Isso parece "deflacionário" apenas porque determinada tradição filosófica *in*flou nossas capacidades e expectativas a esse respeito. Ao reconhecer, declarar e analisar a dinâmica de nossa dependência finita e social, poderíamos dizer que Rorty é o "realista" aqui: sua filosofia não atribui

---

[24] Dada a concepção cristã histórica dos Transcendentais (bondade, verdade, beleza), lidarei adiante com as implicações de absorver o argumento de Rorty quanto a isso *vis-à-vis* à tradição do "platonismo cristão".

habilidades divinas aos conhecedores humanos; sua explicação de conhecimento é feita sob medida para criaturas finitas e contingentes.

E, mais uma vez, Rorty responde ao repúdio presunçoso dos realistas com um desafio: "Quem *não é* relativista?". Mostre-me uma descrição de conhecimento que não seja relativista, diz Rorty, e eu lhe mostrarei uma descrição que se esquece de onde veio, que nega nossa finitude, dependência, contingência e socialidade. Mostre-me uma descrição que promete apresentar "as coisas como são" e eu lhe mostrarei uma descrição que tentou esconder e se esqueceu da matriz social e comunitária da qual se originou — uma descrição que deixou de apreciar a *contingência* de seu vocabulário.

Isso *não* implica ceticismo. Reconhecer a contingência *não* equivale a dizer que "vale tudo". Apreciar a contingência de nossa "perspectiva" sobre o mundo — e é sempre *nossa* perspectiva, uma perspectiva socialmente compartilhada — não é um modo dissimulado de afirmar que todas as perspectivas são *arbitrárias*. Há interpretações boas e ruins, explicações melhores ou piores. As explicações "boas" e "melhores", entretanto, não o são porque conseguiram espelhar a realidade e escapar das condições contingentes e sociais do saber. Não; as explicações boas e melhores são aquelas que melhor nos permitem *lidar* com a obstinação das coisas, com a "extravagância" das coisas, conforme a percepção coletiva dos nossos pares.[25] Podemos reconhecer a contingência de nossa "visão" do mundo e, ainda assim, declará-la como a *melhor* explicação do mundo (aliás, de todo o cosmo, mesmo

---

[25] O "lidar" de Rorty não deve ser ouvido como uma mera preocupação com a sobrevivência, como se "lidar" com o mundo significasse meramente "sobreviver". Na verdade, Rorty intenta captar uma imagem fundamentalmente *prática* de nossa existência no mundo: "lidar" com o mundo é habitar nele como atores e agentes práticos (pragmáticos), não apenas percebê-lo como observadores ou espectadores.

do divino).²⁶ Porém, nós não "asseguramos" isso com a mágica representacionalista que, na prática, reprime a contingência e a dependência. Isso tem, obviamente, implicações para a confissão e o testemunho cristãos: afinal, significaria dizer que uma "perspectiva" cristã do mundo é contingente. No entanto, conforme espero demonstrar, o reconhecimento de sua contingência não invalida sua reivindicação da *verdade*.

"REALISMO" SEM CORRESPONDÊNCIA

Vamos admitir que haja preocupações claramente legítimas na ideia de um "pragmatismo cristão". Ainda *parece* que a rejeição da representação por Wittgenstein e Rorty — e, portanto, do realismo — deve negar a "realidade". É provável que continuemos com este sentimento lá no fundo: uma preocupação visceral e incômoda de que o Deus transcendente será eviscerado por tais explicações sociais do conhecimento. Se todo o nosso conhecimento é contingente, social, dependente e relativo, então *Deus* também não seria contingente, um produto de *nossos* impulsos criativos? Se a "justificação" do nosso conhecimento está vinculada às práticas sociais, não deveríamos estar preocupados com a possibilidade de nossos pares não nos permitirem confessar que "Jesus é Senhor"? Ou, pior ainda: podemos ser assombrados pela possibilidade de nossos "pares" nos *permitirem* "levar isso adiante", mas não ser *verdade*. Afinal, a fé cristã não *exige* que nossas alegações sobre Deus "correspondam" à realidade de Deus? Não é importante assegurar a capacidade representacionalista de

---

²⁶ Não há razão inerente por que o pragmatismo precise ser um naturalismo. Às vezes, Rorty parece sugerir o contrário, uma vez que faz do pragmatismo uma aceitação contínua da contingência e da finitude. Porém, conforme espero termos visto, a doutrina bíblica da criação produz o mesmo reconhecimento (e afirmação) da finitude e da contingência *sem* a alegação exagerada de que "o natural" é tudo o que há. O naturalismo pode, muitas vezes, acompanhar o pragmatismo, mas não é dele decorrente.

nossa linguagem a fim de garantir que todo o nosso discurso sobre Deus não seja ficção?[27] Talvez estejamos dispostos a acolher o pragmatismo para alegações "mundanas", mas as coisas parecem ficar mais sérias quando estamos falando de afirmações confessionais cristãs acerca do Deus transcendente.

Tendo em conta as abordagens contemporâneas na teologia, especialmente no campo da teologia pós-liberal e da ortodoxia radical, a questão técnica filosófica e teológica aqui pode ser formulada de formas diferentes. Ambas estão preocupadas com o mesmo problema, mas abordam-no de modo ligeiramente diferente. Por exemplo, poderíamos perguntar: é possível haver uma teologia cristã sem realismo, sem "metafísica"? É assim que D. Stephen Long enfrenta o desafio do pragmatismo em sua importante obra *Speaking of God: theology, language, and truth* [Falando de Deus: teologia, linguagem e verdade]: "Muitos encontram uma crítica à metafísica na filosofia de Wittgenstein, até mesmo mais um prenúncio do seu fim. Se assim for, ela pouco prometeria quanto a reunir a teologia a uma filosofia metafísica" (como a de Tomás de Aquino).[28] Se a metafísica *é* realismo e se a teologia cristã supõe tal metafísica realista, então aparentemente

---

[27] Essa é a questão central de *Theology without metaphysics: God, language, and the spirit of recognition* (Cambridge: Cambridge University Press, 2011), uma obra de Kevin Hector que chegou até mim já próximo à conclusão deste livro. Essa também foi uma questão central de meu livro anterior *Speech and theology*. A diferença entre o presente livro e o de Hector é que não estou considerando apenas, ou estritamente, as condições do discurso sobre Deus. Creio que as condições para o discurso sobre Deus são as mesmas para todos os "discursos" (eu gostaria de observar que D. Stephen Long aborda o mesmo problema ao tratar de preocupações relativas ao "fideísmo" em *Speaking of God: theology, language, and truth* [Grand Rapids: Eerdmans, 2009]).

[28] Long, *Speaking of God*, p. 215. Long está, na verdade, assumindo a tarefa contraintuitiva de demonstrar que "Wittgenstein mostra-se útil para a recuperação da metafísica e sua reconciliação com a teologia" (ibidem). Conforme ele expressa mais adiante, Wittgenstein "critica uma percepção 'meta', que está 'além' sem estar 'no meio de'" (p. 221).

a rejeição pragmática do realismo implicaria uma rejeição da teologia cristã.

Em contrapartida, embora muito semelhantemente à primeira questão, poderíamos expressar a pergunta assim: como ter uma ontologia *participativa* — uma forte alegação de que toda a criação está "suspensa" no gracioso poder criativo do Criador — e, ao mesmo tempo, exaltar o *nominalismo*, uma visão metafísica que rejeita a noção platônica de universais e formas?

Será preciso explicar o contexto dessa segunda versão da pergunta. Na história da filosofia, uma doutrina amplamente "platônica" de "universais" afirma que o que faz *desta* árvore uma árvore é o fato de esta árvore específica, individual, "participar" da Forma *arbórea*; e o que faz *desta* escultura uma bela escultura é o fato de ela participar da Forma da Beleza. Tais Formas são "universais" no sentido de que são o único padrão para a *essência* das coisas; isto é, as coisas só "são" uma vez que participam dessas Formas. E as Formas/universais são aquilo que *é realmente real*. Portanto, o universalismo platônico é um *realismo* supremo.[29] Haja vista profundas ressonâncias entre essa imagem metafísica e as convicções teológicas cristãs, na prática, esse ponto de vista se tornou ortodoxia para a tradição cristã, sendo adotado por Agostinho, Aquino e outros.[30] O resultado foi uma compreensão "sacramental" da criação "carregada" da glória de Deus, conforme expressou Gerard Manley Hopkins certa vez. Em outras palavras, uma ontologia *criacional* é uma ontologia *participativa*, que enfatiza que a criação apenas *é* uma vez que participa do (ou está

---

[29] Há, porém, dúvidas legítimas quanto à imagem platônica ter sido igualmente "representacionalista". Tanto Rorty quanto pessoas como Milbank e Pickstock diriam que não e que não deveríamos imputar anacronicamente nosso representacionalismo modernista aos antigos. Veja Rorty, *PM*, p. 46-48; e Milbank, Pickstock, *Truth in Aquinas*, p. 1-6.

[30] Para um resumo sucinto de como e por que isso aconteceu, veja a análise de Hans Boersma sobre realismo platônico em: *Heavenly participation: the weaving of a sacramental tapestry* (Grand Rapids: Eerdmans, 2010), p. 79-80.

"suspensa" no) Criador.³¹ Pareceria, portanto, que uma metafísica cristã robusta está inextricavelmente ligada ao *realismo* platônico.

No entanto, na Idade Média tardia, ocorreram algumas mudanças na metafísica em torno dessa questão de "universais" e realismo. Pensadores medievais posteriores, como Guilherme de Ockham e Duns Escoto, passaram a suspeitar que entidades metafísicas como "Formas" arbóreas fossem extremamente supérfluas. Portanto, rejeitaram tais "universais" e, em vez disso, afirmaram que *nós* meramente "nomeamos" as coisas de formas que as categorizam assim. Em outras palavras, o que faz de uma árvore uma "árvore" não é sua participação em uma forma fictícia de Forma *arbórea*, mas *nossa* prática ascendente de *nomear* coisas variadas como "árvores". Assim, seu ponto de vista, ao contrário de uma doutrina de universais (platônicos), costuma ser descrito como *nominalismo*, proveniente da palavra do latim que significa "nome", *nom*.³²

Há uma camada adicional em jogo aqui: estudiosos como Charles Taylor, John Milbank, Brad Gregory e Hans Boersma

---

³¹Consulte minha abordagem prolongada sobre "participação" em: *Introducing radical orthodoxy: mapping a post-secular theology* (Grand Rapids: Baker Academic, 2005), p. 87-122. Eu gostaria de observar que, embora eu ache que uma ontologia criacional seja fundamentalmente uma ontologia "participativa" à medida que descreve a relação entre o Criador e a criação, estou menos convencido de que isso exige uma metafísica cristã para *também* endossar uma visão especificamente platônica das Formas a fim de explicar coisas como a "essência" da "arborescência". Parece-me que uma visão amplamente participativa da relação entre Criador e criação é separável das especificidades de uma teoria platônica das Formas.

³²Mais uma vez, para uma abordagem mais completa, porém sucinta, sobre esses assuntos, veja Boersma, *Heavenly participation*, p. 79-81; Smith, *Introducing radical orthodoxy*, p. 95-103. Pode ser importante salientar que o nominalismo *não* era um idealismo: os nominalistas não negavam um "mundo real". Em outras palavras, embora tenhamos criado uma suposta dicotomia entre "realismo" e "nominalismo", não devemos concluir apressadamente que o nominalismo negava a "realidade", mesmo a realidade *divina* (Escoto, um monge franciscano, não estava negando a existência de Deus).

também contaram uma história sobre a modernidade na qual esse afastamento metafísico da participação em direção a um mero nominalismo "rasgou" a ligação entre criação e Criador, desprendendo o mundo de sua participação em Deus e, dessa forma, deixando a criação solta, transformando-a no mundo achatado, fechado e "secular" em que hoje habitamos. Segundo esse ponto de vista, o nominalismo é o que nos leva a "uma era secular" e ao desfiamento da "tapeçaria sacramental".[33]

Esse é o contexto histórico e teológico, portanto, de uma pergunta incisiva: haja vista que o pragmatismo de Rorty é, muitas vezes, descrito como uma forma de *nominalismo*,[34] como é possível que a teologia cristã seja conciliada com pragmatismo — e, quanto mais, auxiliada por ele? Parece que *a transcendência* está em jogo. Ou, dizendo de outro modo, parece que uma compreensão "sacramental" da criação exige um realismo que, por sua vez, requer que rejeitemos o "nominalismo" do pragmatismo. Se esse for o caso, então *ou* nós temos uma ontologia sacramental *ou* somos pragmáticos.

Como você pode imaginar, a resposta pragmática (cristã) é rejeitar isso como uma falsa dicotomia. Agora, certamente haverá pragmáticos (na verdade, a maioria) que rejeitam toda a imagem de uma ontologia "sacramental" juntamente com a ideia de que o cosmo *é* apenas porque participa do Deus

---

[33] Para ver a declaração completa, veja Brad Gregory, *The unintended Reformation: how a religious revolution secularized society* (Cambridge: Harvard University Press, 2012). Deve-se observar que essa história é contestada. Veja, mais recentemente: Richard Muller, "Not Scotist: Understandings of Being, Univocity, and Analogy in Early ModernReformed Thought" in: *Reformation and Renaissance Review* 14 (2012): p. 125-148.

[34] No entanto, temos de adicionar uma ressalva a respeito da adoção do termo por Rorty: o termo faz parecer que ele se descreve como "antirrealista" — algo que ele *não* faz, justamente porque as opções "realista" *ou* "antirrealista" são geradas pelo mesmo pressuposto problemático relativo à representação. Da mesma forma, parece-me que Rorty rejeitaria os universais "platônicos" sem necessariamente estar confortável em ser descrito como um "nominalista".

transcendente. E haverá pragmáticos que alegam que sua rejeição é decorrente de seu pragmatismo. Porém, isso é uma extrapolação da parte deles. Embora os pragmáticos (especialmente na linha de William James e John Dewey) tendam a ter uma predisposição ao minimalismo metafísico e ao naturalismo, isso está mais para um traço de personalidade do que para uma conclusão lógica de uma visão pragmática do significado.[35] Ainda que o pragmatismo tenda a ser cético em relação à proliferação de entidades metafísicas para além do natural, não é uma força policial metafísica que simplesmente rejeita o transcendente. Como uma explicação de significado, o pragmatismo não é um funcionário filosófico que afirma ter enumerado exaustivamente todos os móveis ontológicos do cosmo e, portanto, está capacitado a dizer que "X não existe". Em suma, o pragmatismo não impossibilita a existência de Deus e, por conseguinte, não exclui um cosmo "sacramental" em si.

Então, qual é o ponto de tensão? Vamos relembrar o que o "pragmatismo" envolve, ao menos de acordo com o que estivemos tratando neste livro. Segundo Wittgenstein, o pragmatismo alega que significado é, antes de tudo, *uso*, não referência. Habitamos no mundo com base em um saber-*como* adquirido por meio da prática, absorvido por nossa imersão em uma comunidade de prática que nos "treina" a nos envolver com o mundo, em vez de "espelhar" a realidade. Conforme expressa Rorty, o

---

[35] Como Jeffrey Stout observa, "o pragmatismo, entendido estritamente como uma crítica da metafísica no sentido pejorativo, não precisa ser perturbado por nada disso, sendo simplesmente considerado uma história em que se acredita piamente. Sua briga não é com o Deus de Amós e Dorothy Day, nem mesmo com o Deus da teologia barthiana, mas com o Deus de Descartes e com o Deus da metafísica analítica. Sua visão de excelência, assim como sua visão de obrigação, pode acomodar quaisquer pessoas, relacionamentos sociais e práticas que possam existir. Seu objetivo não deveria ser colocar cidadãos com inclinação teológica na defensiva." *Democracy and tradition* (Princeton: Princeton University Press, 2004), p. 268.

conhecimento se assemelha mais a um "lidar" com o mundo. Assim, os pragmáticos rejeitam explicações *referencialistas* ou *representacionalistas* de significado e conhecimento que postulam uma espécie de gancho mágico entre as ideias "dentro" da minha mente e as coisas "fora" da minha mente. Em vez disso, as alegações referenciais são entendidas como jogos que aprendemos a jogar *com* uma comunidade de prática.

É por isso que, em seu cerne, o pragmatismo deve ser entendido como uma filosofia de contingência, dependência e comunidade. O significado e o conhecimento são realizações sociais que *dependem* de nossos relacionamentos com comunidades de prática e um ambiente com o qual nos envolvemos. Por isso, o pragmatismo é um *relativismo* em um sentido técnico: ele enfatiza que, por sermos criaturas finitas, contingentes, históricas e sociais, nosso conhecimento é *relativo* às comunidades de prática que nos "presenteiam" com a capacidade de lidar com o mundo. Por conseguinte, o pragmatismo rejeita a imagem representacionalista como uma pretensão atomística, individualista: como se pudéssemos "saber" *por conta própria*. O representacionalismo nega nossa dependência, postulando um conhecedor independente cuja representação interior "espelha" a realidade.

Existe uma tensão entre o pragmatismo e uma ontologia "sacramental" — entre o "nominalismo" e um "realismo" cristão-platônico — *apenas* porque esse "realismo" sacramental se vincula ao *representacionalismo*. No entanto, ele não precisa (e não deve) fazê-lo. Tenha em mente que o pragmatismo não impossibilita alegações referenciais; ele apenas exclui a imagem representacionalista que supostamente "fundamenta" tais alegações. O que Wittgenstein e Rorty enfatizam é que nossas alegações referenciais são "jogadas" bem-sucedidas em um jogo que aprendemos a jogar com outros que compartilham nosso mundo. Nossas alegações referenciais são "verdadeiras" uma vez que nossos pares nos permitem levá-las adiante — e, se forem *boas* alegações que nos ajudam a "lidar" com o mundo, a comunidade de nossos pares linguísticos nos *deixa* "levá-las adiante". O pragmatismo não nos isola do mundo e da "realidade"; ele apenas nega a imagem do conhecedor como um representador isolado cuja mente espelha (de forma independente) a realidade.

Uma ontologia sacramental, com seu "realismo" cristão, visa declarar e defender duas coisas: (1) a realidade e *in*dependência do Deus transcendente de quem a criação depende para sua existência; e (2) a relação participativa da realidade criada "em" Deus (At 17; Cl 2).[36] A questão é: alguma dessas características de uma ontologia sacramental é inviabilizada pelo pragmatismo? Ou, em outras palavras, será que alguma dessas características de uma ontologia sacramental exige o *representacionalismo*? Em caso negativo, não precisamos fazer uma escolha *entre* o pragmatismo *e* uma ontologia sacramental.

Ao abordar um conjunto semelhante de perguntas e preocupações, Stephen Long argumenta que o pragmatismo de Wittgenstein não é essencialmente hostil a algo como uma metafísica tomista (um excelente exemplo daquilo que venho chamando de "ontologia sacramental"). "Wittgenstein negaria a verdade à teologia?", questiona ele.

> Apesar de seus muitos protestos contra o uso da metafísica, se a metafísica for entendida como a adequação da linguagem para realizar algo além do que seu próprio contexto permitiria, então a obra de Wittgenstein não faz parte do "fim da metafísica", mas de sua recuperação. Seu realismo torna a metafísica necessária mesmo quando ele se preocupa com o fato de o realismo ser apenas o inverso do idealismo, procurando fazer com que a linguagem na nossa cabeça corresponda às coisas do

---

[36] Portanto, a criação "nada" é *em si mesma*. Para uma exposição provocativa desse tema, Veja Conor, Cunningham, *Genealogy of nihilism* (London: Routledge, 2002).

mundo. Wittgenstein ensina-nos a não confundir representação com realismo.[37]

Assim, Long propõe um realismo sem representação.

Ele, entretanto, ainda mantém um compromisso com a "correspondência"; isto é, Long pressupõe que qualquer metafísica cristã que retenha os aspectos (1) e (2) acima não pode abrir mão da "correspondência", mesmo que, seguindo Rorty, renuncie ao representacionalismo.[38] Eu sugeriria que isso não vai longe o suficiente — e não aprecia adequadamente a alegação pragmática. Afinal de contas, até mesmo o termo "correspondência" ainda tende a estar cativo àquilo que Taylor chamou de imagem "interior/exterior". E, conforme Taylor observou, "podemos encontrar a imagem invocada em um argumento que se destina a repudiar essa mesma imagem. É isso o que significa estar cativo".[39] Se o pragmatismo está certo a respeito das condições contingentes e sociais do conhecimento, uma metafísica cristã (uma ontologia sacramental) não apenas deve ser um realismo sem representação, mas também um "realismo" sem correspondência. Ou, para dizer de forma mais cuidadosa e um pouco mais detalhada: se o pragmatismo estiver correto — que a representação e a correspondência e até mesmo o "realismo" são jogos que aprendemos a jogar com uma comunidade de

---

[37] Long, *Speaking of God*, p. 300.
[38] Ibidem, p. 283. Em *Truth in Aquinas*, Milbank e Pickstock também mantêm um compromisso com a verdade como correspondência, mas se esforçam para destacar que a explicação participativa e iluminacionista de conhecimento oferecida por Tomás envolve um tipo de correspondência muito diferente daquela presumida por Descartes, Locke, et al. (p. 1-18). Minha preocupação é que sua explicação iluminacionista ainda não reconheça as condições *sociais* do conhecimento, tal como salientado pela tradição pragmática.
[39] Charles Taylor, "Merleau-Ponty and the epistemological picture" in: Taylor Carman; Mark B. N. Hansen (Orgs.) (Cambridge: Cambridge University Press, 2005), p. 29.

prática social —, então nossos realismos (e alegações complementares de correspondência) são *dependentes das* comunidades da prática. Em suma, nossas alegações sobre a "realidade" são *relativas a* uma comunidade de prática social *e* ao "ambiente" em que habitamos.

Minha alegação não é apenas que não *precisamos* fazer uma escolha entre o pragmatismo e uma ontologia sacramental. Ela vai além: em última análise, *não podemos* escolher entre os dois, porque rejeitar a visão pragmática de significado e conhecimento é o mesmo que negar as condições do conhecimento humano, que são finitas e relativas à condição de criatura. Ora, obviamente, é possível ser pragmático sem afirmar uma ontologia sacramental, mas eu diria que não é possível afirmar uma ontologia sacramental (ou *qualquer* ontologia, nesse caso) sem ser "pragmático", *uma vez que* o pragmatismo é uma explicação das condições sociais e contingentes do conhecimento humano. Qualquer explicação cristã sobre a criação e as condições da criatura (o propósito de uma ontologia sacramental) terá que se conformar intimamente a algo semelhante à explicação pragmática da contingência, da dependência e das condições sociais do conhecimento, pois estas são simplesmente nossa "melhor explicação" sobre as características da finitude da criatura.[40] Nesse sentido, a relação da teologia cristã com o pragmatismo assemelha-se à relação de Agostinho com Platão: por causa das operações da "graça comum", os cristãos podem "saquear os egípcios" — "roubar" o ouro egípcio, por assim dizer — a fim de colocá-lo a serviço do culto e da glória do Deus trino.[41]

---

[40] Sobre estratégias de argumento pós-fundacionalistas da "melhor explicação", veja: Charles Taylor, *Sources of the self* (Cambridge: Harvard University Press, 1989), p. 71-5 [edição em português: *Fontes do 'self'* (São Paulo: Loyola, 1997)].

[41] "Se aqueles, porém, chamados filósofos, disserem qualquer coisa que seja verdadeira e condizente com nossa fé, sobretudo os platônicos, nós não a devemos temer; devemos, pelo contrário, não apenas não devemos ter medo

Creio que o pragmatismo de Wittgenstein, Rorty e Brandom, ainda que desafie alguns hábitos mentais cristãos sedimentados, oferece uma explicação melhor das condições dos seres humanos enquanto criaturas. Em outras palavras, o pragmatismo pode nos ensinar a ser melhores teólogos da criação e das condições da criatura, lembrando-nos de que, no cerne de uma cosmologia cristã, existe um senso fundamental da completa *dependência* da criação diante do Criador. O pragmatismo é um estímulo e um aliado na tão necessária obra de articulação de uma perspectiva cristã de conhecimento e significado que leve a sério nossa contingência e sociabilidade. E, por sinal, Rorty involuntariamente nos lembra da bela e descentralizadora verdade que abre o Catecismo de Heidelberg: "Que não pertenço a mim mesmo".

Assim, até mesmo nossa ontologia sacramental é, em última análise, contabilizada pela explicação pragmática de conhecimento. Com o termo "contabilizada", minha intenção não é sugerir um reducionismo, como se "contabilizar" uma ontologia sacramental fosse "explicá-la" de modo que a reduzisse a causas meramente naturalistas. Em vez disso, o argumento é que a ontologia sacramental é, em si, uma *realização* social e cultural, dependente das condições ambientais e de uma comunidade de prática e relativa a elas.[42] Trata-se de uma "perspectiva" da realidade, de uma interpretação das circunstâncias em que nos encontramos. Aqueles que são cristãos consideram

---

dela, mas até mesmo reivindicá-la para nosso próprio uso, cientes de que eles a detêm injustamente. É como os egípcios, que não tinham apenas ídolos e cargas pesadas — os quais o povo de Israel abominava e dos quais fugia —, mas também vasos e ornamentos de ouro e prata e vestes finas, dos quais o povo secretamente se apropriou e, ainda por cima, usou ao sair do Egito." *DC*, 2.40.60.

[42] Usando uma expressão que introduzirei no próximo capítulo, eu diria, conforme Brandom, que uma ontologia é uma interpretação que opera no "espaço das razões".

isso *verdadeiro* — e não apenas verdadeiro "para eles", mas verdadeiro em absoluto, "como as coisas são". No entanto, essa alegação é feita *a partir* de um contexto social e é, na verdade, dependente de "treinamentos" recebidos de uma comunidade de prática. Se você ainda espera uma representação privilegiada que forneça uma *fundação* não contingente para as alegações de uma ontologia sacramental (ou qualquer outro aspecto da confissão cristã), então a visão pragmática sempre parecerá "deflacionária", como se fosse algum tipo de falha epistêmica. Mas isso significa apenas que você está sendo assombrado por fantasmas cartesianos, confundindo uma busca inapropriada por certezas fundacionalistas com verdade e conhecimento.[43] Mais uma vez, conforme o comentário irônico de Rorty: "Não devemos lamentar nossa incapacidade de realizar uma façanha que ninguém tem a menor ideia de como realizar" (*PM*, p. 340). Essa é apenas outra forma de dizer que não devemos nos ressentir por nossa finitude e pela contingência da nossa condição de criatura nem entrar em desespero por não podermos alcançar conhecimento divino. Não devemos lamentar nossa incapacidade de conquistar algo para o qual nunca fomos feitos. As epistemologias fundacionalistas e as tentativas de "proteger" a confissão cristã com uma "correspondência" mítica, não contingente, não são nada menos do que epistemologias de *in*dependência, o que sempre será inapropriado para criaturas (dependentes).

Poderíamos dizer que o resultado de uma explicação pragmática de conhecimento e verdade é o reconhecimento simples, porém desestabilizador, de que, como conhecedores, nós sempre somos *devedores*, porque somos criaturas contingentes,

---

[43] Richard Bernstein, de forma memorável, nomeou isso de "ansiedade cartesiana" em: *Beyond objectivism and relativism: science, hermeneutics, and praxis* (Philadelphia: University of Pennsylvania Press, 1983), p. 16-20.

dependentes.⁴⁴ E ser dependente é ter recebido um *dom*. Essa é a posição fundamental da criatura.⁴⁵ Ser capaz de saber é uma realização social possibilitada por *dons* — de Deus e dos outros que Deus nos dá. Descrever o cosmo como criado pelo Deus trino significa ter *aprendido* a vê-lo desse modo, o que, por sua vez, significa estar inserido em uma comunidade contingente de prática. Em linguajar wittgensteiniano, o indivíduo é "treinado" para saber isso, porque foi dotado por uma comunidade que "fala desse jeito", dando a ele a possibilidade de *enxergar* desse jeito, de conhecer o cosmo como tal.

Por acaso isso significa que estamos apenas "inventando" coisas? Significa que uma ontologia sacramental e uma compreensão cristã do Deus trino são apenas invenções humanas e projeções de baixo para cima — algo que "simplesmente aprendemos" com outros seres humanos? A interpretação pragmática não exclui a revelação divina? Não, para todas as perguntas. Na verdade, a interpretação pragmática nos ajuda a entender a dinâmica e as condições da revelação. Em última análise, a comunidade cristã é a comunidade que "fala desse jeito" porque foi encontrada pelo Deus transcendente, porque recebeu o dom da revelação daquele que se encarnou por nós. Como argumentei em outros lugares, a revelação de Deus à humanidade sempre tem caráter de se rebaixar até nós: ela nos

---

⁴⁴ Apenas Deus *não* é contingente — apenas ele é *necessário* e *in*dependente. Mas o *nosso* conhecimento e confissão dessa verdade é sempre e somente a confissão de criaturas *essencialmente* contingentes e finitas. Portanto, a verdade que os seres humanos são capazes de *dizer* nunca poderia ser "absoluta", absolvida de toda relação, uma vez que, como criaturas, somos inerentemente relacionais e dependentes. Pretender o contrário é *pré-tender ao status de* divindade (isso não impossibilita o discurso da *teose*, mas significa que qualquer "deificação" da criatura será *sempre* qualificada como a deificação de criaturas dependentes. Deificação não é divinização).

⁴⁵ É por isso também que *gratidão* é a resposta fundamental exigida *da* criação. Veja Peter Leithart, *Gratitude: an intellectual history* (Waco: Baylor University Press, 2013).

encontra onde estamos em nossa contingência e dependência, presenteada *à* comunidade humana e, a partir de então, transmitida *por intermédio* das comunidades humanas de prática.[46] "O povo de Deus" é o nome de uma comunidade aliancística de prática social catalisada pela graciosa revelação do criador transcendental. Mas essa revelação é sempre e somente recebida por ser uma revelação sujeita às condições pelas quais nós, criaturas finitas, dependentes, contingentes, *sabemos* — uma vez que o Deus transcendente se digna a falar ao nosso ambiente "material". A revelação de Deus não nos eleva de nossa contingência e finitude; ela se abaixa quenoticamente *à* nossa contingência e finitude. Essa talvez seja a escandalosa revelação sobre a revelação que o pragmatismo nos leva a reconhecer: que a revelação de Deus é *contingente* em, pelo menos, dois sentidos. Primeiro, o ato divino da revelação — assim como o ato da criação — não é necessário, não é compelido e poderia não ter acontecido. A autorrevelação de Deus é livre e, se "compelida", é compelida apenas pelo amor de Deus. Em segundo lugar, a revelação de Deus é contingente por ser dada *no tempo* a seres contingentes. Qualquer revelação a ser recebida *como* revelação por seres finitos, temporais e sociais é uma revelação que deve ser dada sob ou nessas condições. E, portanto, a autorrevelação de Deus é contingente no sentido de que é *histórica* e *específica*: concedida em momentos específicos, em lugares específicos, a pessoas específicas, culminando na encarnação em si, na qual Deus fala "por meio do Filho" (Hebreus 1:1-3) durante a "plenitude do tempo" (Gálatas 4:4) — que, por sua vez, não é algum tipo de

---

[46] Para mais informações sobre essa lógica "condescendente" da encarnação, veja James K. A. Smith, *Speech and theology: language and the logic of incarnation*, Radical Orthodoxy Series (New York: Routledge, 2002); e James K. A. Smith, "Limited incarnation: the Searle/Derrida debate revisited in Christian context" in: Kevin Vanhoozer; James K. A. Smith; Bruce Ellis Benson, orgs., *Hermeneutics at the crossroads: interpretation in Christian perspective* (Bloomington: Indiana University Press, 2006), p. 112-29.

eternidade atemporal, mas um tempo contingente: "sob Pôncio Pilatos". Essa revelação, escandalosamente específica, é catalisadora: por intermédio do poder regenerador e iluminador do Espírito, ela forma um povo, lança uma tradição e inaugura uma comunidade de prática devedora a essa revelação.

No entanto, justamente porque a autorrevelação de Deus é histórica — na encarnação, na Palavra, no povo de Deus —, essa revelação agora é uma característica do "ambiente" com o qual a humanidade tem que "lidar". A revelação que fundamenta a confissão cristã agora é uma característica "pública" do mundo que a humanidade deve interagir — parte da "obstinação" da realidade, uma das "extravagâncias das coisas" com as quais todos e quaisquer seres humanos têm de "lidar". Alguns, naturalmente, tentam "lidar" com essas coisas desprezando-as, ignorando-as, criando desculpas. Quando Daniel Dennet ou Richard Dawkins "desprezam" a revelação de Deus, eles estão, em certo sentido, contestando-a. É assim que eles "lidam" com essa característica do nosso ambiente físico e com toda a sua história. Porém, a aposta de uma explicação cristã da realidade — e, por conseguinte, a aposta de uma "apologética" cristã pragmática — é que qualquer ontologia ou "história final" (como Rorty os chama) que não receba essa revelação *como* revelação não será capaz de "lidar" adequadamente com a "resistência" da realidade.[47] Em outras palavras, o apologista cristão continuará a defender que

---

[47] Isso é muito semelhante à "apologética" de Charles Taylor em obras como *Sources of the self [edição em português: As fontes do self: a construção da identidade moderna (São Paulo: Edições Loyola, 1997)]* e *A secular age* [edição em português: *Uma era secular* (São Leopoldo: Unisinos, 2010)], nas quais Taylor assinala características da experiência humana (normatividade moral em *Sources*; "plenitude" em *A secular age*) que são mais bem (e talvez *somente*) consideradas em uma estrutura cristã. Para uma abordagem relevante, veja Deane-Peter Baker, *Tayloring Reformed epistemology: Charles Taylor, Alvin Plantinga, and the de jure challenge to Christian belief* (London: SCM, 2007); James K. A. Smith, *How (not) to be secular: reading Charles Taylor* (Grand Rapids: Eerdmans, 2014) [edição em português: *Como não ser secular* (Brasília: Monergismo, 2021)].

a fé cristã é a resposta mais "racional" a essas características do ambiente (material, histórico, cultural) em que habitamos, mesmo que isso também seja reconhecer que essa explicação só "faz sentido" quando se está inserido na comunidade de prática que é a igreja.[48]

Reconhecer a contingência da revelação de Deus não é eviscerar sua importância ou "reduzi-la" a uma invenção humana. Deus se revela *para*, *em* e *sob* essas condições; mas é a revelação *do* Criador transcendente, incondicional e absoluto. Na verdade, a revelação de Deus recebida no cânone das Escrituras revela a posição contingente da criação, mas ela só é revelação uma vez que é recebida *como* proveniente daquele que consideramos não contingente e absoluto, daquele que confessamos como "Deus Pai Onipotente". Ainda assim, é preciso "aprender" a recebê-la como tal e o Espírito escolheu realizar tal "treinamento" (em um sentido wittgensteiniano) por intermédio da comunidade de prática, que é o corpo de Cristo.[49] Tudo o que conhecemos e confessamos como cristãos é *relativo a* essa revelação (contingente, histórica) e nosso recebimento dela *como* revelação é dependente de nossa inserção na comunidade de prática social, que é a igreja. Agora já não há revelação alguma fora da igreja, porque não há significado algum que não seja "uso".

Longe de enfraquecer a ortodoxia cristã, isso simplesmente nos leva de volta ao que aprendemos com Agostinho no capítulo 2: enxergar a criação *como* criação, receber o mundo como *sacramentum mundi*, depende de (é relativo a) uma história *sobre* o mundo, a qual nos é revelada por Deus e transmitida

---

[48] Exploraremos mais essa noção de "racionalidade" no capítulo 4.

[49] Em outras palavras, o Espírito que nos regenera e ilumina também se aproxima das condições da nossa dependência e sociabilidade, habitando e operando por meio das práticas e dos instrumentos do corpo de Cristo, a igreja. Não poderia haver nenhuma revelação "mágica" ou "privada" a uma criatura humana dependente e contingente fora das condições descritas por uma explicação pragmática de significado e conhecimento.

na comunidade do Espírito, que é a igreja.[50] Poderíamos, de forma lúdica, sugerir que isso equivale a uma interpretação

---

[50] É também por isso que uma explicação pragmática de conhecimento e significado — a qual estou alegando ser a única explicação que realmente faz justiça à nossa contingência, dependência e socialidade — enfraquece a maioria das explicações de "lei natural" que a tratam de forma representacionalista, como algo que não pode ser conhecido atomisticamente, sem dependência de uma comunidade específica de prática. Bem longe de tecer uma crítica pragmática quanto a isso (mas ressoando com ela), David Bentley Hart destacou recentemente os problemas de tais noções de lei natural. Conforme Hart expressa, assim como os teóricos da lei natural, "eu certamente acredito em uma harmonia entre a ordem cósmica e moral, sustentada pela bondade divina em que ambas participam. Eu só não acredito que os termos dessa harmonia sejam discerníveis com tanta precisão quanto os pensadores da lei natural imaginam". O problema, portanto, não é a afirmação de que existem normas para o florescimento humano que estão atreladas aos "fins" da natureza; o problema é que "o teórico da lei natural insiste que o significado moral da natureza seja perfeitamente evidente para qualquer mente razoável, *independentemente da crença religiosa ou formação cultural*". David Bentley Hart, "Is, ought, and nature's laws" in: *First things*, março de 2013, p. 72, grifo na citação. O que Hart chama de "formação cultural" é aonde pragmáticos como Wittgenstein e Rorty estão querendo chegar quando falam de inserção social e "treinamento": aprender com uma comunidade de prática a como "receber" o mundo, a como "usar" o mundo. "Colocando a questão de forma muito simples", conclui Hart, "a crença na lei natural é inseparável da ideia da natureza como um domínio formado por causas finais, orientadas, em sua totalidade, para um único Bem moral transcendente: um Bem cujos ditames não podem ser simplesmente deduzidos com base em nossa experiência da ordem natural, mas que devem ser recebidos como uma interrupção apocalíptica de nossas explicações comuns a qual, não obstante, torna a ordem natural milagrosamente inteligível para nós como uma realidade que se abre àquilo que é mais do que natural". Contudo, tal "conceito de natureza [...] é *totalmente dependente de* convicções sobrenaturais (ou, pelo menos, metafísicas)" (ibidem, p. 71, ênfase acrescentada). E a explicação pragmática acrescentaria que só chegamos a tais convicções graças a uma comunidade de prática que as transmite, na qual somos treinados para ver o mundo de tal forma. Assim, o "reconhecimento" do *telos* moral da natureza *depende de* convicções sobrenaturais que são *relativas a* uma comunidade específica de revelação. Desse modo, o pragmático, *como* pragmático, não nega a realidade ontológica da lei natural; ele apenas nega a possibilidade de *conhecer* essa lei sem que se participe de uma comunidade contingente de prática que nos ensine a ver o mundo como tal.

nominalista do platonismo — uma interpretação pragmática do realismo cristão. Assim, a própria ontologia participativa é oferecida em uma tradição contingente, em uma comunidade diversa de prática, operando de acordo com a dinâmica tão bem analisada pelo pragmatismo de Wittgenstein, Rorty e Brandom. Fazer parte dessa tradição — pela graça de Deus — é ser capacitado a enxergar *a verdade* sobre o cosmo. Contudo, enxergar essa verdade é *relativo* à história da autorrevelação de Deus; ser capaz de compreender essa verdade *depende* de nossa inserção na comunidade do Espírito. Portanto, não se trata de escolher *entre* a verdade *e* a contingência; não é que, uma vez que vemos a verdade, escapamos magicamente das condições comunais contingentes do saber. A realidade é que sabemos *nessas* e *por meio dessas* condições.

Aqui, encontramos uma verdadeira humildade epistêmica, que não deve ser confundida com a falsa humildade do ceticismo. Os céticos não são "humildes" em relação às suas alegações de conhecimento — afinal de contas, não têm nenhuma! Em nosso contexto pós-moderno, muitas vezes confundimos humildade epistêmica com *não saber*. Esse ceticismo costuma acontecer quando se permanece cativo a uma explicação fundacionalista do conhecimento — a imagem representacionalista que nos mantém cativos. Dizer "eu não sei"

Como Hart observa na sequência desse artigo ("Nature loves to hide" in: *First things*, maio de 2013), o que está em jogo aqui é, na verdade, uma explicação da relação entre natureza e graça. O pragmatismo cristão que defendo simplesmente enfatizaria (conforme Romanos 1:21-23, mas também conforme a explicação de "livro da natureza" oferecida por Calvino nas *Institutas*) que é necessário estar inserido na comunidade da *graça*, que é o corpo de Cristo, para que se possa "enxergar" a *natureza* da maneira como, de acordo com o teórico da lei natural, qualquer ser racional seria capaz de enxergar. Oliver O'Donovan expressa uma consideração semelhante em: *Resurection and moral order: an outline of evangelical ethics*, 2 ed. (Grand Rapids: Eerdmans, 1994), p. 86-7. No capítulo 4, em diálogo com Robert Brandom, veremos que a questão aqui é, na realidade, como entender "racionalidade".

não é humildade epistêmica; é simplesmente uma confissão de ignorância (que pode, naturalmente, ser uma virtude, às vezes). A verdadeira humildade epistêmica diria mais respeito a reconhecer a contingência, dependência e contestabilidade de nossas alegações e, ao mesmo tempo, a proclamá-las assertivamente e buscar convencer os outros a ver o mundo da *nossa* maneira, justamente porque nós as consideramos *verdadeiras*.[51] É esse tipo de reconhecimento que o pragmatismo promove.[52] Tal é a humildade epistêmica que deveria acompanhar as alegações de conhecimento das criaturas.

---

[51] Para ler mais sobre uma contestabilidade "profunda" que recusa a "tolerância" insossa, veja William E. Connolly, *Why I am not a secularist* (Mineápolis: University of Chicago Press, 1999), p. 8-10.

[52] Rorty, naturalmente, ainda que sustentasse tal visão pragmática de conhecimento e verdade, era um defensor aberto da democracia e até mesmo dos ideais americanos. Ele descreveu esse apoio como uma espécie de "etnocentrismo" ("Solidarity or objectivity?", in: *Objectivity, relativism, and truth* [Cambridge: Cambridge University Press], 1991, p. 21-34). Alguns entendem isso como um caso de contradição performática, como se o pragmatismo de Rorty necessariamente derrubasse a defesa de qualquer causa. Porém, essa é uma crítica que não compreende a natureza do pragmatismo.

quatro

Motivos para crer
Explicitando a fé segundo Brandom

ABRINDO ESPAÇO PARA A(S) RAZÃO(ÕES): O PROJETO DE BRANDOM

Em seu cerne, a tradição pragmática de Wittgenstein e Rorty é uma filosofia de contingência — uma explicação de significado que reconhece (implicitamente) nossa dependência de criatura. Essa apreciação de nossa dependência está vinculada a uma apreciação de nossa condição inextricavelmente *social*: se o significado "depende" é porque *nós* dependemos de comunidades de prática que nos presenteiam com um mundo de significados. Uma vez que a dependência social é uma caraterística da criatura, nossa dependência social é um efeito de nossa dependência do Criador, que nos fez assim. É por isso que sugeri que nosso desejo epistemológico de negar tal dependência e contingência equivale a uma negação arrogante de nossa própria condição de criatura — e *isso* carrega todas as marcas de nossa transgressão no jardim. Assim, longe de serem o pré-requisito da ortodoxia cristã, as alegações de verdade "absoluta" podem ser quase diabólicas.

Tanto Wittgenstein quanto Rorty enfatizaram que o que recebemos de nossas comunidades contextuais é, antes de mais nada, um tipo de saber-*como*: uma forma de sintonia com nosso mundo que mais se assemelha a um domínio tácito de um ambiente do que a uma compreensão lógica e conceitual de uma proposição. Ora, dadas as ênfases (corretivas) do "segundo" Wittgenstein e de Rorty, pode parecer que tal explicação é *anti*proposicional e antilógica. Contudo, o *corpus* crescente do trabalho de Robert Brandom, pupilo e sucessor de ambos, demonstra que as duas ideias não são mutuamente exclusivas — apreciar o significado como uso não impossibilita uma visão robusta da razão e da lógica, embora exija uma reconfiguração de nosso entendimento sobre ambas. Ao assumir tal projeto, Brandom é uma espécie de "oposição leal" a Wittgenstein e Rorty — dependente deles e fundamentalmente de acordo com a proposta de que o significado é o uso, mas levando essa ideia para direções diferentes, por vezes diretamente críticas a eles. Desse modo, sua obra representa uma extensão crítica da tradição pragmática, de especial relevância para os que se interessam pela relação entre prática cristã e teologia cristã. Poderíamos pensar em Brandom como alguém que nos ajuda a imaginar uma teologia pragmática — uma explicação de como doutrinas e conceitos cristãos (saber-o--quê) se relacionam com adoração e prática cristãs (saber-*como*).[1] Portanto, meu objetivo é oferecer uma introdução ao projeto de Brandom e, posteriormente, no capítulo 5, considerar algumas das suas implicações para a teologia cristã. Uma vez que Brandom representa o efeito "bola de neve" do pragmatismo

---

[1] Em relação a isso, considero este capítulo um suplemento do meu projeto *Liturgias Culturais*, por analisar ainda mais a seção final de *Imagining the kingdom*, intitulada "Redeeming reflection" [edição em português: *Imaginando o reino* (São Paulo: Vida Nova, 2019), seção "Redimindo a reflexão"]. Vejo Brandom oferecendo recursos para compreender a relação dinâmica e interativa entre a prática cristã e a articulação teológica, ainda mantendo a primazia e a irredutibilidade da prática.

que começa em Wittgenstein e passa por Rorty, nosso capítulo final também explorará algumas implicações teológicas da obra desses autores.

Em seu livro "grande" *Making it explicit* [Tornando explícito], a pergunta inicial de Brandom é desconcertantemente simples: "Quem somos 'nós'?". O projeto inteiro se baseia nesse pronome plural da primeira pessoa. "Pois aquilo que somos tanto é feito quanto encontrado, decidido e descoberto. O tipo de coisa que somos depende, em parte, do que consideramos que somos"[2]. O "nós" em que Brandom está interessado é precisamente o "nós" que faz essa pergunta — o tipo de seres que expressam, articulam e conceitualizam tais perguntas a fim de entender quem somos. Desse modo, seu projeto é introduzido como uma espécie de antropologia ou etnografia filosófica: o que diferencia "nós" dos animais é precisamente nossa capacidade de fazer (e responder) tais perguntas. O ponto de demarcação aqui não é biológico ou físico; é uma distinção que está enraizada na capacidade que alguns seres têm de fazer tais perguntas.[3] É essa *capacidade* de perguntar e responder que nos torna "nós".

> O que teria de ser verdade — não apenas acerca do povo pitoresco além do rio, mas também de chimpanzés, golfinhos, extraterrestres gasosos ou computadores digitais (coisas bastante diferentes do restante de nós) — para que fossem corretamente

---

[2] Robert Brandom, *Making it explicit: reasoning, representing, and discursive commitment* (Cambridge: Harvard University Press, 1994), p. 3. Antes de tirar conclusões, perceba a presença do qualificador "em parte".

[3] Com essa demarcação, Brandom deixa aberta a possibilidade de que até mesmo, digamos, as máquinas possam se tornar parte do nosso "nós" *se* forem capazes de demonstrar as *capacidades* descritas a seguir. Esse seria o marco da inteligência artificial. Para um ponto de vista cético quanto à viabilidade disso, veja Hubert Dreyfus, *What computers still can't do: a critique of artificial reason* (Cambridge: MIT Press, 1992). Conforme veremos a seguir, embora essa seja uma possibilidade teórica, Brandom passa a maior parte do tempo indicando que máquinas (e animais) são o tipo de coisas *in*capazes disso.

considerados um de nós? Apresentar a questão dessa maneira reconhece um amplo empenho demarcatório a ser evitado, à medida do possível, exigindo a partilha de estigmas adventícios de origem ou constituição material. No ato de entendermos a nós mesmos, devemos olhar para condições ao mesmo tempo mais abstratas e mais práticas, que dizem respeito ao que somos capazes de *fazer* e não de onde viemos ou do que somos feitos[4] (grifo original).

Ora, Brandom admite que "cada tipo de enunciado 'nós' define uma comunidade diferente e nós nos encontramos em muitas comunidades". Às vezes, "nós" é a comunidade dos americanos, ou a comunidade dos cristãos, ou a comunidade dos entusiastas de modelos ferroviários. Nossos enunciados "nós" são sempre específicos à comunidade. Contudo, Brandom assume uma "metapostura" com o seguinte pensamento: embora haja muitas comunidades diferentes, gerando todo tipo de "nós" diferentes, essa ideia fenomenológica sugere que poderíamos, "de modo mais geral, entender a nós mesmos como aqueles que dizem 'nós'. Isso aponta para uma única grande Comunidade, composta por membros de todas as comunidades particulares — a Comunidade daqueles que dizem "nós" com e para alguém, quer os membros dessas diferentes comunidades particulares reconheçam uns aos outros ou não".[5] Essa possível Comunidade mais abrangente, entretanto, ainda está demarcada. Ela não inclui todos os seres animados nem mesmo todos os seres capazes de apresentar "o caloroso sentimento mamífero de companheirismo". Esse "nós" compreende aqueles que podem *dizer* "'nós' *com* e *para* alguém".[6]

---

[4] Brandom, *Making it explicit*, p. 4.
[5] Ibidem.
[6] Ibidem. Brandom admite com prontidão a natureza hegeliana de seu projeto (por exemplo, *Tales of the mighty dead: historical essays in the metaphysics of intentionality* (Cambridge: Harvard University Press, 2002), p. 47-57.

Assim, Brandom estipula que "nós" somos os seres "distinguidos por capacidades amplamente cognitivas"; ou seja, nossas interações com as coisas e uns com os outros *significam* algo para nós, elas têm *conteúdo conceitual* para nós [e] nós as *entendemos* de uma forma e não de outra".[7] É essa capacidade que nos demarca como "seres *razoáveis* [...] aqueles para os quais as razões são vinculantes e estão sujeitos à força peculiar da melhor razão"[8], ao passo que a "razão nada é para a besta do campo"; as bestas não se importam com evidências nem exigem explicações. Somente "nós" estamos sujeitos a essa força *normativa* singular da(s) razão(ões). Ser racional é ser normatizado por razões, é estar sujeito a demandas para nos explicarmos.

Portanto, "nós" somos definidos pelo que Brandom chama de *sapiência*, não mera *senciência*: "Senciência é o que compartilhamos com animais não verbais, como gatos — a capacidade de estar *consciente*, no sentido de estar *acordado*. A senciência, um fenômeno exclusivamente biológico, segundo nosso entendimento atual, deve, por sua vez, ser distinguida da mera responsividade diferencial confiável que nós, sencientes, compartilhamos com artefatos como termostatos e minas terrestres".[9] Gatos, seres humanos e minas terrestres reagem quando são tocados; as minas terrestres, contudo, nunca dormem nem estão "conscientes" dos predadores na vizinhança. Assim, a senciência é uma espécie de consciência de nível médio caraterística dos animais. Já a *sapiência* distingue o "nós" ainda mais: "A sapiência diz respeito à compreensão ou à inteligência, em oposição à irritabilidade ou à excitação. Alguém trata algo como sapiente à medida que lhe explica o comportamento pela atribuição de estados intencionais, como crença e desejo, enquanto razões para

---

Lembre-se da concessão hegeliana de Rorty: "O indivíduo separado da sua sociedade é apenas mais um animal" (*PM*, p. 192).
[7] Brandon, *Making it explicit*, p. 4.
[8] Ibidem, p. 5.
[9] Ibidem.

tal comportamento".[10] Em suma, seres *sapientes* — "nós" — são os seres capazes de responder à pergunta: "Por que você fez isso?".

O que diferencia o "nós", portanto, é nossa capacidade de raciocínio — o que não é, para Brandom, uma "faculdade", com a letra inicial maiúscula, legada do alto como um mecanismo integrado de silogística. Em vez disso, a razão é uma *capacidade*, um conjunto exclusivo de capacidades forjadas como prática social. Dizer que "nós" somos racionais é enfatizar que damos e recebemos razões. Fazemos perguntas e questionamos motivos. Perguntamos se e por que realmente precisamos estar de volta ao dormitório ao toque de recolher; alguém responde nossa pergunta nos oferecendo razões que envolvem conceitos; a isso, podemos replicar com razões diferentes e conceitos contrários ou simplesmente concordar por estarmos convencidos. Seres racionais são os animais singulares que podem ter *discussões* por serem capazes de empregar *conceitos*.

Essa racionabilidade é uma realização, uma habilidade, uma capacidade desenvolvida em uma comunidade essencialmente linguística.[11] Para Brandom, golfinhos, chimpanzés e outros animais podem ser capazes de forjar comunidades de prática social e até mesmo cultivar um tipo de saber-*como* que poderia

---

[10] Ibidem.

[11] Isso não significa que somos *apenas* linguísticos; o que *distingue* os seres humanos como animais "racionais" é nossa capacidade de dar e receber razões por meio da moeda dos conceitos. Brandom apresenta um argumento semelhante em um debate sobre Heidegger. A análise de *Dasein* em *Being and time* [edição em português: Ser e Tempo (Petrópolis: Editora Vozes, 2015)] claramente atribui prioridade à intencionalidade "prática" acima da intencionalidade "proposicional". No entanto, Brandom argumenta que é precisamente a intencionalidade proposicional (tematização) que é *exclusiva* ao *Dasein*. "Isso não significa que não pode haver normas implícitas nas práticas sociais sem que haja normas explícitas sob a forma de regras, as quais determinam o que é correto ao dizer ou descrever o que é correto e, portanto, sem práticas linguísticas, incluindo a afirmação. Significa que tal comunidade pré-linguística não seria considerada *Dasein*" (*Tales of the mighty dead*, p. 329).

ser considerado uma espécie de "cultura" rudimentar. Porém, o que eles não fazem é falar; ou, mais especificamente, o que eles não fazem é dar e receber razões. Eles podem até ter sistemas de comunicação, mas não têm *linguagem* — a única instância da prática social que é discursiva e conceitual. Assim, o pragmatismo de Brandom partilha o interesse de Wittgenstein e Rorty pelas comunidades de prática; mas Brandom está especificamente interessado na linguagem, "as práticas sociais que nos distinguem como criaturas racionais, lógicas, propagadoras de conceitos".[12]

Aqui, Brandom é simultaneamente sucessor e crítico de Wittgenstein e Rorty. Em *Articulating reasons*,[13] uma das introduções mais acessíveis ao trabalho de Brandom (e à qual meu foco se direciona neste capítulo), ele observa que podemos distinguir explicações de significado ao observar se elas enfatizam ou não essa diferença entre os animais humanos, racionais e outras espécies sociais. O indicador é "a prioridade relativa atribuída às *continuidades* e *des*continuidades entre criaturas discursivas e não discursivas: de um lado, as semelhanças e diferenças entre os julgamentos e as ações das criaturas que utilizam conceitos e, de outro, a captação de informação ambiental e intervenções instrumentais de organismos e artefatos que não utilizam conceitos".[14] Alguns filósofos tentam compreender a produção de significado humano

---

[12] Brandom, *Making it explicit*, p. xi. Brandom observa que é possível chegar à mesma demarcação colocando o foco na verdade ou na agência: "Somos seres que creem e crer é tomar como verdade. Somos agentes e agir é fazer verdade. Ser sapiente é ter estados, como crença, desejo e intenção, os quais são repletos de conteúdo, no sentido de ser apropriado perguntar sob quais circunstâncias o que se crê, deseja ou tenciona é *verdadeiro*. Entender tal conteúdo é compreender as condições necessárias e suficientes para a verdade disso" (ibidem, p. 5).

[13] Edição em português: Articulando razões: uma introdução ao inferencialismo (Porto Alegre: EdiPUCRS, 2013).

[14] Robert Brandom, *Articulating reasons: an introduction to inferentialism* (Cambridge: Harvard University Press, 2000), p. 2-3; doravante abreviado no texto como *AR*.

e as práticas linguísticas, enfatizando o quanto as práticas linguísticas são *semelhantes* às práticas não discursivas — como o uso da linguagem parte de práticas mais básicas e pré-linguísticas de "lidar" com o mundo que talvez compartilhemos com os animais. Brandom descreve tais ideias como explicações de "assimilação", nas quais a prática social claramente humana da linguagem é assimilada por práticas sociais mais amplas compartilhadas com outras criaturas. E ele associa essa explicação assimilacionista aos "pragmáticos clássicos americanos, e, talvez [...], ao "segundo" Wittgenstein" (*AR*, p. 3) — uma afirmação que parece ser confirmada por nossas exposições em capítulos anteriores.[15]

Em contraste com essas abordagens assimilacionistas, que enfatizam a continuidade (e que mais ou menos reduzem a prática linguística *à* prática não discursiva), Brandom enfatiza as *des*continuidades. "Estou mais interessado", diz ele, "no que separa os utilizadores de conceitos dos não utilizadores de conceitos do que naquilo que os une" (p. 3). Assim, seu projeto é "diferenciacionista" (p. 2). As práticas linguísticas são um conjunto específico de práticas sociais de modo mais amplo, mas também são diferentes e irredutíveis — *não* são "exatamente" como outras práticas. Elas são únicas e exclusivamente humanas.

Brandom enfatiza que *ambos* os aspectos são verdadeiros e, mesmo que diferentes projetos tenham uma ênfase diferente, ambas as abordagens precisam levar em conta *tanto* continuidades *quanto* descontinuidades.

> É claro que, onde quer que a história comece, ela precisará explicar tanto como a utilização de conceitos se assemelha aos

---

[15] Mais tarde, ele inclui Heidegger nesse "assimilacionismo conceitual" e contrasta essa abordagem com o "pragmatismo *racionalista*" de Hegel (*AR*, p. 34). Porém, em outro estudo de Heidegger, Brandom argumenta que, ao contrário das leituras assimilacionistas de Heidegger (de Dreyfus, Haugeland e Okrent), na verdade, Heidegger também pode ser descrito como um "pragmático racionalista", uma vez que *Dasein* é o ser que tematiza. Veja "Dasein, the being that thematizes" in: *Tales of the mighty dead*, p. 325-47.

comportamentos de criaturas não discursivas quanto como ela é diferente. As teorias que *assimilam* a atividade conceitualmente estruturada à atividade não conceitual da qual se origina (em termos evolutivos, históricos e de desenvolvimento individual) correm o risco de não conseguirem traçar suficientemente uma diferença. As teorias que adotam a estratégia contrária [como a de Brandom], desde o início focando no que é característico ou excepcional em relação ao conceitual, correm o perigo de não fazerem justiça a semelhanças genéricas (*AR*, p. 3, grifo original).

Até aqui, meu projeto, ecoando Wittgenstein e Rorty, tem sido mais assimilacionista, precisamente porque eu acho que a teologia e a filosofia cristã têm a tendência de pensar sobre o sentido de um jeito *excessivamente* conceitual, que não considera as continuidades entre a prática discursiva e as práticas sociais de forma mais ampla. A esse respeito, grande parte da filosofia cristã (e da filosofia "popular" nos bancos de igrejas e nos programas de apologética) fracassou no teste de continuidade de Brandom por não reconhecer que significado é uso. Assim, a ênfase pragmática na continuidade em Wittgenstein e Rorty é salutar e corretiva. Mas, tendo considerado isso, Brandom oferece um proveitoso corretivo ao corretivo — um convite para agora reconsiderarmos (e voltarmos a analisar) o que define o raciocínio humano. Ao fazê-lo, creio que Brandom nos oferece uma estrutura para concebermos a teologia cristã de acordo com as percepções pragmáticas sobre a contingência e a comunidade, levando em conta nossas condições de criatura.

TORNANDO EXPLÍCITO

Brandom descreve seu projeto ora como um "pragmatismo conceitual" (*AR*, p. 4), ora como um "pragmatismo racionalista" (p. 10). Se entendermos essas descrições, teremos uma plataforma de onde poderemos mergulhar nos detalhes. A explicação é *pragmática*, porque ainda tem como foco a *prática*; é *conceitual* ou *racionalista*, porque se concentra nas práticas discursivas e conceituais singulares que constituem a *racionalidade* ou "sapiência". Trata-se de um pragmatismo conceitual, porque, para ele, a racionalidade nasce — e depende — da prática. Embora Brandom enfatize o que é diferente em relação às práticas linguísticas e conceituais, ele ainda considera nossa prática linguística como uma espécie de prática social de modo mais amplo. Isso é o que ele chama de "direção pragmática de explicação", em contraste com "uma estratégia *platônica*". A estratégia platônica é descendente: ela acredita que os conceitos vêm primeiro, como ideias inatas plantadas na mente, que são então "usadas" ou "aplicadas" na prática. Esse é justamente o tipo de imagem que Wittgenstein questionou, e Brandom o acompanha aqui. Assim, a explicação pragmática de Brandom "procura explicar como o uso de expressões linguísticas ou o papel funcional dos estados intencionais confere conteúdo conceitual" (p. 4). Os conceitos, portanto, emergem da rede mais ampla de nossas práticas sociais e "ações habilidosas": o conteúdo conceitual é algo "conferido" a nossas trocas linguísticas. Usar conceitos é uma forma de uso claramente sapiencial, mas também um uso que pressupõe "o contexto de vários outros tipos de ação habilidosa" (p. 2). Assim, significado é uso, mas o significado *conceitual* — o tipo único de significado em que o "nós" trafega — é um tipo diverso de uso, embora também pressuponha uma rede mais ampla de práticas sociais (não conceituais).

Resumindo seu projeto, Brandom diz que seu pragmatismo conceitual

> oferece uma explicação do saber (ou do acreditar ou do dizer) *segundo a qual* tal e tal coisa é o caso quanto a saber-*como* (ser capaz de) *fazer* algo. Ele aborda os conteúdos de proposições ou princípios conceitualmente *explícitos* a partir da direção do que está *implícito* em práticas de uso de expressões e de aquisição

e implantação de crenças. [...] O tipo de pragmatismo aqui adotado procura explicar o que é *afirmado* recorrendo-se a características das *afirmações*; o que é *alegado*, da perspectiva das *alegações*; o que é *julgado*, pelos *juízos*; e o que é *crido*, pelo papel das *crenças* (com efeito, o que é expresso, por meio de suas expressões) — em geral, o conteúdo pelo ato e não o contrário (*AR*, p. 4, grifo original).

Integrado nesse denso resumo, há duas "estruturas" importantes para compreendermos o projeto de Brandom. Primeiro, observe a distinção e a relação entre o saber-*que* e o saber-*como*. Brandom é pragmático, porque enfatiza a prioridade do saber--*como*. Saber-como (o tipo de domínio e competência tácitos enfatizados por Wittgenstein) precede saber-que (o tipo de formulação conceitual e proposicional que normalmente associamos ao "conhecimento"). Conforme expressa Wittgenstein, é possível ser mestre no jogo sem saber como articular as regras. Existe um tipo de compreensão, ou saber-como, caraterístico das práticas sociais — do "lidar", como diz Rorty. Contudo, Brandom está interessado no subconjunto exclusivo de práticas sociais conceituais e linguísticas; e *essas* práticas, afirma ele, são saber-que, os quais emergem — e dependem — de um saber--como que temos previamente.[16] Elas também são *práticas*, mas de forma diferente.

Essa relação compõe o cerne da segunda maneira em que ele estrutura seu projeto. Observe, na citação, que a relação entre saber-*como* (não discursivo) e saber-*que* (discursivo) é uma relação entre o que está *implícito* e o que é tornado *explícito*.[17] O "conteúdo" articulado em conceitos e proposições é uma

---

[16] Em outras palavras, "a semântica está enraizada na pragmática" (*Making it explicit*, p. 649).

[17] Lembre-se do título do livro sistemático anterior de Brandom: *Making it explicit* [Tornando explícito].

maneira de explicitar o que está implícito em nosso saber-como pré-discursivo. Conceitos (que são linguísticos) são a forma que *falamos* sobre o que *fazemos* — e, por isso, podemos questionar *por que* estamos fazendo X e oferecer razões como resposta. Criaturas utilizadoras de conceitos ("criaturas propagadoras de conceito", como Brandom diz memoravelmente) são os seres que não somente *fazem* — não apenas "praticam" —, mas também são responsáveis pelo que fazem, dão motivos para o que fazem e pedem razões para o que os outros fazem. Como veremos em breve, esse aspecto da responsabilidade e prestação de contas é central na explicação de Brandom. Mas, por enquanto, precisamos entender que tal formulação conceitual é a explicitação do que estava implícito em nossas práticas — a articulação na forma de saber-*que* do que anteriormente era apenas saber-*como*.

O que distingue o pragmatismo "racionalista" de Brandom do pragmatismo de Dewey, Wittgenstein e Rorty é seu interesse nesse "plano" único de prática linguística e conceitual que emerge apenas para criaturas propagadoras de conceitos como nós. Ele não nega que isso está enraizado em uma rede mais ampla de práticas sociais — no saber-como implícito de uma comunidade de prática — mas está interessado no que "nos" torna únicos, algo que ele situa na jogada do implícito para o explícito, do saber--como para saber-que. E apenas "nós" (criaturas *sapientes*) somos capazes de "tornar explícito".

O ponto de divergência pode ser refinado ainda mais, remetendo-nos a uma metáfora introduzida por Wittgenstein. Em *Philosophical investigations*, §18, Wittgenstein sugeriu que "nossa linguagem pode ser considerada uma cidade antiga": ela é um conglomerado, compilada ao longo das eras, "um labirinto de pequenas ruas e praças" sem um "centro" definido. Em contrapartida, Brandom enfatiza que seu pragmatismo "racionalista" difere de Wittgenstein justamente quanto a isso: "Tal ponto de vista [isto é, o de Brandom] implica que as práticas de dar e pedir razões têm um papel privilegiado, deveras determinante, no que diz respeito à prática linguística em geral" (*AR*, 14). Em outras palavras, diferentemente de Wittgenstein, *existe* um "centro" de prática linguística, a saber, a inferência conceitual.

> Assim, o *Sprachspiel* [jogo de linguagem] da "viga" que Wittgenstein introduz nas seções iniciais de *Philosophical investigations* não deve, por esses padrões de demarcação, contar como um verdadeiro *Sprach*spiel. Trata-se de uma prática *vocal*, mas ainda não *verbal*. Ao contrário de Wittgenstein, a identificação *inferencial* do conceitual [ponto de vista de Brandom] alega que a linguagem (prática discursiva) tem um *centro*; que não é um amontoado. As práticas inferenciais de produzir e consumir *razões* são o *centro* na região da prática linguística. As práticas linguísticas suburbanas utilizam e dependem do conteúdo conceitual forjado no jogo de dar e pedir razões; são delas parasitárias (*AR*, p. 14, grifo na citação).

Ora, temos de ter cuidado para não compreendermos mal a alegação de Brandom aqui. Ele não está sugerindo que a inferência conceitual é primária *en toto* ou *simpliciter*, como se estivesse alegando que saber-o-quê precede o saber-como. Todo o seu modelo gira em torno de reconhecer a primazia das práticas sociais não linguísticas, a primazia do saber-como sobre o saber-que. Ele reitera isso em *Between saying and doing* [Entre dizer e fazer].

> Uma linha pragmática de pensamento comum ao Dewey de *Experience of nature*, ao Heidegger de *Being and time* e ao Wittgenstein de *Philosophical investigations* é que existe algo chamado compreensão hermenêutica; é um tipo genuíno e diferente de compreensão, o tipo mais básico de compreensão, no sentido de que todos os outros tipos de compreensão são parasitários dele e se desenvolvem a partir dele. É o tipo primordial de

saber-como prático: a capacidade de se envolver em uma prática discursiva autônoma. De modo específico, eles estão preocupados em insistir que o tipo de entendimento algébrico caraterístico das ciências maduras matematizadas — o tipo pelo qual os filósofos analíticos anseiam — é pragmaticamente dependente [...] do entendimento hermenêutico cotidiano, o qual também não pode ser substituído pelo tipo mais técnico nem a ele reduzido. Eu aceito todas essas alegações pragmáticas sobre o caráter singular e básico do entendimento hermenêutico comum de execuções discursivas e seus produtos.[18]

Assim, sua alegação a respeito de um "centro" racional da linguagem é mais específica: ele está sugerindo que, quando se trata de prática *linguística*, dar e pedir *razões* é central, privilegiado e, de alguma forma, primário. Porém, esse "conceito centrismo" me parece algo contestável e não aparenta ser uma caraterística *necessária* do modelo de Brandom. Parece contestável, porque é possível localizar instâncias de uso da linguagem que não são definidas principalmente por nem dependentes de conteúdo proposicional ou inferência. A poesia concreta vem à mente; será que Brandom deseja se comprometer a afirmar que tal poesia não é "linguística"?[19] De forma ainda mais importante, não vejo a alegação do "centro" de Brandom como uma caraterística essencial do seu pragmatismo racionalista. Seria possível aceitar sua explicação da relação entre saber-como e saber-o-quê e até mesmo adotar sua interpretação singular de inferência sem ter de alegar que todas as outras práticas linguísticas são

---

[18] Robert Brandom *Between saying and doing* (Oxford: Oxford University Press, 2008), p. 212-213. É preciso notar que o contexto é o argumento de Brandom de que, não obstante, o "projeto analítico" *não* é desacreditado por causa disso.

[19] Ele pode replicar que tais usos são "vocais", mas ainda não "verbais", como no *Sprachspiel* da "viga!".

"parasitárias" das práticas conceituais.[20] Em todo caso, não precisamos concordar com Brandom em sua alegação do "centro" a fim de compreendermos e nos apropriarmos de sua consideração pragmática sobre o que é único a respeito das práticas *conceituais*.

Isso nos leva a mais duas caraterísticas fundamentais do modelo de Brandom: *expressão* e *inferência*. Brandom descreve seu projeto como um "expressivismo", porque é assim que ele vê a jogada do implícito para o explícito, do saber-como para saber--que.[21] O conteúdo conceitual não "representa" — e, logo, não está em conformidade com — alguma realidade "externa". Conceitos não são peças internas de um quebra-cabeça que "se encaixam" em alguma realidade externa. Assim como Wittgenstein e Rorty, Brandom rejeita essa imagem de interior/exterior (imagem I/E) e o representacionalismo que a acompanha. Em vez disso, com base no que acabamos de observar, Brandom argumenta que o conteúdo conceitual *expressa* (isto é, torna explícitos) os compromissos implícitos em nossas práticas. Logo, isso não é expressão no sentido romântico de "transformar o interno em externo" (*AR*, p. 8); isso ainda seria aceitar a imagem I/E. Devemos pensar na expressão como o ato de "tornar *explícito* o que está *implícito*. Isso pode ser entendido no sentido pragmático de transformar algo que inicialmente só podemos *fazer* em algo que podemos *dizer*: codificar algum tipo de saber-*como* na forma de um saber--*que*" (*AR*, p. 8). "Nós" somos aquelas criaturas que podem transformar o que *fazemos* em algo que *dizemos*. E porque podemos

---

[20] De certa forma, isso lembra o debate entre Jacques Derrida e John Searle sobre a primazia da metáfora (Searle sugeriu que a metáfora é sempre parasitária do literal, o que Derrida contestou). Para uma abordagem sobre isso, veja James K. A. Smith, "Limited incarnation: the Searle/Derrida debate revisited in Christian context", in: Kevin Vanhoozer; James K. A. Smith; Bruce Ellis Benson, orgs., *Hermeneutics at the crossroads: interpretation in Christian perspective* (Bloomington: Indiana University Press, 2006), p. 112-29.

[21] Brandom menciona tanto o que adotou quanto o que rejeitou das noções românticas de "expressão" associadas a Herder et al. (*AR*, p. 8).

fazer isso, também podemos perguntar: "Por que você fez isso?". Responder a essa pergunta é dar motivos, o que requer a introdução de conceitos.[22] "Expressar algo *é conceituá-lo*: colocá-lo em forma conceitual" (*AR*, p. 16).

Isso nos leva a outro tema fundamental de Brandom: *inferência*. "A ideia mestra que põe em movimento e orienta essa iniciativa", diz ele, "é que o que distingue práticas especificamente *discursivas* das ações de criaturas que não utilizam conceitos é sua articulação *inferencial*" (*AR*, p. 10-11). As criaturas propagadoras de conceito não somente *dizem*; elas são responsáveis pelo que dizem — e são o tipo singular de criaturas discursivas responsáveis por como o que dizem se encaixa em uma rede de implicação e inferência. Em uma passagem densa, porém crucial, Brandom explica que explicitar algo na prática discursiva equivale a

> colocá-lo em uma forma na qual pode tanto servir como razão quanto precisar de *razões*: uma forma na qual pode servir tanto como premissa quanto como conclusão em *inferências*. Dizer ou pensar *que* as coisas são desse ou daquele jeito é assumir um tipo diferente de compromisso *inferencialmente* articulado: apresentar isso como uma premissa adequada para futuras inferências, isto é, *autorizar* sua utilização como premissa e assumir a *responsabilidade* de se dar ao direito de ter esse compromisso, de justificar a própria autoridade, sob circunstâncias adequadas, de modo paradigmático ao exibi-lo como a conclusão de uma inferência de outros compromissos semelhantes a que se tem ou se pode ter direito. Entender o *conceito* aplicado em tal explicitação

---

[22] Como abordaremos mais adiante, Brandom também esboça uma compreensão expressivista da lógica: "A lógica não é compreendida adequadamente como o estudo de um tipo diferente de inferência *formal*. Ela é, na verdade, o estudo dos papéis inferenciais do vocabulário desempenhando um papel *expressivo* diferente: codificar, de forma explícita, as inferências que estão implícitas no uso do vocabulário comum, não lógico" (*AR*, p. 30). Isso ficará mais claro quando compreendermos o que Brandom entende por inferência.

é dominar seu uso *inferencial*: saber (no sentido prático de ser capaz de distinguir, uma espécie de saber-*como*) com o que mais alguém está se comprometendo ao aplicar o conceito, o que lhe daria o direito de fazê-lo e o que impossibilitaria tal direito (*AR*, p. 11, grifo original).

A fim de compreender o argumento de Brandom, leia essa passagem novamente e observe a linguagem normativa, quase "moral", que ele usa: *compromisso, autorizar, responsabilidade, justificar. Dizer* algo — *usar* um conceito — é, de certo modo, afirmar a própria cidadania na comunidade discursiva de utilizadores de conceitos. Poderíamos dizer que isso vem acompanhado de certos direitos e privilégios, mas também vem com responsabilidades. Se você disser que a garrafa que está sobre a mesa é azul e nós estivermos de acordo a respeito do uso do conceito, considerarei você responsável por "saber" que ela não é verde. Dizer que ela é "azul" é, com efeito, *comprometer*-se com isso. E comprometer-se com essa alegação é também (inferencialmente) comprometer-se com algumas suposições e implicações vinculadas a isso (por exemplo, que a garrafa não é vermelha, rosa ou fúcsia; que a garrafa não é invisível; que essa coisa azul é uma garrafa e não uma leiteira etc.). Os conceitos "azul" e "garrafa" são nódulos em uma complexa rede conceitual e cidadãos competentes da comunidade utilizadora de conceitos são responsabilizados por essas inferências. Exploraremos isso em mais detalhes a seguir. Por ora, a conclusão é reconhecer que a utilização de conceitos — que é passar do implícito para o explícito — é um jogo *normativo*: há regras a serem seguidas. Ser racional é estar disposto a e ser capaz de jogar segundo as regras do jogo inferencial.

O "inferencialismo" é uma teoria de "uso" do significado que enxerga o significado conceitual primariamente como algo *relacional* (*AR*, p. 9) — não no sentido sentimental de ser meramente intersubjetivo, mas no sentido de que o significado está atrelado a uma rede de implicações que são as "explicitações" do nosso saber-*como*. Podemos olhar para Brandom como se ele estivesse desvelando as implicações da alegação provocativa de Rorty de que "a verdade é o que nossos pares nos permitem dizer"; a diferença é apenas que Brandom enfatiza que "nossos" pares são utilizadores de conceitos e que "nossa" comunidade de prática é caraterizada pelo domínio da *inferência*. No próximo capítulo, exploraremos as implicações disso para a "lógica" cristã, que é a teologia. Mas, primeiro, precisamos nos aprofundar em aspectos específicos da interpretação de Brandom, os quais apenas esbocei até agora.

O CONTEÚDO IMPORTA: INFERÊNCIA E A ÉTICA DA LINGUAGEM

Quando Brandom enfatiza que sua explicação pragmática conceitual de significado está ligada à *in*ferência, devemos entender isso como uma alternativa à *re*ferência. Assim, ele amplia a crítica ao referencialismo e representacionalismo que vimos pela primeira vez em Wittgenstein e Rorty. Entretanto, Brandom pode nos ajudar ainda mais a ver por que desistir do referencialismo não significa desistir da verdade (embora também tenhamos visto indícios de como esse poderia ser o caso em Rorty). Se formos levar a sério a contingência e a natureza comunal do nosso conhecimento, precisamos situar a dinâmica da verdade na inferência, não na referência.[23]

Antes de tudo, precisamos ter uma noção ampla do que pode ser considerado "conceito"; caso contrário, seremos tentados a imaginar conceitos como termos técnicos altamente

---

[23] Brandom sugere que essa é uma maneira mais interessante de demarcar escolas de pensamento na filosofia moderna (de Descartes até Kant). Em vez de dividi-los em empiristas *versus* racionalistas, seria mais esclarecedor contrastarmos "a tradição ainda dominante que extrai a veracidade inferencial da veracidade representacional" (*AR*, p. 46-47) com uma proposta minoritária dos que invertem essa relação. Essa tradição alternativa acabaria nos levando a Hegel.

especializados que empregamos em longos silogismos. Nesse caso, pensaríamos equivocadamente que "conceitos" são aquele tipo de coisas estranhas com as quais só temos de lidar em universidades e conferências de filosofia, não na "vida cotidiana" que acontece na padaria, no parque ou na igreja.

Na realidade, para Brandom, conceitos são ferramentas bem enfadonhas e comuns do cotidiano que "nós" usamos o tempo todo. O simples ato de dizer "Esta bola é vermelha" é introduzir conceitos; assim, podemos imaginar uma criança sendo iniciada no uso de conceitos quando começa a aprender a usar as palavras "vermelho" e "bola". Certamente, essa é uma noção bem singular de "conceitos". Se eu simplesmente relatar que "esta bola é vermelha", não estou tentando argumentar; a afirmação não é uma premissa em um silogismo, então não pareceria ser "inferencial" em sentido algum — ela parece não fazer parte de nenhuma "cadeia" lógica. Contudo, Brandom enfatizará que, *se* esse for um relato feito por um utilizador de conceito, "mesmo tais relatos não inferenciais precisam ser articulados inferencialmente" (*AR*, p. 47). Caso contrário, não conseguiríamos "distinguir a diferença entre relatores não inferenciais e máquinas automáticas, como termostatos e fotocélulas, as quais também têm disposições confiáveis para responder diferencialmente a estímulos" (p. 47-48). Podemos treinar papagaios ou construir sensores capazes de dizer "Esta bola é vermelha" quando propriamente estimulados ou afetados (ou seja, podemos projetá-los para responder diferencialmente a estímulos relevantes — nesse caso, objetos vermelhos esféricos). Todavia, suas vocalizações não seriam *conceituais*, justamente porque esses "relatos" não são algo por que seriam *responsabilizados*. Em suma: "O termostato e o papagaio não entendem suas respostas; essas respostas nada significam para eles, embora possam significar algo para nós" (p. 48). Termostatos, papagaios e humanos podem todos ser capazes de "classificar" um objeto como bola e como vermelho, mas apenas o humano utilizador de conceitos capta as *implicações* de dizer "A bola é vermelha" quando esse relato é feito.

Então, o que torna conceitual o relato "Esta bola é vermelha"? É o domínio prático do relator sobre todas as inferências que estão atreladas à afirmação. Seguindo Wilfrid Sellars, Brandom resume seu argumento da seguinte maneira:

> A resposta tem conteúdo *conceitual* simplesmente por desempenhar um papel no jogo *inferencial* de fazer alegações e de dar e pedir razões. Captar ou compreender tal conceito é ter domínio prático sobre as inferências em que ele está envolvido — é saber, no sentido prático de poder distinguir (uma espécie de saber--*como*), o que advém da aplicabilidade de um conceito e de onde ele mesmo advém. O papagaio não considera "Isso é vermelho" incompatível com "Isso é verde", nem uma consequência de "Isso é escarlate" e a incluir também "Isso é colorido". Uma vez que a resposta reproduzível não está, para o papagaio, envolvida em propriedades práticas de inferência e justificativa e, assim, de emissão de novos juízos, ela absolutamente não se trata de uma questão *conceitual* ou *cognitiva* (*AR*, p. 48, grifo original).

Apenas utilizadores de conceitos como eu e você dominam a rede de implicações vinculada ao simples relato de que "Esta bola é vermelha". Muitas inferências incluídas nessa alegação permanecerão implícitas, mas nós sabemos *como* lidar com elas se alguém nos perguntar e nós as presumimos funcionalmente quando fazemos o relato. Somos mestres práticos do fato de que não devemos chamar bolas vermelhas de verdes ou bolas vermelhas de sapatos vermelhos.[24] Entender que a afirmação "Esta bola é vermelha" é incompatível com "Esta bola é roxa" é *compreender um conceito*, que,

---

[24] É por isso que Brandom também enfatiza que, "a fim de dominar *qualquer* conceito, é preciso dominar *muitos* conceitos. A compreensão de um conceito consiste no domínio de, pelo menos, algumas de suas relações inferenciais com outros conceitos. Cognitivamente, a compreensão de apenas um conceito é o som feito por uma única mão batendo palmas" (*AR*, p. 49). Isso ecoa tanto o "holismo" de Wittgenstein quanto o de Rorty.

por sua vez, é compreender o que pode ou não ser *inferido* a partir dessa afirmação. Seu papagaio ou o termostato nunca fará isso.

A próxima pergunta que devemos fazer é: qual é a *fonte* de tais inferências? O que governa as boas inferências e o que distingue as boas das más inferências? *Por que* "Esta bola é vermelha" é incompatível com "Esta bola é verde", mas *não* é incompatível com "Esta bola é escarlate"? Quais são as *regras* da inferência?

É aqui que nos sentiremos tentados a regressar a uma explicação "platonista" (como Brandom a chama) ou retornar à *referência* a fim de explicar a *in*ferência. "Bem," talvez alguém responda, "é claro que a afirmação de que a bola é vermelha é incompatível com a afirmação de que a bola é verde, porque a primeira *corresponde* à situação dos fatos; a segunda, não". Esse tipo de proposta ancoraria a inferência na referência e situaria a justificativa na correspondência. Contudo, Brandom (como Wittgenstein, Sellars e Rorty) é um pragmático assumido, por todas as razões apresentadas nos capítulos 2 e 3. A justificativa é fundamentalmente *social*. Assim, a inferência não está enraizada na referência; pelo contrário, a referência é um tipo de jogo *in*ferencial que podemos jogar e, em última análise, o que conta como boa inferência está atrelado a uma comunidade que tem um saber-*como*, uma comunidade de prática. Conforme veremos em breve, isso *não* significa que podemos sair por aí inventando regras de inferência. Mas, antes, precisamos entender uma distinção fundamental que Brandom enfatiza.

Brandom está falando sobre o que chama de inferência *material*, não o tipo de regras "formais" de inferência que normalmente associamos à análise lógica. Imagine essa distinção da seguinte maneira: as regras "formais" de inferência estão associadas ao que normalmente chamamos de *validade*. O raciocínio e a inferência são descritos como "válidos" quando a *forma* da inferência está em conformidade com o que se considera um conjunto de regras universais da lógica (tal qual a lei do terceiro excluído), abstraída de qualquer conteúdo específico. Desse modo, por exemplo, o seguinte silogismo seria considerado "válido" e, portanto, a conclusão seria uma "boa inferência (formal)":

1. Todos os unicórnios têm um único chifre espiralado.
2. Robert Brandom é um unicórnio.
3. Portanto, Robert Brandom tem um único chifre espiralado.

Eu nunca conheci o professor Brandom pessoalmente, mas, embora a fotografia que ele usa em livros revele uma impressionante barba *à la* ZZ Top,[25] estou bastante confiante de que ele não seja um unicórnio. Logo, apesar de a constelação conceitual acima estar em conformidade com as regras da inferência *formal*, esse não é o tipo de inferência que interessa a Brandom.[26]

As inferências "materiais", em contrapartida, são regras de inferência atreladas à *matéria* específica em questão. São inferências vinculadas ao e dependentes do *conteúdo* específico dos conceitos em questão. Considere, por exemplo:

> a inferência de que "Pittsburgh fica a oeste de Princeton" leva à de que "Princeton fica a leste de Pittsburgh"; e inferência a de que "O raio é visto agora" leva à de que "O trovão será ouvido em breve". É o conteúdo dos conceitos *oeste* e *leste* que tornam boa a primeira inferência e o conteúdo dos conceitos *raio* e *trovão*, bem como os conceitos temporais, que tornam apropriada a segunda inferência. Endossar essas inferências faz parte de entender ou dominar tais conceitos e vai além de qualquer competência especificamente *lógica* (*AR*, p. 52, grifo original).

As inferências (materiais) consideradas boas não podem ser separadas da familiaridade com realidades materiais — como

---

[25] Banda de rock americana cujos integrantes usam barbas muito grandes. (N. do R.)
[26] Além disso, Brandom não considera tal referência formal primária ou soberana.

onde se situam Pittsburgh e Princeton ou o que é um raio e qual é a relação deste com o trovão, por exemplo. A *verdade* de tais inferências não é do tipo que pode ser abstraído e formalmente reduzido a P e Q em um silogismo universal. O caso de Pittsburgh e Princeton também destaca o quão *contingentes* e *históricas* são essas inferências materiais, dependentes da contingência de entidades históricas e de um saber-como concreto em relação às *matérias* em questão. A verdade de tais inferências depende do estabelecimento contingente, histórico, de Pittsburgh e Princeton.

As regras da inferência material partem de baixo para cima, não de cima para baixo. Elas não caem de um céu lógico, tampouco são transmitidas por um Ser Supremamente Racional em forma de revelações autênticas com as quais nosso raciocínio deve estar em conformidade. Em vez disso, as inferências que importam *emergem* em dois sentidos: por um lado, são inferências materiais restritas pela matéria, pelas condições materiais em que habitamos — o que Rorty chamou de "obstinação" das coisas com as quais trombamos. Por outro lado, tais regras de inferência são forjadas pela comunidade de criaturas propagadoras de conceitos, emergindo do saber-como que adquirimos ao lidar com essas condições materiais. É porque "nós" habitamos nessas condições materiais que os conceitos de "trovão" e "raio" surgiram e é por causa de condições materiais específicas, obstinadas, que as regras para uma *boa* inferência sobre raios e trovões surgiram. E agora nós nos *responsabilizamos* uns aos outros por fazer *boas* inferências sobre trovões e raios.

Desse modo, o "racionalismo" de Brandom não é um racionalismo "do alto", por assim dizer — como se fosse um "platonismo". É um racionalismo "de baixo": "nós" somos racionais, porque somos capazes de explicitar as inferências materiais contidas nos conceitos que *expressam* nosso saber-como. E, por isso, somos *responsáveis* pelo que dizemos — responsáveis uns perante os outros, partes de uma comunidade de utilizadores de conceitos que, a qualquer momento, podem pedir *razões* para o que dizemos.[27] As regras de inferência emergem da especificidade das práticas discursivas de uma comunidade.

O que "faz sentido (inferencial)" depende do conteúdo conceitual dado pela comunidade discursiva relevante. Em suma, quando se trata do que pode ser considerado uma boa inferência, *depende*. Depende das condições materiais *e* depende da aculturação em uma comunidade de utilizadores de conceitos, por meio da qual as regras que governam a boa inferência são absorvidas. Isso nos remete a uma ênfase fundamental de Wittgenstein: temos de *aprender* o significado. Temos de ser treinados em jogos de linguagem, nas comunidades discursivas que abrigam as regras da inferência. Se "fazer uma afirmação é comprometer-se implicitamente com a veracidade da inferência material de suas circunstâncias em relação às suas consequências de aplicação", então eu, como criador de afirmações e utilizador de conceitos, preciso aprender as regras que regem a "veracidade" (*AR*, p. 63). Não se trata de fazer a correspondência de um "interior" mítico com um "exterior"; mas, sim, de absorver um domínio dessas inferências materiais. Isso *não* deve ser considerado de modo representacionalista, como

> o ato de acender uma luz cartesiana, mas como o domínio prático de certo tipo de ação inferencialmente articulada: responder diferencialmente de acordo com as circunstâncias da aplicação apropriada de um conceito e distinguir as consequências inferenciais apropriadas de tal aplicação. [...]. Pensar com clareza, nessa interpretação inferencialista, diz respeito a saber

---

[27] Um dos aspectos mais intrigantes do projeto de Brandom é sua sugestão de que a lógica *é expressiva* — a articulação formal das inferências que sabemos *como* gerenciar em nossa prática (ele também sugere que um argumento semelhante está implícito em Frege; veja *AR*, p. 57-61.). De certa forma, poderíamos ler *Between saying and doing* para elucidar essa intuição.

com o que estamos nos comprometendo ao fazer determinada alegação e o que nos daria direito de assumir tal compromisso (*AR*, p. 63-64).

Assim, até mesmo nossa vida conceitual requer a absorção de um saber-como e nós nos tornamos efetivamente cidadãos desse reino de compreensão conceitual quando estamos aptos e dispostos a assumir responsabilidade pelo que dizemos. Os utilizadores competentes de conceitos sabem como gerenciar, de forma responsável, as inferências contidas nos conceitos. E, além disso, são capazes de fazê-lo tanto "para frente" quanto "para trás", poderíamos dizer, ou seja, compreendo um conceito quando entendo tanto como ele poderia ser uma premissa quanto como poderia ser uma conclusão — como ele é consequência de algumas coisas e pressupõe/implica outras.

O que isso significa, bem cruamente, é que, em certo sentido, a "racionalidade" é relativa, porque as regras que regem a *boa* inferência também são relativas: tanto às condições materiais quanto a uma comunidade de prática discursiva. *E nós, propagadores humanos de conceitos, estamos sempre imersos em ambos.* Nunca acontece de *não* sermos habitantes de um ambiente de condições materiais e nunca acontece de *não* sermos membros de uma comunidade de prática discursiva. A bem da verdade, essas são simplesmente as *condições de criatura*. Além disso, quase todas as verdades da fé cristã — enraizadas na história do povo de Deus, na encarnação, na morte e na ressurreição de Jesus — são verdades do mesmo tipo. A verdade do cristianismo é a verdade (contingente) da inferência material e não da dedução platônica.

É por isso que a revelação de uma lógica de validade supostamente universal não necessariamente nos ajuda a compreender todos os tipos de inferências que consideramos *boas* inferências. Não é a conformidade com as regras formais de validade que torna as inferências boas ou verdadeiras; pelo contrário, o bem *formal* das inferências deriva e é explicada da perspectiva do bem *material* das inferências (*AR*, p. 55). Curiosamente, Brandom escolhe o "vocabulário *teo*lógico (ou estético)" como exemplo (p. 55): o que "faz sentido" teológica ou esteticamente está inextricavelmente associado a condições concretas, materiais. Seria necessário ser introduzido em comunidades de prática relevante a fim de entender o que é considerado "racional" em universos tão discursivos, pois o conteúdo material dessas comunidades importa quando se trata de determinar o que é "racional" — o que constitui uma "boa jogada" *nesse* jogo de linguagem específico. Em resumo, a "racionalidade" *depende*.

A articulação conceitual nos ajuda a "tornar explícitas" as inferências que costumam permanecer implícitas no saber-como que temos em nossa posição de praticantes linguísticos competentes. Fazer parte de uma comunidade de prática linguística é saber como gerir a inferência sem ter que ficar falando sobre ela. Todavia, ser utilizador de conceitos é ser o tipo de criatura que *é capaz de* tornar explícitas essas inferências.

Mas *por que* deveríamos querer explicitar tais inferências? Qual é o objetivo de converter nosso saber-como em saber--que? Se somos utilizadores competentes de conceitos, geralmente fazemos isso *implicitamente*; não seria o suficiente? Na visão de Brandom, a virtude de tornar explícito nosso saber--como implícito reside no fato de que isso nos possibilita enxergar incoerências que, de outro modo, talvez não enxergássemos. A articulação conceitual e o esclarecimento podem servir para aperfeiçoar nossa noção inferencial. "Queremos estar cientes dos compromissos inferenciais que nossos conceitos envolvem, ser capazes de explicitá-los e ser capazes de justificá-los" (*AR*, p. 72). Novamente, seguindo Sellars, Brandom vê isso como o cerne do método socrático: "O método socrático é uma maneira de colocar nossas práticas sob controle racional, expressando-as explicitamente em uma forma na qual podem ser confrontadas com objeções e alternativas" (*AR*, p. 56) — embora tais objeções e alternativas também sejam limitadas por condições materiais. É somente quando as tornamos explícitas que podemos começar a discernir incongruências e procurar harmonizar nossos compromissos, uma postura caraterística de ser "racional". "A tarefa expressiva de explicitar compromissos inferenciais materiais desempenha um papel essencial na prática socrática reflexivamente racional de harmonizar nossos compromissos" (*AR*, p. 76).

Isso nos leva de volta a uma linguagem que encontramos anteriormente. Para Brandom, pelo simples ato de falar, nós já assumimos funcionalmente uma postura *ética*: "Fazer uma afirmação é comprometer-se implicitamente" (*AR*, p. 63). Outros na comunidade de prática me *responsabilizarão* pelas inferências atreladas a essa afirmação; eles podem exigir de mim as razões que justificam minha afirmação; eles podem me responsabilizar pelas implicações da minha afirmação; eles podem, justificadamente, culpar-me por fazer afirmações contraditórias; e assim por diante. Ser um utilizador de conceitos é habitar em um espaço *normativo*.

Reconhecer isso é simplesmente admitir nossa dívida para com Kant, "a grande e idosa mãe de todos nós" (*AR*, p. 80). Quando Brandom distingue senciência de sapiência — quando distingue papagaios de pessoas — ele está ecoando a "grande ideia de Kant" segundo a qual

> o que distingue juízo e ação das respostas de criaturas meramente naturais não é sua relação com alguma matéria especial ou a peculiar transparência de algum deles, mas o fato de que eles [isto é, juízo e ação] são aquilo pelo que somos, de maneira diversa, *responsáveis*. Eles exprimem *compromissos* nossos: compromissos pelos quais devemos responder no sentido de que nosso *direito* a eles está sempre potencialmente em análise; compromissos que são *racionais* no sentido de que justificar os direitos correspondentes é uma questão de oferecer *razões* para eles (*AR*, p. 80, grifo original).

⟨ MOTIVOS PARA CRER ⟩

Mais uma vez, não seria exagero olhar para isso como a versão de Brandom do comentário provocativo de Rorty, de que "verdade é o que nossos pares nos permitem dizer". Contudo, Brandom mostra que isso *não* é uma licença para a *ir*responsabilidade; pelo contrário, a prática linguística é inerentemente *normativa*. Usar conceitos é uma prática pela qual somos responsabilizados. Aliás, é irônico que alguns entendam o comentário de Rorty como uma licença para dizermos o que quisermos, uma vez que, na verdade, o caso é bem o oposto: nós somos responsabilizados por uma comunidade. Portanto, "a racionalidade que nos qualifica como *sapientes* (e não meramente sencientes) pode ser identificada como ser um jogador no jogo social, implicitamente normativo, de oferecer e avaliar, produzir e consumir, razões" (*AR*, p. 81).[28] "Nós" somos aqueles que habitam no "espaço das razões" e, nesse espaço, expressamos (tornamos explícito) o que estava implícito em nossa prática e nos responsabilizamos uns perante os outros pelas inferências nele feitas. É esse tipo de obrigação que nos vincula. Tais são as obrigações de ser racional. Longe de constituir limitações opressivas, elas nos libertam para sermos humanos, para sermos sociais, para que outros estejam *conosco*.

"TORNAR EXPLÍCITO" EM *HÁ TANTO TEMPO QUE TE AMO*

Algumas coisas precisam ser ditas. Essa é uma das conclusões do inferencialismo expressivista de Brandom. Embora a tradição pragmática nos ajude a compreender como o significado é, muitas vezes, *mais amplo* do que a linguagem, o pragmatismo "racionalista"

---

[28] Brandom prossegue descrevendo a prática discursiva como "atualizar um placar deôntico": "A importância de um ato de fala é como ele altera os compromissos e direitos que alguém atribui e reconhece" (*AR*, p. 81). Penso que poderíamos questionar legitimamente se todos os atos de fala são jogadas que tentam "ganhar", mas não seguirei adiante com isso aqui.

de Brandom também enfatiza nossa capacidade única de articular conceitualmente nossos compromissos — e a importância *ética* de fazer isso. É somente quando — e porque — conseguimos tornar explícitas nossas suposições e compromissos que também podemos perguntar: "Por que você fez isso?". E somos o tipo de criaturas que tem a responsabilidade de responder a essa pergunta. Estamos sujeitos à exigência de nos *explicar*. Nosso saber-como tácito precisa ser expresso em articulação conceitual no espaço das razões. Esse é o significado de ser "racional".

Essa demanda — essa *necessidade* — de expressão, articulação e explicação é ilustrada no filme (muito![29]) francês de Philippe Claudel, *Há tanto tempo que te amo*, com atuações impressionantes e subestimadas de Kristen Scott Thomas (Juliette) e Elsa Zylberstein (Léa). A história explora a dinâmica do silêncio e da fala, da comunidade e do isolamento, da dependência e do desprendimento e, sobretudo, a demanda por explicação e articulação.

A cena de abertura é uma imagem prototípica de Juliette Fontaine: ela se encontra sozinha no aeroporto de Nancy, França. Ela não está simplesmente sozinha em seu assento; ela está isolada de modo profundo e existencial, a um milhão de quilômetros de distância até mesmo das pessoas a poucos metros de si. Ela aparenta estar cansada, abatida, fraca, com os olhos inexpressivos, fundos, envolto por sombras escuras. Também prototípico: ela está ali aguardando sozinha, porque sua família parece ter se esquecido de ir buscá-la.

Depois de um tempo, Léa, sua irmã mais nova, chega e encontra Juliette. O primeiro encontro delas, após mais de quinze

---

[29] Com isso, quero dizer apenas que o filme é bastante centrado nos personagens, uma série de estudos psicológicos quase "romancista" em suas histórias curtas e meditações visuais. Os espectadores acostumados a um "entretenimento" frenético ficarão desapontados. É preciso assistir *Há tanto tempo que te amo* como se lê um romance literário.

anos, acontece em absoluto silêncio.³⁰ O isolamento e a distância são comunicados pela ausência de conversa. Por fim, dentro do Volvo, a caminho de casa, Léa diz apenas: "Que bom que você está aqui".

Em pouco tempo, conseguimos descobrir a história de Juliette: ela havia passado os últimos quinze anos presa na Inglaterra — fisicamente isolada, removida do seio familiar, social e comunitário. Assim, o simples fato de Léa e Luc a receberem em casa já é uma reversão disso; ela é acolhida, envolvida. O agente de liberdade condicional de Juliette enfatiza isso: "Família é importante. A solidão não é boa. O homem não foi feito para ficar sozinho". Isso vem de um homem que admite seu próprio isolamento e solidão. Fica evidente que ele inveja Juliette; embora ele fale muito, ela permanece, em grande parte, muda.

A reintegração de Juliette não é simples: momentos de gratidão são intercalados com ondas de resistência, até mesmo raiva. O acolhimento da família e dos amigos não é capaz de anular a solidão existencial que a assola. Existe algo que a impede de se conectar. E fica claro que Luc não se sente totalmente confortável com Juliette em casa. Ele se mostra especialmente relutante em deixá-la sozinha com seus filhos. O passado dela paira sobre toda a família como uma pergunta aguardando para ser feita, um mistério que não pode ser discutido. Luc pressiona Léa a descobrir o *porquê*. Eles anseiam por uma *explicação*. Eles pedem *razões*. Juliette só será acolhida por completo quando adentrar nesse espaço de razões, nessa comunidade discursiva na qual pedimos (e damos) razões. Até que faça isso, ela não será plenamente integrada a esse "nós"; ela não é uma de "nós".

Conforme Juliette lentamente se reaproxima da civilização, detalhes da imagem começam a aparecer. Ao descobrir que Léa

---

³⁰ O jogo em torno desses temas está por toda parte: o marido de Léa, Luc, é um lexicógrafo; já o pai de Luc, que mora com eles, é mudo por causa de um derrame.

e Luc adotaram ambos os filhos, apesar de ambos serem capazes de conceber, Juliette comenta, com tristeza: "Foi por minha causa; por causa do que eu fiz". Nós ficamos intrigados, mas agora temos algumas pistas.

Juliette começa a procurar trabalho e sua assistente social finalmente consegue arranjar uma entrevista de emprego para ela — uma grande façanha para alguém com o histórico dela. É na entrevista que o horror é revelado por completo. O encarregado, bruto e sem rodeios, lê seu currículo (e histórico). "Quinze anos?!", ele pergunta surpreso: "Quem você matou?".

De início, Juliette hesita, mas acaba *dizendo* o que aconteceu — e dizendo *o que aconteceu* com muita naturalidade: "Meu filho. Meu filho de seis anos".

O encarregado fica horrorizado. "Saia daqui", diz em um sussurro estupefato. E depois grita: "Saia daqui!". Juliette não se surpreende nem um pouco. O que ele viu foi simplesmente o monstro para o qual ela tem que olhar todos os dias no espelho.

Todas aquelas perguntas anteriores sobre o *porquê* agora ganham uma nova urgência. Nós estamos tão intrigados quanto Léa e Luc. *Por que* Juliette faria tal coisa? E por que ela permaneceu em silêncio durante todo o julgamento? Por que ela nunca se *explicou*?

Não obstante, a comunidade que a cerca começa a se expandir. O círculo, que incluía Léa, Luc, seus filhos e Papa, aumenta a ponto de incluir outras pessoas: amigos, colegas de trabalho e até mesmo a presença constante de seu agente de liberdade condicional. Vemos Juliette quase se divertindo em meio às brincadeiras de um jantar animado. Depois, ela tem um dia bastante feliz em uma visita a uma casa de campo na companhia de um amplo círculo de amigos (isto é, até esse dia virar um momento constrangedor de revelação). Há momentos em que ela parece se sentir em casa nesse "nós", vendo seu isolamento com outros olhos. Certa noite, ela vai até a biblioteca, onde Papa (que é mudo) lê incessantemente. Aninhada no sofá, observando os livros espalhados por ali, Juliette — quase sempre quieta — confessa a Papa: "Na prisão, eu colocava livros junto ao meu travesseiro. A presença deles me tranquilizava. Eram uma espécie de muralha contra o mundo. Um mundo sem mim. E que estava bem sem mim".

Essa última parte, entretanto, não é verdadeira e a compreensão disso é a chave para que Juliette passe realmente a fazer parte desse "nós", dessa comunidade discursiva. Antes que possa sentir a força normativa da demanda por *razões* — isto é, a responsabilidade de responder à pergunta *"por quê?"* — ela precisa ser envolvida e *sentir* que pertence àquela comunidade de prática. Ela precisa pertencer antes de acreditar que isso é verdade. Então, e somente então, as expectativas da comunidade serão sentidas como uma demanda à qual ela estará disposta a se submeter. E isso não será um processo abstrato. Será tão simples quanto o ato de Léa perguntar: "Por quê?".

Primeiro, porém, será preciso que Juliette tenha sua percepção desafiada e corrigida pela imersão nessa comunidade. De algumas maneiras, basta simplesmente que ela se *lembre* de que, no passado, ela pertenceu àquele lugar. Suas conversas com Léa costumam trilhar a estrada das lembranças, o que é um tipo específico de saber-como, uma compreensão implícita própria, compartilhada entre duas irmãs. Isso é resumido na cena em que elas se sentam juntas ao piano, no sótão, e tocam um dueto que costumavam tocar quando eram crianças. Elas tocam a música sem esforço algum, "como se fosse ontem", e cantam juntas a letra: "Há tanto tempo que te amo".

Juliette continuará lutando para acreditar nisso, para *acreditar* que pertence, para *saber* que é uma de "nós". "Você se esqueceu de mim", Juliette acusa um dia. Ferida, Léa a convida a abrir uma caixa de papelão já gasta, repleta de diários e calendários antigos. Em todas as páginas, há evidências contra as alegações de Juliette: no início de cada dia, Léa havia escrito o nome "Juliette" e o número de dias por que ela estivera ausente. O mundo *não* ficou bem sem Juliette. Em termos brandomianos, poderíamos dizer que Léa se recusa a oferecer uma "licença" para a alegação de Juliette e há condições materiais que contestam sua versão da história.

No nível da prática, poderíamos dizer, Juliette está sendo envolvida em um corpo social. O isolamento da prisão — um isolamento, conforme veremos, que também *precedeu* sua prisão — está sendo erodido de todas as formas. A intimidade com a família da irmã está se aprofundando; seu relacionamento romântico com um colega chamado Michel está florescendo; e até sua posição no trabalho está sendo normalizada. Quando ela é aceita ao final do período probatório e recebe a oferta de um contrato permanente, toda a comunidade celebra dando uma festa. Depois das festividades, Juliette responde com um simples: "*Merci*". A simplicidade da palavra é testemunho de um profundo senso de gratidão.

No entanto, ainda há uma distância, uma desconexão, uma maneira pela qual Juliette está ausente mesmo quando está presente. De fato, ela confessa a Michel que, na prisão, costumava caminhar no pátio sozinha. As outras mulheres chamavam-na de "a ausente" (que também é o nome de uma personagem em um romance de Giono, conforme Michel observa). É isso: de alguma forma, Juliette permanece ausente. O motivo é que algo ainda precisa ser dito. De algum modo, Juliette só entrará na comunidade quando também entrar no espaço das razões onde aqueles que a rodeiam podem perguntar: "Por que você fez aquilo?". Sua membresia plena nessa comunidade discursiva virá quando Juliette responder a essa pergunta, quando ela se *explicar*, quando der as razões que lhe são pedidas.

Ou, vendo por outro lado: somente quando o restante de sua comunidade conseguir *dar sentido* ao que ela fez é que Juliette será um deles. Há coisas que precisam ser tornadas explícitas a fim de que a comunidade ao redor possa lidar com o significado de suas ações. Juliette, porém, nada diz.

Outros aspectos do mundo estão impressos nessa comunidade de prática: o ambiente os restringe, as "extravagâncias" das coisas são demonstradas. Certa manhã, ao arrumar o quarto com pressa, Juliette empurra um livro e, sem saber, ela derruba uma foto de seu falecido filho, Pierre, juntamente com um bilhete. Mais tarde, naquele mesmo dia, uma das filhas de Léa encontra a fotografia e a leva para a mãe; o rosto de Pierre causa-lhe choque, quase terror. Ao retornar para o quarto de Juliette, Léa encontra o bilhete: é um poema de Pierre, rabiscado com giz de cera para a mamãe, Juliette, jurando amor eterno. O poema está escrito em um pedaço de papel contendo resultados de exames laboratoriais, os quais Léa não consegue entender. Um amigo médico explica o diagnóstico e parte da história que havia permanecido implícita agora se torna explícita: Pierre estava diante de um tipo horrível de morte. Sem "justificar" as ações de Juliette em um sentido ético, esse ato de "tornar explícito" começa a explicar — começa a responder *por quê* — enquanto Juliette sempre esteve em silêncio.

Léa confronta Juliette com a informação, mais uma vez trazendo à tona a pergunta: "Por quê?". O *porquê* tem um enquadramento diferente agora, um ângulo diferente. "Nós estávamos lá", Léa argumenta. "Será que nossa presença não importava?"."Então, você acha que os outros importam?", Juliette grita. "Que alguém se importa com aquilo que os outros pensam ou fazem?".

Novamente, Léa insiste na pergunta que vai envolver Juliette: "Por que você não nos contou? Por quê? Eu estava lá. Nós estávamos lá. Nós poderíamos ter ajudado você".

"Ajudado de que maneira?", ironiza Juliette. É evidente que o seu isolamento existencial estava em vigor muito antes da prisão — de alguma forma, o isolamento e a solidão foram um fator para o ato que ocasionou a prisão. Por isso, nem mesmo agora ela consegue imaginar como os outros poderiam ter ajudado. "Ajudado de *que* maneira? O que vocês poderiam ter feito? Quando ele gritava de dor, quando seus membros começavam a se contorcer e quando ele estava sufocando, o que você poderia ter feito?".

Como não há como desfazer o passado, Léa enfatiza a realidade atual: "Eu estou aqui. Eu te amo, você não entende? Eu te amo". E é esse *amor* que a leva a suplicar a Juliette: "Diga-me. Diga-me! Vá. Diga-me. Diga. Diga!".

Dessa vez, Juliette atenderá ao chamado, responderá à pergunta que está, na realidade, convidando-a a entrar plenamente na comunidade, no espaço das razões onde "nós" tornamos explícitas as coisas. Ela relata a linda tragédia de sua última noite com Pierre: as canções e histórias, seguidas pela injeção e a calmaria. Quando ela acordou, "nada mais importava. Eu queria ir para a prisão. De qualquer forma, eu era culpada. Eu o dei à luz e o condenei a morrer. E eu não tinha nada a dizer".

Ela, então, relembra o julgamento, todas as perguntas, ao tipo de questionamento que pairava em silêncio na casa da irmã. "Explique", ela balbucia para si mesma. "Explique o quê? Para quem? Explicar é procurar desculpas. A morte não tem desculpas. A pior prisão é a morte do próprio filho. Dessa prisão nunca se sai".

Mas, mais uma vez, o que Juliette diz não parece ser verdade. Afinal, explicar — tornar explícito — realmente *faz* algo. A explicação foi responsável por fazer algo nesse mesmo episódio. Ao explicar, expressar, tornar explícito o que havia estado, até então, meramente implícito, Juliette é compreendida, acolhida e até mesmo perdoada.

Ao abraçar Juliette, Léa observa a chuva dançando no vitral como uma pintura abstrata e sussurra para a irmã: "Veja, como é bonito". E Juliette é capaz de sorrir, concordando.

Lá embaixo, uma porta se fecha. Uma voz chama. É Michel. "Tem alguém em casa?", pergunta ele. "Juliette?".

Ela hesita. Mas, então, essa mulher que costumava ser "ausente" — que fora distanciada pelo silêncio, que havia finalmente se explicado e, portanto, fora acolhida na comunidade linguística — responde. "*Oui!*", ela grita do andar de cima. "*Je suis la!*". E, na sequência, ela diz em voz baixa para Léa: "*Je suis la!*".

Eu estou aqui.

INFERINDO A REFERÊNCIA: VERDADE E A NATUREZA SOCIAL DA OBJETIVIDADE

Avaliemos agora a força da proposta (um tanto escandalosa) de Brandom: segundo seu inferencialismo, somos "justificados" por acreditar no que nossos amigos nos permitem dizer. Em outras palavras, temos direito às alegações que são aceitas como boas inferências materiais dentro de uma comunidade de prática. O que é considerado "racional", portanto, *depende* das regras e normas de uma comunidade discursiva. Os conceitos são *relativos* a uma comunidade de prática. E, embora Brandom tenha enfatizado sistematicamente a *normatividade* — e, portanto, a responsabilidade — integrada a essa explicação inferencialista de significado, é difícil abandonarmos a persistente sensação de que ela permite nos trancafiarmos no interior de uma "comunidade de prática" onde podemos dizer *o que quisermos*. Ou seja, ainda parece que afirmar a *dependência* (que a justificação é *relativa* a uma comunidade de prática) equivale à arbitrariedade. Afinal, se a inferência, e não a referência, é o *locus* da racionalidade, então aparentemente não existe "realidade" perante a qual somos responsáveis. A sensação é de que podemos simplesmente inventar "nossa própria" verdade. Pode parecer que o inferencialismo nos oferece o pior tipo possível de relativismo juvenil.

Brandom entende essa preocupação e procura abordá-la nos capítulos finais de *Articulating reasons*, ao desenvolver uma interpretação especificamente inferencialista da verdade.

Além de pensar na sapiência da perspectiva de razões e inferência, é natural pensar nela no que diz respeito à verdade. Sapientes acreditam, e acreditar é tomar como verdade. Sapientes são agentes, e agir é fazer verdade. Ser sapiente é ter estados — como crença, desejo e intenção — repletos de conteúdo, no sentido de ser apropriado perguntar sob quais circunstâncias aquilo em que se crê, que se deseja ou que se tenciona seria *verdadeiro*. Entender tal conteúdo é entender as condições necessárias e suficientes para sua verdade (*AR*, p. 158, grifo original).

Nossas alegações conceituais, mesmo que sejam governadas por normas inferenciais, têm *conteúdo*: são *sobre* algo. E, embora as regras que regem a boa inferência sejam relativas a uma comunidade de prática discursiva, tais inferências e comunidades estão sempre incorporadas em "circunstâncias", que são outro polo de dependência. O que é considerado uma afirmação "verdadeira" (uma boa jogada inferencial) é relativo às regras implícitas de uma comunidade discursiva; mas também é relativo a uma situação, uma situação *em que* a comunidade "nos permite" dizer tais coisas. Logo, os "conteúdos proposicionais permanecem em relações inferenciais", mas, ao mesmo tempo, "têm condições de verdade" (p. 158).

Brandom, entretanto, não está retrocedendo a um relato representacionalista. O que ele está sugerindo é que "a dimensão representativa dos conteúdos proposicionais deve ser entendida quanto à sua articulação *social*" (p. 158). Desse modo, seu objetivo é articular "uma explicação em termos não representacionalistas do que é expresso pelo uso de vocabulário explicitamente representativo" (p. 166). Perceba o desafio que ele enfrenta: o "vocabulário representativo" é o nosso vocabulário "popular"; a imagem de interior/exterior da representação se infiltrou no discurso cotidiano de tal forma que a maioria de nós, por padrão, pensa nas próprias afirmações em termos representacionalistas. Nosso vocabulário é funcionalmente representacionalista. Contudo, por todas as razões que Wittgenstein e Rorty articularam, Brandom rejeita o paradigma representacionalista. Ele não nega, entretanto, o "conteúdo" de nossas alegações. Portanto, sua tarefa é oferecer uma explicação não representacionalista (isto é, inferencialista) de "conteúdo" que explique a força persistente do nosso vocabulário representacionalista. Não é coisa pouca. Vejamos como ele se sai.

Kant, lembre-se, ensinou que "nós" somos as criaturas que assumem responsabilidade pelo que dizem. Ser sapiente é ser o tipo de criatura que habita no "espaço das razões" e esse espaço é *normativo*: é regido por regras, normas e expectativas. Nesse contexto, Brandom observa outra característica da imagem kantiana: *juízo* é "a unidade fundamental da consciência ou cognição", porque os juízos "são a unidade mínima pela qual se pode assumir *responsabilidade* no lado cognitivo" (*AR*, p. 160). Papagaios e termostatos podem responder e reagir a condições ambientais, mas não emitem *juízos* sobre elas, porque ninguém os responsabiliza por suas respostas. Ser um utilizador de conceitos é ser capaz de emitir tais juízos.[31] E são os nossos juízos que são caraterizados por "conteúdos".

Nossos conceitos — que explicitam nossos juízos — são "proposicionalmente repletos de conteúdo", de tal forma que "podem servir tanto como premissa quanto como conclusão de *inferências*" (*AR*, p. 161). Quando "tomamos algo como verdadeiro", damos licença para que tal coisa seja tratada como "uma premissa adequada para inferências". Autorizamos a alegação como uma base sobre a qual boas inferências podem ser feitas. Aliás, poderíamos "definir verdade como aquilo que é preservado por boas inferências" (p. 161). "Alegações tanto servem como razões e justificativas quanto delas precisam. Elas têm o conteúdo que têm, em parte, por causa do papel que desempenham em

---

[31] "O conceito de *conceito* não é inteligível sem a possibilidade de tal aplicação no *juízo*" (*AR*, p. 160).

uma rede de inferências" (p. 162).[32] Os conhecedores — isto é, os utilizadores sapientes de conceitos — são

> capazes de *usar*, na *inferência*, a resposta diferencialmente suscitada. O conhecedor tem um saber-como prático para situar essa resposta em uma rede de relações inferenciais — para dizer qual é a consequência de algo ser vermelho ou frio, o que seria evidência disso, o que seria incompatível com isso, e assim por diante. Para o conhecedor, considerar algo vermelho ou frio é fazer uma jogada no jogo de dar e pedir razões — uma jogada que pode justificar outras, que pode ser justificada por outras e que impossibilita ou impede outras. O papagaio e o termostato carecem dos conceitos, apesar de seu domínio das disposições responsivas não inferenciais correspondentes, precisamente porque carecem do domínio prático da articulação inferencial em que consiste a compreensão de conteúdo conceitual (*AR*, p. 162, grifo original).

O papagaio e o termostato talvez sejam capazes de responder, de modo funcional: "Está quente aqui". Todavia, eles não têm como saber que isso é compatível com o ato de ligar o ar condicionado ou abrir a janela ou que a declaração é incompatível com o ato de oferecer uma blusa a alguém. O motivo disso é que a declaração "Está quente aqui" não tem conteúdo conceitual para o papagaio ou o termostato — não tem nenhum "teor" ou força inferencial, porque eles não são o tipo de criatura que habita no "espaço das razões". Para eles, essa afirmação não é uma alegação que está situada em uma rede mais ampla de inferências e implicações.

Isso evidencia o ponto central da explicação de Brandom: a proposicionalização é uma atividade *social*. Sim, alegações e juízos são *sobre* algo, mas são também *para* outros. Embora haja

---

[32] A ressalva "em parte" não deve passar despercebida.

uma função *re*ferencial em nossas alegações e juízos, ela está enraizada no fato de sermos parte de uma comunidade de prática *in*ferencial. "A dimensão representativa do discurso reflete o fato de que o conteúdo conceitual não é apenas *inferencialmente* articulado, mas também *socialmente* articulado. O jogo de dar e pedir razões é uma prática essencialmente *social*" (*AR*, p. 163). Aliás, parece-me que o conteúdo conceitual é inferencialmente articulado *porque* é socialmente articulado: a representação, podemos dizer, é sempre representação *para* alguém (o que aconteceria se uma alegação fosse feita em particular e ninguém estivesse lá para ouvi-la?).

Juízo, alegação e proposicionalização são "ações"; nesse sentido, são *práticas* como outras práticas. Porém, são "diferentes de outras ações pelo tipo de *compromisso* que envolvem. Julgar ou alegar é fazer uma alegação — assumir um compromisso. A articulação conceitual desses compromissos, sua posição como compromissos claramente *discursivos*, diz respeito à forma em que eles estão sujeitos a demandas de *justificação*" (*AR*, p. 164). Assim, as práticas linguísticas — práticas conceituais — são "ações" que apenas "nós" aceitamos. Jogar o jogo conceitual é "sacar" as regras de inferência e essas regras são herdadas e absorvidas de uma comunidade de prática. "Compreender ou captar tal conteúdo proposicional é uma espécie de saber-como — o domínio prático do jogo de dar e pedir razões, de ser capaz de dizer o que é razão do quê, de distinguir razões boas de razões ruins" (p. 165). Por um lado, dominamos isso como um tipo de saber-como: ser capaz de ter uma conversa é saber como marcar pontos, é entender implicitamente o que conta como jogada, o que seria uma boa resposta, quando é apropriado exigir razões e assim por diante. Se depararmos com uma situação na qual eu esteja disposto a dizer "Aquilo é uma bola vermelha", mas se você disser "Aquilo é uma bola verde", eu questionarei se você tem *direito* a essa alegação. Esse é, na verdade, um *compromisso* que você deseja assumir? Você está disposto a assumir a *responsabilidade* por essa proposição?

Você está disposto a se submeter às implicações de afirmar que ela é verde? Afinal, "ao fazer uma afirmação, alguém também assume uma *responsabilidade* — de justificar a alegação, caso ela seja adequadamente contestada" (p. 165). Por outro lado, também podemos *expressar* esse saber-como implícito, isto é, *tornar explícitas* as regras de inferência que governam nossa prática discursiva. Tal articulação é o trabalho da lógica.

Justificativa, nesse modelo, é uma prática social: "a herança interpessoal, interconteúdo, de direito a compromissos" (*AR*, p. 165). Minhas afirmações são *sobre* coisas, mas elas são feitas dentro do espaço social "das razões" e da prática discursiva. Apesar de minhas alegações serem responsivas a — e feitas dentro de — condições ambientais, é a comunidade discursiva que aceita, endossa e autoriza "boas" inferências. A "avaliação daquilo *sobre* o que as pessoas estão falando e pensando, e não o que elas estão dizendo sobre essas coisas, é uma caraterística do contexto essencialmente *social* da *comunicação*. Falar sobre representação é falar sobre o que significa garantir a comunicação ao sermos capazes de usar os juízos uns dos outros como razões e premissas em nossas próprias inferências" (p. 167-168). Suas alegações "marcarão pontos" *como* representações apenas uma vez que outros ("nós") forem capazes de aceitá-las e empregá-las com sucesso como premissas em outras inferências. O que você *dá* como razão, eu posso *aceitar* como tal e *utilizar* como premissa em outras inferências bem-sucedidas; então, sua alegação será *verdadeira*. Quando não é possível dar tais razões ou quando suas razões não estão de acordo com as condições ambientais que partilhamos — quando suas alegações não parecem ser "sobre" a situação que se encontra diante de nós —, então, sua alegação não será justificada ou autorizada. Se a prática discursiva se assemelha a "marcar pontos", como Brandom costuma dizer, então é importante lembrarmos que é possível *perder*. É isso o que significa estar errado: não receber um ponto, não fazer uma boa jogada inferencial. Dessa forma, poderíamos dizer que a "representação" é algo *conferido* por uma comunidade de prática discursiva.

Assim, é possível ter uma noção de como Brandom aborda a "objetividade". Em vez de enraizar a objetividade em uma "correspondência" mágica entre o interior e o exterior, a imagem é a de certo tipo de "conversibilidade": essas alegações "objetivas" podem ser aceitas e empregadas com sucesso por outros em boas inferências. "A dimensão social da inferência envolvida na comunicação de alegações a outros, as quais devem estar disponíveis como razões tanto para o orador quanto para o público, apesar das diferenças nos compromissos colaterais, é o que sustenta a dimensão representativa do discurso" (*AR*, p. 183).

No último capítulo de *Articulating reasons*, Brandom trabalha isso de forma mais direta. As asserções, reconhece ele, "estão sujeitas a dois tipos essenciais, porém fundamentalmente diferentes, de avaliação normativa": (1) "Podemos perguntar se uma asserção está correta, no sentido de o orador ter o direito de fazê-la"; e (2) "também podemos perguntar se a asserção está correta, no sentido de ser *verdadeira*, no sentido de as coisas serem como ela afirma ser" (*AR*, p. 187). No primeiro sentido, estamos perguntando se o utilizador de conceitos está seguindo as regras — uma questão de direito, autorização e justificativa. No segundo sentido, estamos questionando o "teor" da alegação.

O projeto de Brandom busca assegurar uma explicação de objetividade que não retroceda ao representacionalismo pressuposto por trás de interpretações realistas de "correspondência", da objetividade. Seu propósito é explicar como o conteúdo proposicional pode ser "objetivo *no sentido de* libertar-se das posturas dos praticantes linguísticos que os empregam em asserções" (*AR*, p. 188, grifo na citação). Uma alegação será "objetiva", portanto, se não estiver idiossincraticamente vinculada a impressões subjetivas; ou seja, uma alegação "objetiva" pode ser *compartilhada*, porque não depende da postura de praticantes linguísticos específicos. No entanto, isso não significa que ela não *depende* de outros fatores e condições. Dizer que uma alegação "objetiva" é desvinculada da postura dos praticantes linguísticos não é a mesma coisa que dizer que ela está livre de todas as condições ou que é independente da comunidade de prática discursiva. Brandom elaborou detalhadamente o argumento de que todas as alegações são sempre e somente feitas dentro do "espaço de razões", forjado em uma comunidade linguística. Portanto, ele está em busca de "*objetividade* de um tipo específico" (p. 190).

Proposições objetivas, então, estão sujeitas aos dois tipos de avaliação *normativa* que observamos anteriormente: elas seguem as regras de inferência? E: elas são verdadeiras? Na primeira questão normativa, a pergunta é se uma afirmação ou proposição "conta" *como* asserção — se ela conta como jogada em um jogo de dar e pedir razões (*AR*, p. 189). Quanto a isso, uma enunciação conta como asserção se envolver *compromisso* e *direito*. Para contar como asserção, "uma jogada não deve ser inútil; ela deve fazer alguma diferença, deve ter consequências para o que for mais apropriado fazer, de acordo com as regras do jogo" (p. 191). As respostas dos papagaios e dos termostatos são "inúteis", apenas porque eles não assumem responsabilidade por elas — e é por isso que não estão sujeitas à avaliação *normativa*. Assim, ironicamente, o tipo de detecção ambiental realizada por um termostato não conta como "objetividade" para Brandom, porque não há nenhum elemento de normatividade envolvido. Somente "nós" podemos fazer alegações objetivas, porque fazer uma alegação é "assumir um tipo específico de postura normativa em relação a um conteúdo inferencialmente articulado. É *endossá-lo*, assumir *responsabilidade* por ele, *comprometer-se* com ele" (p. 192). Por isso estamos sujeitos a pedidos de justificativa (p. 193).

No entanto, é o segundo elemento da normatividade que está mais próximo do terreno habitual da objetividade. Para Brandom, "conteúdos exibem *objetividade* de um tipo específico" quando "não são sobre quaisquer constelações de posturas por parte dos praticantes linguísticos que os produzem e consomem como razões" (*AR*, p. 190). Sua preocupação é que nossos juízos não sejam meramente "subjetivos". Na verdade, esses dois aspectos da normatividade interagem: a comunidade de prática discursiva confere direito a alegações que são compatíveis *sob as condições certas*. Ou, de modo negativo, "dois conteúdos afirmáveis são *incompatíveis* caso o *compromisso* com um deles impeça o direito ao outro" (p. 194). A incompatibilidade é quase um estudo de caso na explicação inferencialista de Brandom sobre objetividade. Por exemplo: "O compromisso com o conteúdo expresso pela frase 'O tecido é vermelho' anula o direito ao compromisso que seria assumido com a afirmação da frase 'O tecido é verde'" (p. 194). Há uma limitação dupla em nossos(as) jogos/jogadas aqui. Por um lado, é a respeito do que receberá "licença" por parte da comunidade discursiva — o que nossos pares nos permitirão dizer. Por outro lado, seus pares na comunidade discursiva estão limitados por condições ambientais, pelas "circunstâncias" e situações que definem se ela é ou não uma boa inferência *material*, dada a questão dos tecidos e das vermelhidões com os quais nos deparamos. Portanto, a "objetividade" da minha alegação *depende da* comunidade discursiva, mas também parece *depender de* algo como as condições ambientais e os fatos materiais — aquilo que Brandom simplesmente descreve como "circunstâncias" (p. 200). Nossos pares nos permitirão chamar o tecido de vermelho nas circunstâncias em que se concorda que esse tipo de material é adequadamente descrito como vermelho.

Contudo, antes que seu coração realista se anime e ache que pegou Brandom no flagra recaindo em representação e correspondência, leia, com atenção, a explicação dele sobre essa restrição "circunstancial".

> A conclusão de tudo isso é que a *objetividade* do conteúdo proposicional — o fato de que, ao se alegar que o tecido é vermelho, não estamos dizendo coisa alguma sobre quem poderia afirmar adequadamente qualquer coisa ou sobre quem está

comprometido com o quê ou quem tem direito ao quê, mas *estamos dizendo algo que poderia ser verdade mesmo se nunca houvessem existido seres racionais* — é um recurso que podemos tornar inteligível como uma estrutura dos compromissos e direitos que articulam o *uso* de frases (*AR* , p. 203, grifo na citação).

Tal como em Wittgenstein, referência é uma espécie de *uso*; representação é um jogo que podemos jogar e um jogo que realiza todo tipo de "trabalho" — não porque as palavras magicamente se ligam a coisas (exteriores), mas porque a comunidade discursiva é bem-sucedida em *lidar* com o mundo quando trabalhamos com *essas* circunstâncias por meio de alegações sobre tecidos vermelhos, dentre outras. As incompatibilidades são geradas *pelas* práticas sociais (linguísticas): "*Tudo* o que é exigido é que os compromissos e direitos que as *práticas linguísticas associam* a alegações empíricas comuns, como 'O tecido é vermelho', gerem incompatibilidades" (*AR*, p. 203, grifo na última citação). A incompatibilidade é gerada *dentro do espaço das razões*, ainda que em resposta às condições ambientais e aos fatores materiais. A "objetividade" não nos retira de nossa contingência, de nosso estado de criatura ou da comunidade.

O que Brandom oferece nesse modelo são recursos para compreender a contingência e dependência do conhecimento e da verdade sem que se caia em "fideísmo" ou em algum tipo de tribalismo epistêmico que nos considera inimputáveis perante aqueles que discordam. Isso tem implicações significativas na forma de pensarmos sobre a proclamação cristã e a apologética, às quais agora nos voltaremos no próximo e último capítulo.

cinco

A natureza (inferencial) da doutrina

Pós-liberalismo como pragmatismo cristão

De que maneira o inferencialismo de Brandom, seu pragmatismo "racionalista", poderia nos ajudar a compreender a teologia e a doutrina cristãs?¹ E como sua proposta sobre a relação

---

¹ Já deve ter ficado claro que meu principal interesse no pragmatismo é como explicação de *significado*, especificamente o significado *como* "uso". É por isso que coloquei o foco na linha pragmática que se inicia em Wittgenstein, passa por Rorty e chega a Brandom, em lugar do pragmatismo de John Dewey e William James. O "pragmatismo" destes últimos, trocando em (muitos) miúdos, está mais preocupado com a prática *e seus efeitos* ou consequências como critério para a verdade. "Pelos *frutos* os conhecereis" é o mantra dessa linha de pensamento pragmático — e esse também é um tema pragmático em Rorty. Meu foco em uma consideração pragmática do significado não impossibilita essa outra ênfase; ela apenas não se enquadra na visão geral do meu interesse na filosofia da linguagem. Para um "pragmatismo cristão" que segue essa última corrente, veja a obra de Cornel West, incluindo: *The American evasion*

entre o saber-*como* implícito e saber-*que* explícito (articulado) oferece uma estrutura para entendermos a relação entre adoração e teologia, entre prática religiosa e articulação doutrinária?

De algumas formas, essas perguntas já foram respondidas em 1984, dez anos antes de Brandom publicar *Making it explicit*. Seguindo os passos de Wittgenstein, o emblemático livro de George Lindbeck, *The nature of doctrine*,[2] esboçou uma compreensão "cultural-linguística" ou "pós-liberal" da religião e da doutrina, a qual é fundamentalmente *pragmática* em sua consideração do significado teológico e, ao mesmo tempo, fundamentalmente *missionária* no entendimento da tarefa de proclamação da igreja em uma cultura pós-cristã.[3] Embora Lindbeck esteja preocupado com a natureza da *doutrina*, seu projeto requer uma reconsideração fundamental da *religião*, da prioridade da *prática* religiosa como o solo a partir do qual a doutrina floresce. Ele faz uma interpretação teórica segundo a qual a fé cristã *não* é primariamente teórica, mas mais bem compreendida como um tipo de saber-*como*.

Entender a proposta de Lindbeck é ter uma ideia das características básicas de um pragmatismo cristão. Desse modo, podemos considerar *Quem tem medo do relativismo?* como uma prequela perdida do livro de Lindbeck. Ou, melhor ainda: meu compromisso com o pragmatismo poderia ser visto como um caminho mais explicitamente filosófico para uma consideração semelhante da relação entre prática e teoria, culto e doutrina, levando-nos, em última análise, a pensar no cristianismo principalmente como uma "forma de vida" e não como um sistema

---

of philosophy: a geneaology of pragmatism (Madison: University of Wisconsin Press, 1989); e "On prophetic pragmatism" in: *The Cornel West reader* (New York: Basic Books, 1999), p. 149-73.

[2] Edição em português: *A natureza da doutrina* (Campinas: Aldersgate, 2022)

[3] George Lindbeck, *The nature of doctrine: religion and theology in a postliberal age* (Philadelphia: Westminster, 1984); doravante abreviado no texto como *ND*. Ele observa que sua abordagem "também poderia ser chamada de 'pós-moderna'" (p. 135n1).

intelectual.⁴ Ao mesmo tempo, espero que esse envolvimento filosófico com o pragmatismo sirva de contexto teórico para a influente proposta de Lindbeck, talvez para afastar e esvaziar determinadas críticas. Afinal, tentar ler Lindbeck sem entender Wittgenstein é como tentar ler Derrida sem entender Husserl ou tentar ler João Calvino sem saber coisa alguma sobre Santo Agostinho.⁵ Portanto, espero que esta breve cartilha sobre pragmatismo possa ser recebida como o trampolim filosófico para a compreensão do pós-liberalismo, que é, de muitas formas, uma concretização das implicações religiosas e teológicas do pragmatismo.

Mas o que é "pós-liberalismo"? O "pós-liberalismo" é um termo que tem sido usado livremente para descrever uma série de desenvolvimentos e escolas de pensamento relacionados entre si na teologia contemporânea, incluindo a "escola de Yale", de Lindbeck e Hans Frei, bem como Paul Holmer⁶ e seu aluno, Stanley Hauerwas. Todavia, ele também pode abranger outras escolas de pensamento, como a ortodoxia radical e algumas correntes herdadas de Karl Barth.⁷ Em termos heurísticos, o que eles têm em

---

⁴É por isso que também vejo em *Quem tem medo do relativismo?* a estrutura filosófica para explicar a relação entre culto e doutrina que eu esboço no meu projeto Liturgias Culturais (*Desiring the kingdom* [edição em português: Desejando o Reino: culto, cosmovisão e formação cultural (São Paulo: Edições Vida Nova, 2018)]; *Imagining the kingdom* [edição em português: Imaginando o Reino: a dinâmica do culto (São Paulo: Edições Vida Nova, 2019)]).

⁵Por exemplo, as críticas de Kevin Vanhoozer a Lindbeck não reconhecem a explicação pragmática de conhecimento que está por trás de *Nature of doctrine*.

⁶A respeito de Holmer, veja D. Stephen Long *Speaking of God: theology, language, and truth* (Grand Rapids: Eerdmans, 2009), p. 220-1; e Lindbeck, *ND*, p. 28.

⁷Tracei um "mapa" desses movimentos em: *Introducing radical orthodoxy: mapping a post-secular theology* (Grand Rapids: Baker Academic, 2004), p. 25-30. Para uma excelente introdução a partir de uma perspetiva católica romana, porém de interesse ecumênico, veja Robert Barron *The priority of Christ: toward a postliberal Catholicism* (Grand Rapids: Brazos, 2007). Veja

comum é uma ênfase renovada na natureza *eclesial* da teologia, enfatizando a prioridade da *prática* litúrgica como fonte e local da articulação teológica. Em suma, o pós-liberalismo reconduz a religião à prática e a teologia à igreja. Expressando isso em termos wittgensteinianos, o pós-liberalismo enfatiza que o cristianismo é uma "forma de vida" encontrada, acima de tudo, na comunidade de prática que é a igreja. Em outras palavras, a fé cristã (e a religião, de modo mais geral) é uma espécie de saber-*como*; a teologia e a doutrina, então, "tornam explícito" nosso saber-como sob a forma de alegações de saber-*que*, articulando as normas implícitas nas práticas da comunidade que é o corpo de Cristo.

Uma vez que *The nature of doctrine,* de Lindbeck, foi tanto uma cristalização quanto um catalisador para o pós-liberalismo e se baseia explicitamente em Wittgenstein (e em cientistas sociais wittgensteinianos, como Cliford Geertz e Peter Winch), encerrarei explicando os aspectos fundamentais da visão pós-liberal de Lindbeck. Com isso, espero que vejamos as implicações de um pragmatismo cristão *e* que enquadremos retroativamente a tradição pragmática como o poço filosófico de onde a proposta de Lindbeck bebe.

UMA TEORIA DA PRÁTICA: QUAL É A UTILIDADE DA DOUTRINA?

O objetivo de Lindbeck é uma teoria *da* doutrina. Logo, ele não está explorando doutrinas específicas (por exemplo, como

---

também os diálogos e análises presentes em: John Wright (Org.), *Postliberal theology and the church catholic: conversations with George Lindbeck, David Burrell, and Stanley Hauerwas* (Grand Rapids: Baker Academic, 2012). O próprio Lindbeck declara uma influência de "segunda mão" de Barth em seu projeto, por meio do trabalho de seus colegas de Yale, David Kelsey e, principalmente, Hans Frei (*ND*, p. 135). Para uma abordagem crítica, veja Paul Dehart, *The trial of the witnesses: the rise and decline of postliberal theology* (Oxford: Blackwell, 2006).

⟨ A NATUREZA (INFERENCIAL) DA DOUTRINA ⟩

devemos entender as duas naturezas de Cristo ou o que devemos pensar sobre a eucaristia).[8] Ele está, em vez disso, fazendo *meta*perguntas: o que é "doutrina"? Qual é a relação entre doutrina e prática religiosa? Qual é a diferença entre "doutrina" e "teologia"? Mas, assim que começamos a explorar a natureza da *doutrina*, somos imediatamente forçados a reconsiderar o que queremos dizer com "religião". "As teorias da religião e da doutrina são interdependentes", observa Lindbeck, "e as deficiências em uma área são inseparáveis das deficiências na outra". É por isso que "uma forma pós-liberal de conceber religião e doutrina religiosa é necessária" (*ND*, p. 7).[9]

A abordagem pós-liberal é uma alternativa a duas outras formas dominantes de pensar sobre religião e doutrina, as quais Lindbeck descreve como os modelos "cognitivo-proposicional" e "experiencial-expressivo". O que distingue todos esses modelos, incluindo o de Lindbeck, é como eles entendem a *função* da doutrina — o *uso* da doutrina. No modelo *cognitivo-proposicional*, "as doutrinas da igreja funcionam como proposições informativas ou alegações de verdade sobre realidades objetivas" (*ND*, p. 16). Ele considera essa abordagem amplamente

---

[8] Embora, conforme salienta Lindbeck constantemente, todo o objetivo de uma consideração pós-liberal *da* doutrina seja nos ajudar a compreender melhor as doutrinas e, mais especificamente, sermos capazes de identificar os critérios para o que pode ser considerado mudanças "fiéis" a uma tradição doutrinária, além de maneiras como poderíamos pensar sobre (des)acordo doutrinário (*ND*, p. 7, 74-75, 112).

[9] É evidente que Lindbeck está, acima de tudo, preocupado com a compreensão do cristianismo, mas ele também acredita que o modelo cultural-linguístico oferece suporte para entender outras religiões; assim, ele tende a empregar o termo genérico "religião". Minha exposição o acompanha nesse sentido, mas o contexto deixará claro que nossa principal preocupação sob a rubrica "religião" é a fé cristã vivida, especialmente as práticas de culto cristão. É importante lembrar que o que Lindbeck chama de "religião" não é abstrato, mas sempre e apenas uma "forma de vida" concreta (seguindo Wittgenstein). "O foco está em religiões específicas, não em universais religiosos" (*ND*, p. 23).

pré-moderna — "a abordagem de ortodoxias tradicionais (bem como de muitas heterodoxias)" — mas também nota que esse modelo "tem certas afinidades com a perspectiva sobre religião adotada por grande parte da filosofia analítica anglo-americana e sua preocupação com o significado cognitivo ou informativo de enunciados religiosos" (*ND*, p. 16).[10] Por razões que veremos adiante, ele acredita que isso foi amplamente suplantado pela abordagem experiencial-expressiva na modernidade. Porém, àqueles que habitam determinados setores "conservadores" do evangelicalismo, o modelo cognitivo-proposicional soará muito familiar. De interesse filosófico é que, a fim de que a abordagem cognitivo-proposicional perdure na modernidade, ela deve ser unida a (e baseada em) uma consideração representacionalista de conhecimento — precisamente a imagem de conhecimento questionada pelo pragmatismo.

No entanto, em relação a isso, a abordagem experiencial--expressiva é igualmente devedora ao que Charles Taylor chama de imagem "interior/exterior" (I/E) de conhecimento e verdade. A diferença é que, para abordagens experienciais-expressivas, a direção é contrária: em vez de um "exterior" ser representado "dentro" da mente, a doutrina é considerada principalmente como a expressão exterior de uma experiência religiosa interior. Doutrinas, portanto, são meras "expressões" fracas e inconstantes que tentam "colocar em palavras" uma experiência religiosa interior universal. É por isso que abordagens experienciais-expressivas tendem a tratar doutrinas como algo inteiramente deteriorável e sujeito a revisão; elas podem até tratar religiões diferentes como meras formas distintas de tentar "expressar" essa experiência humana interna. "Existe, portanto, pelo menos a possibilidade

---

[10] Eu expandi essa tese e avaliação em: "Philosophy of religion takes practice: liturgy as source and method in philosophy of rligion" in: David Cheetham; Rolfe King (Orgs.), *Contemporary practice and method in the philosophy of religion: new essays* (London: Continuum, 2008), p. 133-47.

⟨ A NATUREZA (INFERENCIAL) DA DOUTRINA ⟩

lógica [na explicação experiencial-expressiva] de que um budista e um cristão tenham basicamente a mesma fé, embora expressada de modo muito diferente" (*ND*, p. 17).[11]

Lindbeck enxerga o modelo experiencial-expressivo como a imagem dominante da religião na modernidade. De fato, "os hábitos de pensamento que ele fomentou estão arraigados na alma do Ocidente moderno", que tem sido caraterizado pela "abordagem experiencial-expressiva" (*ND*, p. 21,24).[12] Sua avaliação do cenário religioso vindouro, da perspectiva de 1984, é presciente: "Uma vez que entramos em um período culturalmente (mesmo que não estatisticamente) pós-cristão, [...] um número crescente de pessoas consideram todas as religiões como possíveis fontes de símbolos a serem usados ecleticamente na articulação, no esclarecimento e na organização das experiências do eu interior. As religiões são vistas como fornecedores variados de formas diferentes de uma única mercadoria necessária para a autoexpressão e autorrealização transcendente" (*ND*, p. 22). Assim, ele reconhece a esmagadora "atratividade" do modelo experiencial-expressivo na modernidade, em nossa era de autenticidade na qual a sinceridade da autoexpressão é o bem mais elevado (*ND*, p. 23).

Aqui, alguns talvez estejam balançando a cabeça em concordância, pensando que essa abordagem experiencial-expressiva é justamente o que há de errado no cristianismo "liberal". Contudo,

---

[11] Assim, Lindbeck vê a abordagem experiencial-expressiva corporificada no "sentimento de dependência absoluta", de Schleiermacher, e na "base do ser", de Tillich, ambos considerados fenômenos religiosos universais que podem encontrar expressões diferentes. Conforme observa mais à frente, "os teóricos culturais-linguísticos [como Lindbeck] não se impressionam com os esforços para demonstrar que todas as religiões são basicamente semelhantes" (*ND*, p. 41).

[12] Essa afirmação histórica está de acordo com a explicação de Charles Taylor sobre a modernidade como a "era da autenticidade" (em Taylor, *Sources of the self* e *A secular age*).

a rede do argumento de Lindbeck é muito mais ampla do que isso: ela também captura uma boa parte do cristianismo "conservador" — a saber, todas as formas de cristianismo que, na prática, tratam o evangelho como uma experiência interna e privatizada entre "mim e Jesus". Há mais de uma maneira de incorporar o paradigma experiencial-expressivo e muitas versões do evangelicalismo *funcionam* do mesmo jeito: começam com um apelo à experiência interna e, em nome da "relevância", procuram "adaptar" o cristianismo a diferentes formas, que são tratadas como se fossem perfeitamente intercambiáveis. Em outras palavras, na interpretação de Lindbeck, muitos evangélicos conservadores são "liberais", não apenas os tipos "emergentes".[13] Assim, Lindbeck apresenta "a diferença crucial" entre liberais e pós-liberais: "Os liberais começam com uma experiência, com uma consideração do presente, e então ajustam sua visão do reino de Deus de acordo com ela; ao passo que os pós-liberais estão, em princípio, empenhados a fazer o inverso. O primeiro procedimento facilita a adaptação às tendências atuais, seja da direita ou da esquerda: os cristãos que eram companheiros de viagem tanto do nazismo quanto do stalinismo costumavam utilizar a metodologia liberal para justificar suas posições" (*ND*, p. 126). Ao fixar-se em uma experiência interna e excluir funcionalmente as práticas comunitárias essenciais da "religião", o modelo experiencial-expressivo

---

[13] Em um painel de discussão, no encerramento de uma conferência sobre evangélicos e pós-liberalismo realizada pela Wheaton College, Lindbeck observou, com ironia: "Eu me encontro muito mais à direita, teologicamente, do que a maioria dos evangélicos. Eu sabia disso antes, mas fiquei mais consciente nesta conferência. Sou muito mais credal do que a maioria das pessoas aqui. Eu coloco mais ênfase em credos, confissões e dogmas. Sou sacramentalmente realista, de uma forma que as pessoas da igreja livre não são. Tenho uma eclesiologia muito mais elevada do que a maioria das pessoas aqui. Então, para mim, não se trata absolutamente de um diálogo entre a esquerda e a direita. É muito mais complicado do que isso." Veja "A panel discussion", in: Timothy R. Phillips; Dennis L. Okholm, orgs. *The nature of confession: evangelicals and postliberals in conversation* (Downers Grove: InterVarsity, 1996), p. 247.

("liberal") é o mais facilmente absorvido por outras visões e ideologias reinantes, sopradas por todo vento em nome da "relevância".[14] Mais uma vez, a expectativa de Lindbeck sobre o que estava por vir parece ter sido profética.

> Os sociólogos vêm nos dizendo, há cem anos ou mais, que a racionalização, o pluralismo e a mobilidade da vida moderna dissolvem os vínculos de tradição e comunidade. Isso produz multidões de homens e mulheres que são impelidos, caso tenham anseios religiosos, a embarcar em suas próprias buscas individuais por símbolos de transcendência. *As igrejas se tornaram fornecedoras dessa* commodity *e não comunidades que inserem seus membros em perspectivas religiosas e formas de vida coerentes e abrangentes* (*ND*, p. 126, grifo na citação).[15]

Devemos observar que ele não qualifica a declaração; ou seja, ele não diz que os "liberais" é que estão fazendo isso. Poderíamos dizer que, onde quer que o cristianismo seja interiorizado e retirado da prática, estamos no terreno de abordagens experienciais-expressivas que exibem essa comoditização, mesmo quando afirmam, em alto e bom som, serem "conservadores", "bíblicos" e

---

[14] Essa observação está bem alinhada com a observação de Ross Douthat sobre a assimilação do cristianismo americano pela cultura americana, tendo como base o fato de que o cristianismo americano efetivamente desinstitucionalizou a fé cristã, "privatizando-a" como uma experiência interna. Veja Ross Douthat, *Bad religion: how we became a nation of heretics* (New York: Free Press, 2012), p. 139-41, 273.

[15] Ele prossegue: "Parodoxalmente, a sociedade condiciona os seres humanos a experimentarem a individualidade como algo que de alguma forma surge antes das influências sociais, e as religiões e filosofias orientais são utilizadas para sustentar, de uma perspectiva cultural-linguística, o mito do ego transcendental. A individualidade é experimentada como um pressuposto, não como um presente ou uma conquista, e a satisfação advém da esfoliação ou da penetração nas profundezas interiores e não da ação comunitariamente responsável no mundo público" (*ND*, p. 126).

"centrados no evangelho". Em suma, as igrejas que promovem o "deísmo terapêutico moralista" estão oferecendo um cristianismo experiencial-expressivo.[16]

Lindbeck enxerga fraquezas em ambos os modelos, do ponto de vista de sua incapacidade de explicar tanto o "fenômeno" da prática religiosa quanto o desenvolvimento e mudança doutrinário. Na prática, Lindbeck está preocupado com o fato de que esses outros modelos — particularmente o experiencial-expressivo — tirarem a ênfase (efetivamente *estripem*) das práticas das comunidades religiosas, o que não é um bom presságio para o futuro do cristianismo. Embora o modelo experiencial-expressivo seja dominante na modernidade, Lindbeck parece sugerir que até mesmo o modelo cognitivo-proposicional que perdura é alterado pelo contexto moderno, absorvendo a mesma imagem I/E de conhecimento. Além disso, o modelo cognitivo-proposicional espelha o modelo experiencial-expressivo ao igualmente desenfatizar as práticas religiosas, tratando a religião principalmente como um conjunto de proposições informativas. Assim, ambos os modelos deixam de apreciar a religião (cristianismo) como uma "forma de vida", no sentido wittgensteiniano. Podemos acrescentar mais uma razão para rejeitar esses outros modelos: à luz das críticas de Wittgenstein, Rorty e Brandom, também notamos que ambos os modelos estão enraizados em uma epistemologia problemática, comprometida com a imagem I/E. Ambos dependem de uma explicação representacionalista de significado que o pragmatismo desacreditou. Portanto, a tarefa construtiva de *The nature of doctrine* é delinear um modelo muito diferente, uma abordagem "cultural-linguística" que contorne

---

[16] O "deísmo terapêutico moralista" é a expressão de Christian Smith para descrever a visão funcionalmente heterodoxa de Deus que parece estar absorvida pela maioria dos jovens nos Estados Unidos, incluindo aqueles criados em contextos "evangélicos". Veja Christian Smith; Melinda Lundquist Denton, *Soul searching: the religious and spiritual lives of American teenagers* (New York: Oxford University Press, 2005), p. 118-70.

essa armadilha epistemológica, ao mesmo tempo que também revaloriza a importância da prática religiosa como um elemento essencial e central à "religião" (nesse caso, o cristianismo).

Ecoando desenvolvimentos na antropologia e filosofia, o modelo cultural-linguístico considera a religião menos parecida com um "sistema" intelectual ou "expressão" pessoal e mais semelhante a "linguagens com formas de vida correlatas" — como "idiomas para a interpretação da realidade e do viver a vida" (*ND*, p. 18).[17] Desse modo, a religião tem mais relação com aprender a ser membro de uma tribo, a ser um cidadão de um país, a falar sua língua materna. A religião (por exemplo, o cristianismo) não é um conjunto de proposições em que se acredita, mas um modo (comunitário) de vida. A religião diz mais respeito a iniciação do que a informação; diz mais respeito a saber-*como* antes que diga respeito a saber-*que*. No modelo

---

[17] De certa forma, o método de Lindbeck em *The nature of doctrine* reflete o que ele afirma sobre religião e teologia. Conforme ele admite no início: "A hipótese desenvolvida neste livro [...] é circular, não linear. Sua capacidade de persuasão, se houver, não depende de seguir passo a passo uma sequência demonstrativa, mas do poder iluminador do todo. Pode ser que, se a luz brilhar, ela o faça sobre todo o cenário simultaneamente" (p. 11). (Como suporte, ele cita Wittgenstein em G. E. M. Anscombe; G. H. von Wright [Orgs.], *On certainty* [Oxford: Blackwell, 1969] [edição em português: Da certeza (São Paulo: Edições 70, 2012)], §105: "Todos os testes, toda confirmação e não confirmação de uma hipótese, acontecem já dentro de um sistema. E esse sistema não é um ponto de partida mais ou menos arbitrário e duvidoso para todos os nossos argumentos: não, ele pertence à essência do que chamamos de argumento. O sistema não é tanto o ponto de partida, mas o elemento no qual os argumentos têm sua vida.") Na linguagem que empregamos acima para descrever Wittgenstein e Rorty, poderíamos simplesmente descrever isso como o *holismo* de Lindbeck. De certa forma, é preciso "experimentar" uma "imagem" totalmente nova — ser inculcado em nova prática (teórica) — a fim de conseguir ver o todo de uma nova maneira. E a única "prova" ou demonstração possível, então, é o poder da nova imagem para ajudar a dar sentido ao todo e sentir sua superioridade em relação à explicação anterior. Conforme veremos em breve, Lindbeck diz que as religiões funcionam da mesma maneira, o que tem implicações importantes para a forma de pensarmos a apologética.

cultural-linguístico, "as religiões são vistas como esquemas interpretativos abrangentes, geralmente incorporados em mitos ou narrativas e fortemente ritualizados, o que estrutura a experiência humana e a compreensão do eu e do mundo" (*ND*, p. 32). Ao contrário do modelo cognitivo-proposicional, a religião "não é, acima de tudo, um conjunto de crenças", mas, sim, um "conjunto de habilidades" (p. 33). Contudo, ao contrário do individualismo e subjetivismo da abordagem experiencial-expressiva, o modelo cultural-linguístico enfatiza o caráter essencialmente *comunitário* da religião: "Tal qual uma cultura ou linguagem, ela é um fenômeno comunitário que molda as subjetividades dos indivíduos, em vez de ser primariamente uma manifestação dessas subjetividades" (p. 33).

Seria possível ter uma ideia chocante — ainda que um pouco simplista — da diferença radical entre o experiencial-expressivo e o cultural-linguístico, dizendo que a abordagem cultural-linguística "inverte a relação do interior e do exterior. Em vez de derivar caraterísticas religiosas externas da experiência interna, as experiências internas que são vistas como derivadas" (*ND*, p. 34). O discipulado, portanto, é um tipo de aculturação: "Tornar-se religioso envolve se tornar habilidoso na linguagem, o sistema de símbolos de determinada religião. Tornar-se cristão envolve aprender a história de Israel e de Jesus bem o suficiente para interpretar e experimentar a si mesmo e ao mundo segundo os termos dessa história" (p. 34). Em suma, a religião está essencialmente vinculada à *forma* comunitária de suas práticas (p. 35): as práticas materiais precedem e moldam a subjetividade dos aderentes, tornando possível experimentar e interpretar o mundo de certas maneiras. É preciso um povoado para ter uma "experiência".

É também por isso que Lindbeck acredita que uma abordagem cultural-linguística enfrentará uma batalha árdua na modernidade: de acordo com essa abordagem, a religião só é religião se interferir na conquista mais estimada da modernidade — nossa

⟨ A NATUREZA (INFERENCIAL) DA DOUTRINA ⟩

autonomia. "O clima moderno é antipático à própria noção de normas comunitárias" (*ND*, p. 77). Um modelo de religião que enfatiza "interiorizar perspectivas criadas por outros e dominar habilidades que outros aperfeiçoaram" vai contra a independência, a autonomia e o espírito do "faça você mesmo" afirmados no modelo experiencial-expressivo. "A simples ideia de que se tornar religioso poderia ser semelhante ao processo de adquirir competência nos padrões gramaticais totalmente não opcionais e nos recursos lexicais de uma língua estrangeira é algo que parece alienador e opressivo, uma violação da liberdade e da escolha, uma negação da criatividade, e algo repugnante a todos os valores mais estimados pela modernidade" (*ND*, p. 22).[18] O modelo cultural-linguístico, precisamente porque remonta à religião *pré*-moderna, não tem a expectativa de ser popular em nossa era subjetivista de autenticidade.

O modelo de religião de Lindbeck é "cultural", porque enfatiza essas dinâmicas de formação, socialização e culturação — todas as quais acontecem no nível (implícito) do saber-*como*. O modelo é "linguístico", porque é assim que aprendemos a língua materna: ela é absorvida, não ensinada. "Tornar-se religioso — não menos do que se tornar competente nas esferas cultural ou linguísticas — é interiorizar um conjunto de habilidades por meio de prática e treinamento. Aprende-se a sentir, agir e pensar em conformidade com uma tradição religiosa que, em sua estrutura interior, é muito mais rica e sútil do que qualquer articulação explícita poderia expressar" (*ND*, p. 35). A religião funciona como uma linguagem: "Ela é composta por um vocabulário de símbolos discursivos e não discursivos e por uma lógica ou gramática diferente, de acordo com a qual esse vocabulário pode ser implementado de maneira significativa" (p. 33).

---

[18] Ele prossegue observando que "isso é verdade até mesmo em meio a conservadores teológicos, como ilustrado pela ênfase nas experiências de conversão pelos herdeiros do pietismo e do reavivalismo" (*ND*, p. 22).

Repare na ênfase final: essa é uma linguagem a ser *usada*, a ser posta em prática em um modo de vida. Portanto, como observa Lindbeck, o que Wittgenstein chamou de "jogo de linguagem" é o que está mais correlacionado com determinada "forma de vida" (p. 33). Ora, como uma "forma de vida", a religião tem "tanto dimensões cognitivas quanto comportamentais" (p. 33). Na abordagem pós-liberal, entretanto, tal como em Brandom, nossas *ações* precedem nossos *pensamentos*. A prática é o principal.

> Uma configuração ou história abrangente utilizada para estruturar todas as dimensões da existência não é, primariamente, um conjunto de proposições em que se deve crer, mas o meio no qual o indivíduo se move, um conjunto de habilidades que ele emprega na própria vida. Seu vocabulário de símbolos e sua sintaxe podem ser empregados para muitos propósitos, apenas um dos quais é a formulação de declarações sobre a realidade. Assim, embora as alegações de verdade de uma religião costumem ser de máxima importância para ela (como no caso do cristianismo), não obstante, é o vocabulário conceitual e a sintaxe ou lógica interna que determinam os tipos de alegações de verdade que a religião pode fazer. O aspecto cognitivo, ainda que muitas vezes seja importante, não é fundamental (*ND*, p. 35).[19]

É preciso observar, de antemão, que o modelo cultural--linguístico de Lindbeck não impossibilita alegações proposicionais ou dimensões cognitivas da fé cristã. No entanto, como no pragmatismo, Lindbeck recontextualiza o aspecto cognitivo-proposicional — e tira sua prioridade. Mesmo fazendo isso, ele continua capaz de oferecer uma explicação para a referência e para as alegações proposicionais semelhante à de Rorty e Brandom. Retomaremos isso adiante.

---

[19] O uso do adjetivo "cognitivo" por Lindbeck nesse contexto não é preciso. Ele parece empregá-lo como um sinônimo aproximado de "proposicional".

⟨ A NATUREZA (INFERENCIAL) DA DOUTRINA ⟩

DIZENDO *QUE* SABEMOS *COMO*: UMA TEORIA "REGULADORA" DA DOUTRINA

"Religião", na explicação cultural-linguística, é o saber-*como* de um povo que possibilita o meu saber-*que*. Uma comunidade religiosa é um exemplo exato do tipo de comunidade de prática descrita por Wittgenstein, Rorty e Brandom: uma comunidade envolvida em um projeto, que fornece o contexto para o significado e me "treina" no "uso" do mundo de certas maneiras relativas ao projeto/*telos*/identidade da comunidade. Em termos brandomianos, poderíamos dizer que a religião está, antes de mais nada, no plano do "implícito".

No entanto, precisamos lembrar que a tarefa de Lindbeck é entender a natureza da *doutrina*. Ele revisita a natureza da religião (enfatizando a *prática* religiosa) a fim de discernir a natureza da doutrina. Então, onde exatamente a doutrina se encaixa? No modelo cultural-linguístico, a *natureza* da doutrina é determinada por sua *função*. Para responder à pergunta "O que é a doutrina?", precisamos responder à pergunta "O que a doutrina *faz*?". Qual função ela desempenha dentro da comunidade de prática que é uma comunidade religiosa (como a igreja)? Ora, de fato, podemos distinguir entre os três modelos pela função da doutrina: no cognitivo-proposicional, as doutrinas são usadas principalmente para fazer alegações de verdade; no experiencial-expressivo, as doutrinas são usadas para expressar sentimentos e experiências internas. "A função das doutrinas eclesiais que se faz mais notável" no modelo cultural-linguístico "é seu uso não como símbolos expressivos ou alegações de verdade, mas como regras comunitárias de discurso, postura e ação dotadas de autoridade". Lindbeck chama isso de teoria "reguladora" da doutrina ou teoria de "regra" da doutrina. Quando se entende a religião como uma espécie de "cultura", um *ethos*, uma forma de vida que nos possibilita viver a vida, então a doutrina funciona como um conjunto de regras articuladas que governam nossa vida comunitária. Lindbeck enfatiza que essa interpretação "reguladora" da doutrina não é, de modo algum, nova. "A ideia de *regulae fidei* remonta aos primeiros séculos cristãos; mais tarde, historiadores e diversos teólogos sistemáticos reconheceram, em graus variados, que há uma lógica operacional reguladora (ou, dito de forma mais simples, doutrinária) no papel do ensinamento religioso enquanto autoridade sobre a comunidade". Isso apenas reconhece que "a tarefa das doutrinas é recomendar e excluir determinadas variedades de — entre outras coisas — enunciados proposicionais e atividades simbolizadoras" (*ND*, p. 18-19). O modelo cultural-linguístico pode ser considerado uma forma robusta de compreender a relação dinâmica entre *lex orandi* e *lex credendi* — a regra da oração *como* a regra da crença.

Integrada na teoria reguladora da doutrina, não se encontra apenas uma explicação de sua função, mas também da relação entre doutrina e prática, entre teologia e culto. Se as doutrinas funcionam como "regras" para a comunidade (religiosa) de prática, elas só o são porque tornam explícitas as normas que já estavam presentes na prática da comunidade. Em outras palavras, as doutrinas explicitam o saber-como que já estava implícito em nossa prática. Confessar que Jesus é "Deus de Deus, luz de luz, Deus verdadeiro de Deus verdadeiro" é *articular* o que já estava implícito em nossas orações, em um modo de vida de adoração alimentado pelas Escrituras. Logo, a doutrina é "expressiva" no sentido que *Brandom* dá ao termo. Aqui, precisamos esclarecer, de imediato, uma possível confusão. Uma vez que Brandom costuma descrever seu modelo como "expressivista", podemos ser tentados a achar que sua interpretação pragmática está em conformidade com o modelo experiencial-expressivo que Lindbeck rejeita. Porém, esse não é o caso. Conforme Brandom enfatiza, seu expressivismo não consiste na ideia romântica de um "interior" saindo para o "exterior"; tampouco seu expressivismo se concentra na autoexpressão individual. Pelo contrário, Brandom nos convida a entender "o processo de expressão [...]

⟨ A NATUREZA (INFERENCIAL) DA DOUTRINA ⟩

não como transformar o que é interno em externo, mas como tornar *explícito* o que está *implícito*" (*AR*, p. 8). Assim, o inferencialismo de Brandom é um expressivismo *comunitário*, e não um modo de expressão individual; e o que é "expresso" são as normas que regem a prática comunitária: as regras implícitas que governam nossa prática social, a respeito das quais temos um saber-*como*, são tornadas explícitas, articuladas em conceitos.

Na verdade, a explicação de *inferência* oferecida por Brandom é um complemento proveitoso para Lindbeck. Em particular, a ênfase de Brandom na inferência *material* é uma estrutura esclarecedora para entender como a doutrina funciona segundo Lindbeck. O que conta como boa inferência — como uma "boa jogada" no jogo — está vinculado ao *assunto* em análise. A decisão de declarar o *homoousios* niceno ou o *homoiousos* semiariano não é uma questão que pode ser resolvida pela lógica "formal".[20] Qual dessas é uma boa jogada, uma boa inferência, está inextricavelmente ligado à essência da comunidade de prática, aos herdeiros do ensinamento dos apóstolos, que recebem, leem e habitam o mundo das Escrituras e oram a Jesus. Aquela "primeira ordem" de oração e proclamação está no plano do saber-*como*; doutrinas, como aquelas formuladas no Credo Niceno, são o fruto da comunidade de prática "tornando explícitas" as normas que antes não eram ditas. Em certo sentido, as doutrinas *dizem* o que, até esse ponto, estávamos *fazendo*.

Desse modo, a comunidade da prática é capaz de discernir o que conta como prática fiel. Conforme expressa Brandom, em um contexto diferente,

> A tarefa expressiva de tornar explícitos os compromissos materiais inferenciais desempenha um papel essencial na prática socrática reflexivamente racional de harmonizar nossos compromissos.

---

[20] Lindbeck alude a essa questão em *ND*, p. 76.

Dizer que um compromisso se torna explícito é dizer que ele é lançado no jogo de dar e pedir razões como algo cuja justificativa, considerando outros compromissos e direitos, está sujeita a ser questionada (*AR*, p. 76).

Isso ajuda a articular o que Lindbeck parece querer dizer com uma teoria "reguladora" da doutrina. Ele costuma descrever doutrinas como "segunda ordem" somente porque doutrinas são, em certo sentido, derivadas da prática. Assim como, para Brandom, a lógica se manifesta como o ato de tornar explícitas as regras implícitas em nossa prática, as doutrinas, no modelo de Lindbeck, não são primeiramente alegações sobre Deus ou o mundo. Em vez disso, são regras que regem a maneira que podemos falar sobre Deus e a relação de Deus com o mundo no nível da "primeira ordem" ocupado pela oração e pela proclamação. A doutrina da igreja é um "guia para as interconexões fundamentais dentro de uma religião" (*ND*, p. 81).[21] Em outras palavras, doutrinas dizem respeito à relação inferencial exis-

---

[21] Assim, em seu capítulo final, Lindbeck, de forma pouco útil, descreve a explicação pós-liberal como "intratextual" e não "extratextual" (sendo essa última a postura compartilhada pelas abordagens cognitivo-proposicional e experiencial-expressiva [*ND*, p. 114]). O importante é que, para os pós-liberais, "o significado é imanente. O significado é constituído pelos usos de uma linguagem específica, em vez de ser dela distinguível. Portanto, a maneira correta de determinar o que 'Deus' significa, por exemplo, é examinando como a palavra opera dentro de uma religião e, dessa forma, molda a realidade e a experiência" (p. 114). A intenção é boa: nada menos do que enfatizar que "o texto [...] absorve o mundo; e não o mundo, o texto" (p. 118) — que, na verdade, é a primazia singular da visão religiosa que molda nossa compreensão do mundo. Não obstante, o termo "intratextual" causou mal-entendidos, como se Lindbeck estivesse isolando as alegações religiosas de qualquer "responsabilidade" para com a realidade extratextual, preconizando uma espécie de idealismo linguístico/biblicista. É possível ver que Lindbeck não tinha essa intenção quando ele afirma, por exemplo, que entender textos bíblicos "intratextualmente" é "uma questão de explicar seus contextos *e as perspectivas sobre a realidade extratextual que eles geram*" (*ND*, p. 117, grifo na citação).

tente *entre* as afirmações confessionais, não à relação *referencial* entre nossas alegações e o mundo. "As doutrinas regulam as alegações de verdade, excluindo algumas e permitindo outras" (*ND*, p. 19), mas elas não fabricam os critérios para tal regulamentação. Elas simplesmente tornam explícitas as normas já implícitas na narrativa bíblica e, por sua vez, na prática cristã. Ao tornar explícitas as coisas, enfatiza Brandom, nós (isto é, a comunidade de prática relevante) podemos começar a discernir incongruências, buscar harmonizar nossos compromissos e, em alguns casos, renovar e redirecionar nossa prática de acordo com a necessidade. Podemos ver a doutrina cristã desempenhando o mesmo papel: o de tornar explícitos os compromissos implícitos em nossa proclamação, oração e adoração (todas as quais "vivem a partir" do mundo narrativo da Escritura, que é a autocomunicação do Deus Trino). Desse modo, a doutrina articula as normas implícitas em nossa prática. Doutrinas funcionam como as regras do jogo de linguagem cristão.[22]

Não surpreende, portanto, que Lindbeck, seguindo uma insinuação de Wittgenstein, sugira que pensemos na teologia como a *gramática* da comunidade de prática religiosa/linguística.[23] Se a religião é como uma linguagem, a qual é *usada* (falada, escrita) principalmente para *fazer* coisas, então a doutrina é, para a comunidade de prática religiosa, o que a gramática é para uma

---

[22] Como Lindbeck admite, esse novo enquadramento da doutrina não necessariamente resolve os desacordos entre cristãos. No entanto, ajuda a situar e cristalizar as questões mais fundamentais que geram tal desacordo: "desacordos sobre onde se encontra a gramática adequada, sobre quem são os falantes competentes de uma língua religiosa" (*ND*, p. 113).

[23] Veja este fragmento enigmático, semelhante a um koan, em *PI*, §373: "A gramática diz qual tipo de objeto qualquer coisa é (teologia como gramática)". Duvido que alguém consiga desenvolver o "pensamento" que possa estar presente aqui. A ideia de teologia como gramática não é tão dependente desse aforismo, sendo mais a concretização da lógica da explicação de Wittgenstein sobre significado como uso.

comunidade de prática linguística. "Assim como a gramática em si nada afirma de verdadeiro ou falso sobre o mundo no qual a linguagem é utilizada" — uma vez que a gramática governa o modo que utilizamos a linguagem, sem policiar o que fazemos *com* ela — "a teologia e a doutrina, uma vez que são atividades de segunda ordem, nada afirmam de verdadeiro ou falso sobre Deus e sobre sua relação com as criaturas, limitando-se a falar *sobre* tais afirmações" (*ND*, p. 69). Uma gramática *torna explícitas* as regras do discurso que antes estavam implícitas em nossas "ações" linguísticas. Do mesmo modo, a teologia e a doutrina tornam explícitos os compromissos implícitos em — e decorrentes de — nossa proclamação, adoração e oração.

INFERÊNCIA, REFERÊNCIA E VERDADE

Nada do que foi dito até aqui animará os realistas cristãos. Ao contrário, precisamos reconhecer que existem aspectos da proposta de Lindbeck que não caem bem para as legiões da "verdade objetiva". Sua ideia de doutrina como "segunda ordem" é especialmente preocupante a esse respeito. Por exemplo, conforme ele mesmo expressa, "para uma teoria reguladora [...], doutrinas *qua* doutrinas não são proposições de primeira ordem, devendo ser interpretadas como proposições de segunda ordem: elas fazem [...] alegações de verdade intrassistemáticas, não ontológicas" (*ND*, p. 80). Ou, como ele diz antes: "Teologia e doutrina, uma vez que são atividades de segunda ordem, nada afirmam de verdadeiro ou falso sobre Deus e sobre sua relação com as criaturas" (p. 69). Isso quase soa como uma caricatura do tipo de antirrealismo irresponsável que os críticos acreditam ser a consequência inevitável de tais posições (wittgensteinianas). Parafraseando Rorty, parece que Lindbeck concede licença para que todos idealizem suas próprias comunidades religiosas — seus próprios pequenos paradigmas, práticas, jogos de linguagem religiosos — e, então, rastejem para dentro delas (veja *PM*, p. 317). Em suma, parece, a princípio, que o pragmatismo leva ao fideísmo.

⟨   A NATUREZA (INFERENCIAL) DA DOUTRINA   ⟩

Contudo, tal como acontece com a interpretação equivocada de Rorty sobre esse assunto, os críticos também foram equivocados na interpretação de Lindbeck. Como já vimos no fim do capítulo 3, uma explicação pragmática de significado e conhecimento não impossibilita alegações referenciais; ela apenas considera essas alegações de modo diferente — e Brandom aperfeiçoou ainda mais a maneira de entender isso. De forma semelhante, não há nada na explicação cultural-linguística de Lindbeck sobre religião e doutrina que isole a fé cristã da responsabilidade por reivindicações "extratextuais". Lindbeck não está preconizando o antirrealismo no lugar do realismo; na verdade, assim como os pragmatistas que já exploramos, ele é ambivalente em relação à divisão binária entre realista/antirrealista, precisamente porque ambos parecem estar trancados dentro de uma imagem representacionalista de conhecimento — e é essa imagem de conhecimento que o modelo cultural-linguístico rejeita.[24]

De modo mais específico, as alegações de Lindbeck sobre a função de "segunda ordem" da doutrina precisam ser lidas em contexto. Por exemplo, sua afirmação de que as doutrinas "nada afirmam de verdadeiro ou falso sobre Deus" é prefaciada por uma distinção muito importante. Segundo os modelos "cognitivistas", "é principalmente a teologia e doutrina técnica que são proposicionais" — que fazem alegações de verdade e asserções (*ND*, p. 69). Todavia, o modelo cultural-linguístico não *rejeita* alegações da verdade; ele as *desloca*: "No modelo alternativo [cultural-linguístico], a verdade e a falsidade proposicional

---

[24] Mais precisamente, Lindbeck expressa isso da seguinte forma: "Não há nada na abordagem cultural-linguística que exija a rejeição (*ou a aceitação*) do realismo epistemológico e da teoria de correspondência da verdade, a qual, segundo a maior parte da tradição teológica, está implícita na convicção dos crentes de que, quando usam corretamente uma frase como 'Cristo é Senhor', proferem uma proposição verdadeira de primeira ordem" (*ND*, p. 68-69, grifo na citação). Em relação a isso, a proposta de Long de um "realismo sem representação", mas *com* "correspondência", parece bastante próxima da de Lindbeck.

caracterizam a linguagem religiosa comum quando usadas para moldar vidas por meio de oração, louvor, pregação e exortação" (p. 69, grifo na citação). Embora a doutrina seja "reguladora" e não assertiva, tal interpretação de doutrina não *impossibilita* a asserção; ela apenas situa a asserção na confissão comunitária vivida da prática religiosa. A asserção é algo que *fazemos*; a doutrina regula nossas afirmações "conceitualizando-as" — articulando as normas implícitas nelas e, assim, possibilitando nossa avaliação dessas alegações no "espaço das razões". Desse modo, as doutrinas articulam a lógica inferencial que torna nossa confissão coerente. A doutrina diz respeito às nossas afirmações, não a o que/quem nossas afirmações se referem. No entanto, tal entendimento regulatório da doutrina ainda deixa espaço para, de fato, pressupormos que as afirmações "vividas", as asserções que fazemos em louvor e orações, são *sobre* algo. Esses são nossos compromissos *materiais*, diria Brandom, e doutrina é a tentativa de "segunda ordem" de harmonizá-los como um todo coerente pelo qual podemos assumir responsabilidade epistêmica.

Em resumo, precisamos lembrar que o que Lindbeck afirma sobre o papel limitado, "regulatório", da *doutrina* não é um pronunciamento sobre a *religião* como um todo. Doutrina não é sinônimo de religião, tampouco o centro ou o fundamento da religião. A religião está situada principalmente em nossas *ações*, nas práticas que constituem uma comunidade de adoração e devoção a Deus.[25] Em um exemplo bastante citado, Lindbeck reflete sobre a afirmação *Christus est Dominus*, "Cristo é Senhor". O significado da afirmação, como em qualquer enunciado, está

---

[25] Essa ênfase nas "ações" em nada se relaciona com a salvação "pelas obras". Eu emprego o termo no sentido de Brandom, querendo dizer apenas que a fé cristã está vinculada a um *modo de vida*. Obviamente, esse modo de vida é possível por causa da graça unilateral de Deus e da obra regeneradora e capacitadora do Espírito, que, então, possibilitam-nos viver uma vida de discipulado como gratidão pelo dom da salvação.

vinculado ao seu *uso*. Isso não significa que o significado seja meramente utilitário, como se a afirmação fosse verdadeira apenas quando nos ajudasse ou fizesse com que nos sentíssemos bem. Conforme enfatiza o pragmatismo, o significado da alegação é *relativo* a uma comunidade de prática relevante (nesse caso, a comunidade cristã; a igreja) e ao "ambiente" com o qual essa comunidade depara (que, nesse caso, inclui a revelação de Deus, a ressurreição de Jesus e o testemunho dos apóstolos).

> Portanto, para o cristão, a afirmação de que "Deus é Três e Um" ou "Cristo é Senhor" é verdadeira apenas como parte de um padrão completo de falar, pensar, sentir e agir. Ela é falsa quando seu uso em qualquer instância é incoerente com o que o padrão como um todo afirma sobre o ser e a vontade de Deus. O grito de guerra do cruzado, "*Christus est Dominus*", por exemplo, é falso quando utilizado para fender o crânio do infiel (embora as mesmas palavras, em outros contextos, possam ser uma asserção verdadeira). Quando assim empregado, ele contradiz o entendimento cristão de senhorio como a personificação, por exemplo, de um serviço sofredor (*ND*, p. 64).

Os conceitos de uso, contexto e autorização podem agora ser compreendidos dentro da estrutura de Brandom. O significado da afirmação "Cristo é Senhor" — assim como o significado de *qualquer* asserção — está condicionado ao uso: o que a asserção significa é *relativo* ao contexto de uma comunidade de prática específica. Dentro de determinada comunidade de prática, os utilizadores de conceitos habitam no "espaço das razões" e tanto dão quanto pedem razões para justificar tais asserções. A justificação ("autorização") é um fenômeno *social*. E Lindbeck sugere que, nesse caso, a comunidade de praticantes, que é a igreja, não deve "autorizar" a utilização desses conceitos pelo cruzado, haja vista o contexto — um contexto que inclui o encontro da comunidade com o Cristo ressurreto, a herança das Escrituras (e os mandamentos nelas contidos), o testemunho dos apóstolos e o testemunho de ensino da tradição cristã. Tudo isso faz parte da realidade obstinada com a qual a igreja tem que "lidar", poderíamos dizer (e com a qual o "mundo" também tem que enfrentar). Dentro dessa comunidade de prática, a asserção do cruzado não é "verdadeira" — não é justificada nem autorizada como "racional", dados os cânones da comunidade de prática eclesial. Sua falsidade e irracionalidade dizem respeito a inferências (ruins) que não podem receber "licença" por parte da comunidade de prática relevante.

Mais uma vez, entretanto, a inferência não impossibilita a referência, mas descreve-a de um novo jeito. A ênfase de Lindbeck nas preocupações de segunda ordem, inferenciais, da *doutrina*, não impossibilita a asserção. O próprio Lindbeck é bem claro em relação a isso. "Se a forma de vida e a compreensão do mundo moldadas por um uso autêntico das histórias cristãs corresponderem, de fato, ao ser e à vontade de Deus, então o uso adequado de *Christus est Dominus* não é verdadeiro apenas do ponto de vista intrassistêmico, mas é também ontologicamente verdadeiro" (*ND*, p. 65). Entendo que "ontologicamente verdadeiro" seja sinônimo do que ele descreve como verdade "extratextual" em outros lugares. Por um lado, isso responde às preocupações do realista: a alegação de que "Jesus é Senhor" é uma alegação *sobre* o mundo em que habitamos e é, de certo modo, responsabilizada *por* esse ambiente como parte do contexto em que o enunciado "Jesus é o Senhor" é proferido. Por outro lado, *não* se trata de um representacionalismo indireto pelo qual a afirmação é verdadeira em virtude de simplesmente "espelhar" uma realidade, independente de um contexto social. Observe as condições de sua verdade: ela depende da inserção nas histórias — e na comunidade que as conta — em que o enunciado "Jesus é Senhor" faz sentido do ponto de vista *cristão*. O "*se*", na citação acima, é um reconhecimento da contingência e da contestabilidade dessa afirmação; porém, reconhecer isso não nos impede de dizer que a afirmação é *verdadeira*. A correspondência das afirmações "com a realidade, na visão que estamos expondo, não é um atributo que elas têm quando consideradas por si sós e em si mesmas, mas é apenas uma função do seu papel na constituição de uma forma de vida, uma maneira de estar no mundo, que corresponde ao Mais Importante, ao Real Máximo" (*ND*, p. 65). Parte do escândalo da cruz é que ela não pode ser entendida pelo que realmente é sem que o indivíduo esteja envolvido na comunidade de prática que confessa "Jesus é Senhor". Nosso conhecimento dessa realidade é relativo e dependente da comunidade de prática do Espírito, que é a igreja. Dependemos desse contexto comunitário como condição para entendermos isso como "a verdadeira história do mundo inteiro".

REALISMO, "RELATIVISMO" E APOLOGÉTICA

Isso tem implicações óbvias para o testemunho, a missão e a proclamação da igreja. Aliás, poderíamos nos preocupar que uma consideração pós-liberal e pragmática de significado e conhecimento anulasse a própria possibilidade de evangelismo e proclamação. Se a verdade de que "Jesus é Senhor" é relativa a uma comunidade específica de prática, isso não quer dizer que o evangelho acabará virando um segredo conhecido apenas por nosso "clubinho", por nossa sociedade secreta, nossa tribo privilegiada? Será que o pragmatismo não resulta em um tipo de gnosticismo pós-moderno, que promete um "segredo" disponível apenas para os iniciados? Mas a verdade da ressurreição de Jesus e a proclamação das boas novas não é uma verdade inerentemente pública?

E qual possibilidade existe para a apologética se a própria racionalidade é relativa às comunidades contingentes de prática social? Quais são os prospectos para a tentativa de demonstrar a verdade da fé cristã se a "lógica" é sempre e somente a articulação explícita da lógica implícita e contingente da inferência material?

Temos razão em sentir que há implicações aqui. Não quero atenuar o impacto da consideração pragmática, como se pudéssemos absorver tudo isso e simplesmente seguir a vida como se nada tivesse acontecido. O pragmatismo chacoalhará — ou assim *deveria* — nosso ambiente eclesiástico. Mas ele não destruirá esse ambiente; apenas descreverá e orientará nosso mundo de uma nova maneira. E, conforme tenho argumentado, creio que a explicação pragmática equivale a uma consideração filosófica da nossa condição de criatura, uma reflexão sobre a contingência que caracteriza as criaturas. Logo, se o pragmatismo tem implicações para a missão, o testemunho e a apologética, penso que, em última análise, isso equivale a reformular nossa compreensão de missão e evangelismo de acordo com nossa condição de criaturas. Não se trata de restringir a ousadia missionária a fim de apaziguar os deuses da tolerância liberal; tampouco de adaptar nossas velas aos ventos do ceticismo. Se precisamos reestruturar as tarefas da missão, do evangelismo e da apologética, é somente porque o pragmatismo é um catalisador para nos lembrarmos da contingência de nossa condição de criaturas — uma realidade que a modernidade a todo tempo nos encoraja a esquecer, até (e especialmente) na igreja moderna.

Mais uma vez, Lindbeck estava à nossa frente a esse respeito. Ele anteviu essas questões e preocupações, admitindo que "a intratextualidade parece ser totalmente relativista: ela transforma religiões, poder-se-ia argumentar, em guetos intelectuais fechados e incomensuráveis" (*ND*, p. 128). No mesmo patamar "está o dilema fideísta: a escolha entre religiões aparenta ser puramente arbitrária, uma questão de fé cega" (p. 128). Ou, conforme ele expressa de forma um pouco mais completa, "se não houver estruturas universais ou fundamentais e normas de juízo pelas quais se possa decidir entre diferentes opções religiosas e não religiosas, a escolha de qualquer uma delas parece se tornar puramente irracional, uma questão de capricho arbitrário ou fé cega" (p. 130). Se os cristãos desistirem da "Razão" como todos os outros, não

⟨ A NATUREZA (INFERENCIAL) DA DOUTRINA ⟩

está tudo perdido? É por isso que, em nosso contexto pluralista e pós-moderno, parece ainda *mais* importante que os cristãos defendam a objetividade da razão, protejam a verdade absoluta, apoiem os padrões de uma lei natural universalmente cognoscível e assegurem um fundamento racional para o que acreditamos.[26] "Parece essencial em nossa época", reconhece Lindbeck, "adotar uma abordagem apologética que procure descobrir um sistema fundamental dentro do qual as religiões possam ser avaliadas e isso possibilita traduzir significados tradicionais para termos atualmente inteligíveis" (*ND*, p. 129). Mas são justamente essas noções fundacionalistas que o pragmatismo e o pós-liberalismo questionam. Isso aparentemente seria uma "falha fatal" para a perspectiva pós-liberal (p. 129).

O que será chocante para alguns é a maneira em que Lindbeck alinha o projeto fundacionalista com o "liberalismo". O liberalismo é a "iniciativa fundacionalista de desvelar princípios ou estruturas universais" a fim de tornar o cristianismo inteligível para os não crentes (p. 129). Embora isso seja, "em certo sentido, adaptação à cultura", não deixa de ser, "com frequência, motivado por impulsos missionários" (p. 129). Podemos ver isso em um Bultmann ou em um Tillich: a verdade central do cristianismo é destilada ao elemento mínimo e correlacionada com uma verdade "existencial" que seja uma experiência universal e, portanto, capaz de ser conhecida por todos. A verdade da fé

---

[26] O fundacionalista talvez anseie pelo dia em que "todos darão ouvidos ao argumento", em que todos crerão na razão universal e na verdade objetiva. O pragmático considera o mesmo fenômeno de forma diferente: o que *parecia* ser uma racionalidade universal é mais bem entendido como o sucesso de estratégias dentro de uma comunidade amplamente compartilhada de prática discursiva, a qual aparentava ser sinônimo de "todos". Em outras palavras, estratégias apologéticas "clássicas" ou fundacionalistas pareciam funcionar apenas por causa da cristandade, um *ethos* que absorveu uma ampla gama de praticantes em determinado jogo de linguagem (mesmo que alguns talvez estivessem rejeitando-o). A "racionalidade" aqui não era universal, mas amplamente compartilhada.

cristã é algo que pode ser captado e apreciado por qualquer indivíduo "racional" isolado, sendo, assim, desprendida de qualquer relação integral com a comunidade de prática que é a igreja. Em suma, o "destinatário" de tais estratégias apologéticas é tratado como um conhecedor solitário e atomístico capaz de processar, de forma independente, fatos e alegações em face da "realidade". É uma questão de comparar espelhos. A proclamação cristã é, assim, "ancorada" no fundamento de uma razão universal — mas o preço a ser pago é o caráter singular da proclamação cristã, sem mencionar qualquer reconhecimento das condições sociais do nosso saber: a dependência dos conhecedores, como criaturas, de comunidades de prática discursiva que lhes permitem dar sentido a um mundo.[27] O resultado é o surgimento de teísmos diversos, cada vez mais dispostos a abandonar os aspectos "irracionais" da fé cristã a fim de manter uma fé "racional" capaz de ser traduzida para uma nomenclatura supostamente "universal".

No entanto, nós só apreciaremos a força do argumento de Lindbeck se reconhecermos que essa estratégia "liberal" é, na verdade, amplamente praticada por evangélicos "conservadores" — tanto os que prezam por argumentos proposicionais quanto os que traduzem o evangelho para uma experiência "relevante" que se encaixa perfeitamente no famoso "buraco em forma de Deus" que permanece no meio do nosso coração consumista. Estamos entre um deus racional, que pode ser conhecido fora de Jesus Cristo, e um deus terapêutico, que parece existir para atender às minhas necessidades e me fazer feliz. Por sinal, a prevalência do "deísmo terapêutico moralista" como o evangelho

---

[27] Em outras palavras, a explicação pragmática de tais estratégias fundacionalistas é sempre deflacionária: ela pode reconhecer que tais argumentos "funcionam" às vezes, mas eles só funcionam *porque* os conhecedores foram introduzidos em lógicas inferenciais que emergem de comunidades de prática discursiva. Todos nós somos conhecedores socialmente dependentes, mesmo quando alegamos saber de outro modo.

⟨ A NATUREZA (INFERENCIAL) DA DOUTRINA ⟩

efetivamente proclamado e aprendido em igrejas evangélicas é evidência de que até mesmo estratégias "conservadoras" que "traduzem" o cristianismo para termos universalmente disponíveis e compreensíveis também levam à adaptação cultural contra a qual Lindbeck adverte. Portanto, o desejo fundacionalista é não somente falho e inatingível, como também apresenta efeitos que parecem prejudicar o evangelho ainda mais do que a suposta ameaça do tribalismo e da insularidade antifundacionalista.

Lindbeck, entretanto, também se recusa a admitir que o modelo pragmático e pós-liberal prejudica a proclamação e o testemunho. "Os pós-liberais", salienta ele, são "céticos, não com respeito a missões, mas com respeito à apologética e aos fundamentos" (*ND*, p. 129).[28] Não é uma questão de saber *se* podemos ou devemos nos envolver em missões, mas *como*. Nossas estratégias refletirão diretamente o que achamos que a "religião" é, ou, de modo mais específico, a forma de entendermos o cristianismo. O projeto pós-liberal retorna a um senso de cristianismo como *forma de vida*, ligado às práticas tangíveis de uma comunidade vivida. Trata-se de uma compreensão inerentemente *eclesial* do evangelho, em que as boas novas de Jesus Cristo agora são confiadas — e atreladas — ao testemunho vivido de seu corpo, a igreja. As estratégias de "tradução" apologética dos fundacionalistas tratam o evangelho como um conjunto informativo de proposições que podem ser conhecidas por conhecedores atomistas. Porém, se o pragmatismo estiver correto (e creio que está), tais conhecedores atomistas e independentes não existem. Nós testemunhamos conhecedores *humanos*, criaturas sociais contingentes cujo conhecimento *depende* dos dons das comunidades de prática que tornam o mundo inteligível. Para os conhecedores humanos, não há conhecimento fora da comunidade. Logo, não

---

[28] Vale notar que Lindbeck cresceu na China, filho de missionários luteranos.

há conhecimento de Deus em Cristo fora das práticas comunitárias do seu corpo, que é o lar da sua Palavra.

As estratégias fundacionalistas de "tradução" podem, na melhor das hipóteses, ajudar as pessoas a adquirirem algumas palavras do léxico cristão; a *gramática*, entretanto, é aprendida por imersão. "Uma vez que as religiões são como línguas e culturas", resume Lindbeck, "elas não podem ser ensinadas por meio de tradução, assim como essa não é a forma de aprender chinês ou francês. O que se diz em um idioma pode, em certa medida, ser transmitido em uma língua estrangeira, mas ninguém aprende a compreender e a falar chinês apenas ouvindo e lendo traduções" (*ND*, p. 129). É preciso *viver* ali, estar imerso na comunidade, *absorver* a cultura ao participar de um modo de vida. Assim também, "a gramática da religião, tal qual a da língua, não pode ser explicada ou aprendida pela análise da experiência, mas apenas pela prática" (p. 129). O pós-liberalismo reimagina as missões e a apologética tendo essas coisas em mente.

Primeiro, no que se refere à apologética, nossa "defesa" da fé — a tarefa de tornar o cristianismo plausível em um contexto pós-cristão —, a abordagem pós-liberal é *ad hoc*, mas não oferece "meia-entrada" para o cristianismo. Lindbeck é bem claro sobre isso: o antifundacionalismo da abordagem pós-liberal "não deve ser equiparado ao irracionalismo. A questão não é se existem normas universais de razoabilidade, mas se elas podem ser formuladas em uma linguagem neutra e independente de estrutura" (*ND*, p. 130). Esta é uma ideia crucial na qual já tocamos antes: a avaliação pragmática das condições contingentes e comunitárias do conhecimento não anula a capacidade de fazer alegações universais, tampouco impede a possibilidade de afirmar normas universais. Significa apenas que é impossível ver ou captar tais normas partindo de "lugar nenhum" ou de um ponto de vista "absoluto". As condições contingentes de determinada comunidade de prática são os *dons* que nos permitem ver e entender essas caraterísticas "universais" do cosmo. Contudo, isso significa que a

⟨ A NATUREZA (INFERENCIAL) DA DOUTRINA ⟩

condição para que elas sejam "inteligíveis" é um grau de competência nas práticas discursivas da comunidade (ou comunidades) que assim as vê. Então, em vez de prejudicar a singularidade do cristianismo, a explicação pragmática, na realidade, a acentua: ver, compreender e captar as caraterísticas "universais" da criação de Deus requer as capacidades únicas que nos são legadas pela comunidade de prática que é o corpo de Cristo. A revelação cristã não é menos importante aqui; ela é *mais* importante.[29]

Isso não significa que não pode haver conversas ou diálogos entre comunidades discursivas. As alegações religiosas "podem, não obstante, ser testadas e analisadas de diversas maneiras e esses testes e argumentos fazem diferença a longo prazo" (*ND*, p. 131). Até mesmo membros de comunidades discursivas diferentes (definitivas) habitam um ambiente compartilhado, o qual é uma espécie de restrição pública com a qual todos nós nos defrontamos. Mas, se o conhecimento é uma realização *social* e a justificação é um efeito social, então precisamos compreender que "a inteligibilidade provém da habilidade, não da teoria, e que a credibilidade provém de um bom desempenho, não da adesão a critérios formulados de forma independente" (p. 131). Assim, "a razoabilidade de uma religião é, em grande parte, uma função de seus poderes assimilativos, de sua capacidade de oferecer uma interpretação inteligível, em seus próprios termos, das diversas situações e realidades com as quais seus seguidores [e não seguidores] se deparam" (p. 131). Em outras palavras, a estratégia apologética do pragmatismo cristão (isto é, o pós-liberalismo) é bastante semelhante à da epistemologia reformada de Plantinga: empregamos estratégias

---

[29] Novamente, é assim que uma interpretação pragmática cristã da lei natural poderia fazer sentido: o cristão afirma que há normas "universais" inscritas na própria estrutura da criação. Poderíamos descrever isso como uma alegação "ontológica". Todavia, a condição epistêmica para *vê*-las — a condição de sua "inteligibilidade" — é a imersão na comunidade de prática do Espírito que recebe a Palavra de Deus. Eu vejo isso como uma forma de entender os efeitos noéticos do pecado em Romanos 1:18-31.

ad hoc para nivelar o campo de atuação e preservar espaço para a plausibilidade do cristianismo na pós-modernidade, mas, em última análise, a fé cristã não é algo que possa ser comprovado ou demonstrado. Em vez disso, no espaço compartilhado do debate público, o famoso "mercado de ideias", continuamos a testemunhar a verdade do evangelho (e não apenas o "teísmo"), apresentando argumentos *ad hoc* que rebatam os desafiantes e procurem "avalizar" uma interpretação cristã do mundo. Isso abre espaço para que os não crentes reflitam sobre as especificidades da história cristã. Podemos convidá-los a "experimentar" a fé cristã como uma forma de dar sentido ao cosmo e de seu lugar nele. Eles podem "testar" os "poderes assimilativos" do cristianismo: "Considere a história cristã", sugerimos ao nosso próximo. "Diga-me se isso é útil para você entender seu mundo de experiências. Aqui está uma explicação cristã de quem somos, a quem pertencemos, de onde viemos e qual a nossa esperança — tudo atrelado à história de Deus, em Cristo, reconciliando o mundo consigo. Será que ela não é *mais capaz* de interpretar o mundo do que todas as outras explicações que você já 'testou'?". É assim que se desdobra uma estratégia apologética pós-liberal: é uma aposta de que podemos convencer ao apresentar uma narrativa superior.[30] Lindbeck reconhece que "esse processo certamente não permite que indivíduos decidam entre as alternativas majoritárias apenas com base na razão". "Mas [esse processo] garante que a razoabilidade de uma religião seja levada a sério."[31]

Isso também explica por que um modelo pós-liberal de apologética está inextricavelmente ligado a um modelo pós-liberal de evangelismo. O único objetivo das apologéticas pós-liberais

---

[30] Uma vez mais, considero isso análogo à estratégia da "melhor explicação" (BA), proposta por Charles Taylor em *Sources of the self*.

[31] *ND*, p. 131. Novamente, compare essa estratégia com o aspecto da apologética "reformada" de Alvin Plantinga em: *Warranted Christian belief* (New York: Oxford University Press, 2000) [edição em português: *Crença cristã avalizada* (São Paulo: Vida Nova, 2018)].

é tornar o cristianismo plausível o suficiente para que um não crente *experimente um modo de vida* encontrado no corpo de Cristo, pois, em última análise, a fé cristã é um saber-*como* absorvido em uma comunidade de prática que nunca pode ser reduzido a seu conteúdo proposicional. Desse modo, a apologética pós-liberal é convidativa, não demonstrativa. Enraizado na convicção de que o cristianismo mais se assemelha a uma cultura do que a um sistema intelectual, o evangelismo pós-liberal é efetivamente um convite para imigrar para um mundo diferente, a se tornar um cidadão de uma cultura diferente por meio da imersão nas práticas do povo de Deus. Lindbeck reconhece que isso "está fadado a ser impopular entre os que estão mais preocupados em manter ou aumentar a adesão e a influência da igreja" (*ND*, p. 132). Isso se dá porque o evangelismo pós-liberal

> assemelha-se mais à catequese antiga do que à tradução moderna. Em vez de descrever a fé com novos conceitos, ele busca ensinar a linguagem e as práticas da religião a seguidores em potencial. Essa tem sido a principal maneira de transmitir a fé e ganhar convertidos para a maioria das religiões ao longo dos séculos. Nos primórdios da igreja cristã, por exemplo, foram os gnósticos, não os católicos, que mais estiveram dispostos a descrever os materiais bíblicos a partir de uma nova estrutura interpretativa. Grande parte dos pagãos convertidos à corrente católica dominante, a princípio, não compreendia a fé para, depois, decidir se tornarem cristãos; o processo era o inverso: primeiro eles decidiam e, depois, compreendiam. Dito de forma mais precisa, o que os atraía era, em primeiro lugar, a comunidade e a forma de vida cristãs (*ND*, p. 132).

O catecumenato antigo é invocado aqui como o modo ideal de evangelismo pós-moderno. Recursos antigos são considerados sabedoria para o futuro da igreja. Talvez conheçamos essa lógica pela expressão "pertencer antes de crer". No entanto, não se trata apenas de pertencer a um clube de amigos, como se a igreja fosse o seriado *Cheers* — meramente um lugar onde todos sabem seu nome. É mais como pertencer a um "povo", a uma nação marcada por narrativas abrangentes encenadas e corporificadas em práticas concretas que moldam nossa percepção comunitária do mundo. O evangelismo não se resume a convencer pessoas a crer; ele as insere em uma forma de vida, em uma comunidade de prática organizada em torno de uma "história final".

Em vez de traduzir a transcendência peculiar das práticas da igreja para um vernáculo supostamente "neutro", testemunhamos Deus em Cristo ao envolvermos não seguidores em um modo de vida comunitário, com todos os seus rituais e dinâmicas. Em suma, a liturgia histórica se torna nossa estratégia evangelística — não porque é "tradicional", mas porque o saber-*como* implícito que é promovido por estas práticas está enraizado nas Escrituras canônicas, que dão testemunho do Cristo ressurreto que voltará. Não somos chamados a fazer "crentes", mas a fazer *discípulos*. Por isso, será bom refletirmos sobre o catecumenato antigo — o qual pode até parecer completamente inóspito à nossa atual propensão à tradução — como um paradigma para a proclamação pós-moderna. Quando voltamos nossa atenção aos catecúmenos da antiguidade, vemos que "eles se submetiam a uma instrução catequética prolongada, na qual praticavam novos modos de comportamento e aprendiam as histórias de Israel e seu cumprimento em Cristo. Somente após adquirirem proficiência na língua e na forma de vida cristãs é que eles eram considerados capazes de professarem a fé de forma inteligente e responsável e de serem batizados" (*ND*, p. 132).

Essa visão, entretanto, também deveria nos fazer pensar — não porque não é "realista", fundacionalista ou racional, mas precisamente porque pressupõe a *existência* de uma comunidade de prática à qual os não crentes podem ser convidados. Em nosso contexto atual, isso está se tornando cada vez mais uma concepção minoritária, uma vez que grande parte do cristianismo americano se traduziu em comunidades "relevantes" evisceradas, que têm pouca ou nenhuma semelhança com as comunidades de prática imaginadas por Lindbeck. Com efeito, ele já havia previsto isso: haja vista a dominância da "tradução" experiencial-expressiva, cada vez menos igrejas sustentam as práticas necessárias para serem uma comunidade *atraente*, formativa, de prática cristã. Essa é uma estratégia evangelística *se, e somente se*, houver comunidades de prática cristã "densa" que preservem essa "cultura". É preocupante pensarmos que talvez já tenhamos passado do ponto a esse respeito: "As condições para a prática parecem estar constantemente se enfraquecendo. A desordem na igreja e na sociedade dificulta cada vez mais a transmissão das habilidades necessárias" (*ND*, p. 124).

Se isso for verdade, então a condição para o evangelismo será a renovação das comunidades cristãs de prática. "Quando, ou se, a descristianização reduzir os cristãos a uma pequena minoria", aconselha Lindbeck, "eles precisarão, em nome da sobrevivência, formar comunidades que se empenhem, sem rigidez tradicionalista, em cultivar sua língua nativa e aprender a agir de acordo" (*ND*, p. 134). Essa hora chegou. Precisamos cuidar das práticas da igreja a fim de que haja uma comunidade capaz de testemunhar o evangelho.

Isso me lembra de uma instrução que já ouvi centenas de vezes, muitas delas apenas vagamente, ao longe, enquanto a porta do avião era fechada e eu desligava meu iPhone. É uma informação da qual esperamos nunca precisar, então ouvimos com certo desinteresse quando os comissários de bordo passam as instruções de segurança.

> O oxigênio e a pressão do ar estão sempre sendo monitorados. Em caso de descompressão, uma máscara de oxigênio cairá automaticamente à sua frente. Para iniciar o fluxo de oxigênio, puxe a máscara em sua direção. Coloque-a firmemente

sobre o nariz e a boca, prenda a faixa elástica atrás da cabeça e respire normalmente. Mesmo que a bolsa não infle, o oxigênio estará fluindo para a máscara. Se você estiver viajando com uma criança ou alguém que precise de assistência, coloque sua máscara primeiro e, em seguida, ajude a outra pessoa. Permaneça com a máscara até que um membro uniformizado da tripulação o instrua a retirá-la.

Eles advertem que, caso esteja viajando com alguém que precise de ajuda, você deve cuidar de si mesmo primeiro. Isso pode parecer egoísmo, mas, na verdade, o objetivo é nos tornar capazes de ajudar o outro. Não consigo ajudar a pessoa do meu lado a respirar se eu estiver sufocando; não posso ajudar os outros a colocar a máscara se eu não tiver resolvido minha própria situação primeiro. Creio que isso funciona como uma metáfora proveitosa para nos ajudar a entender a urgência da situação da igreja na pós-modernidade. Talvez com a melhor das intenções missionárias, passamos uma geração inteira tentando ajudar os outros a colocar a máscara de ar, mas nunca colocamos a nossa. Em nosso zelo, voltado para o exterior, de traduzir a fé para mensagens "relevantes" a uma cultura pós-cristã, nós apenas evisceramos a comunidade da *prática* necessária para sustentar o testemunho do Cristo ressurreto. A esse respeito, a exortação de Lindbeck pode soar contraintuitiva: nossa missão no mundo e para o mundo depende de a igreja ser a igreja, observando as práticas que nos foram passadas pela tradição.

> A grande questão é esta: contanto que uma religião enfatize mais o serviço do que a dominação, é provável que ela contribua mais para o futuro da humanidade se preservar sua própria singularidade e integridade do que se ceder às tendências homogeneizadoras associadas ao expressivismo-experiencial liberal. A conclusão é paradoxal: a longo prazo, as comunidades religiosas provavelmente serão relevantes não ao perguntarem o que é

prático ou relevante primeiro, mas uma vez que se concentrem em suas próprias perspectivas e formas de vida intratextuais. (*ND*, p. 128)

A fim de convidar o mundo a enxergar a si mesmo de outra forma — à luz de Cristo, em quem tudo subsiste (Colossenses 1:17) — precisamos promover comunidades de prática onde isso seja possível. Somente se praticarmos a fé poderemos convidar outros a uma forma de vida na qual é possível aprender o que significa "usar" o mundo como a criação de um Deus gracioso que nos ama e se deu por nós.

Epílogo

Como ser um relativista conservador

"Relativismo" pode significar muitas coisas diferentes. Geralmente, repetimos a palavra como sinônimo de um niilismo onde tudo é permitido. Mas, conforme tentei mostrar, quando fazemos isso, usamos a palavra de uma forma muito desleixada e imprecisa. Confundimos o fato de algo ser "relativo" com ser *arbitrário,* ou *subjetivo,* ou governado apenas por caprichos fugazes.

Por isso, meu primeiro objetivo foi trazer certa precisão filosófica à maneira de utilizarmos o termo "relativismo" (um bom projeto *analítico*!). Estou tentando reconduzir o termo ao seu significado mais óbvio: "relativismo" descreveria alegações ou considerações que são (veja só!) *relativas* — *relacionadas* a algo ou alguém, relativas a, digamos, um contexto ou uma comunidade. Como relativo *a*, o que é "relativo" *depende de* — é contingente. Uma alegação, um princípio, uma visão são *relativos* apenas uma vez que "*dependem*". Isso é muito diferente de dizer que algo é arbitrário, flutuante e dependente de nada. A bem da verdade, o relativismo seria quase o exato oposto disso. Concordando com William Carlos Williams, o "relativista" enfatiza que "tanta coisa depende" não apenas de carrinhos de mão vermelhos, mas de todos os caprichos e contingências que são parte integrante da nossa condição de criaturas — especialmente as redes de relações sociais que tecem nossa identidade e nossa dependência última do próprio Criador, o qual, em Cristo, verdadeiramente se revela, faz-se conhecido e se relaciona conosco. Assim, em vez de equivocadamente usar a palavra "relativismo" como se *nada importasse*, meu argumento é que o relativismo significa que *tudo depende* — e que essa afirmação é radicalmente ligada à criação e radicalmente cristã, aludindo à condição da criatura, mesmo a respeito do conhecimento que lhe é próprio.

Portanto, como tenho destacado, a condição de "ser relativo" — de ser dependente, de ser contingente — também é sinônimo das condições da criatura. Somente o Criador é necessário, independente e absoluto em si. Mas nós não somos Deus (é sempre bom lembrar disso!). E esse Ser Absoluto se vinculou de modo pactual a um povo; caso contrário, nunca o conheceríamos. A encarnação é a recusa do Absoluto de permanecer isolado da relação com a humanidade. Como criaturas, somos contingentes, dependentes e relativos (ou seja, em relação — ao Criador, mas também a outras criaturas). Portanto, e mais precisamente, o relativismo é apenas um nome para a condição humana, o *ethos* da condição da criatura.

É por isso que beira a *arrogância* que seres humanos reivindiquem a posse da verdade *absoluta* (isto é, a verdade isolada de relação, a verdade que é *in*dependente) como defesa contra o "relativismo" (o qual entendem como um "tudo é permitido"). Devemos, naturalmente, rejeitar o "tudo é permitido". Porém, a alternativa ao "tudo é permitido" *não* é um ponto de vista absoluto. Só porque queremos evitar a arbitrariedade, não significa que podemos nos isentar da contingência; só porque fugimos do niilismo, não significa que vamos nos aproveitar da necessidade. Fazê-lo seria imaginar que podemos, de alguma forma, transcender as condições da criatura — algo geralmente considerado diabólico, raiz de toda a transgressão. Fingir ser o Absoluto é o ato que leva à queda.

Em vez disso, nós, como criaturas, somos chamados a depender — a nos *relacionar* — corretamente daquele que é Absoluto, mas que, na encarnação, graciosamente se aproxima de nossa finitude.

⟨ EPÍLOGO ⟩

Em Jesus — o Absoluto que se torna dependente, a Necessidade que habita a contingência —, aprendemos *como* ser dependentes. E, como criaturas *racionais* contingentes, somos chamados a comunidades de práticas discursivas devidamente ordenadas.

Muitas estratégias que costumamos empregar para afastar o "tudo é permitido" são, na realidade, expressões de um desejo de superar nossa finitude, negar nossa dependência e, de alguma forma, obliterar a contingência da condição de criatura. Nossas tentativas de estabelecer "fundamentos" e garantir a verdade "absoluta" equivalem a tentativas de conquistarmos um ponto de vista divino, em vez de estarmos em relação *com* Deus. É por isso que, seguindo os passos de Richard Rorty, tentei introduzir o pragmatismo como uma espécie de filosofia *terapêutica* — uma tradição filosófica crítica, "deflacionária", que fura os balões de nossas pretensões enquanto derruba as Babéis epistemológicas de nossa própria fabricação, testamentos de nossas tentativas de reivindicar o céu e conquistar uma visão divina das coisas. O pragmatismo é um recurso e um aliado da filosofia cristã justamente por ser uma filosofia de contingência implacavelmente atenta à nossa dependência e sociabilidade. No espírito da "pilhagem dos egípcios" de Agostinho, grande parte da consideração pragmática sobre significado, verdade e conhecimento pode ser adotada como uma filosofia da condição de criatura — embora isso obviamente exija resistir à direção para a qual pragmáticos como Rorty e Brandom acabam seguindo. A adoção seletiva de seus pensamentos é parte do discernimento que sempre caracterizou o envolvimento cristão crítico com nossos vizinhos filosóficos, desde São Paulo, Santo Agostinho e São Tomás até João Calvino e Jonathan Edwards. Não existe um "pacote fechado" a ser adquirido. Somos livres para adotar seletivamente as perspectivas do pragmatismo, uma vez que elas nos ajudam a compreender facetas da criação de Deus e de nossa própria condição de criatura.

Ora, tal projeto — um pragmatismo cristão, até mesmo um "relativismo cristão" — pode parecer uma agenda "progressista".

Mas, na verdade, as condições de dependência e de contingência social reconhecidas e analisadas pelo pragmatismo são as mesmas condições que sustentam um conservadorismo clássico, "burkeano", o qual reconhece e é grato pela *dívida* que temos simplesmente por sermos humanos — pelo fato de sermos presenteados por comunidades que nos precedem e nos rodeiam e por sermos herdeiros de legados que possibilitam até mesmo nossa crítica.

Em contrapartida, a epistemologia "atomista" ligada ao realismo representacionalista é, na verdade, liberal e subjetivista. Ela apresenta a imagem do conhecedor isolado e autossuficiente capaz de "espelhar" o mundo sem ajuda alguma, de forma independente. Assim, Charles Taylor observa que a virada cartesiana desencadeia um subjetivismo que pode ser sentido por toda a nossa cultura. "Agora [depois de Descartes], a certeza é algo que a mente tem de gerar para si. Isso requer uma mudança reflexiva, na qual, em vez de simplesmente confiarmos nas opiniões adquiridas ao longo de nossa criação, analisamos seus fundamentos, os quais devem ser encontrados, em última análise, em nossa própria mente."[1] Eu, o sujeito, sou posto no lugar de árbitro e juiz, desfazendo-me da mácula das influências externas.[2] É por isso que a verdade "absoluta" é liberal: ela nega a dependência e nega qualquer dívida dos conhecedores para com a tradição.

Quão estranho é, portanto, que, de alguma maneira, tenhamos chegado a um momento em que a posição padrão é que uma interpretação cristã do conhecimento deve ser uma epistemologia representacionalista! A imagem de conhecimento e de conhecedores vinculada a esse paradigma mais se parece com

---

[1] Charles Taylor, "Overcoming epistemology", in: *Philosophical arguments* (Cambridge: Harvard University Press, 1995), p. 5.

[2] Tudo isso é concretizado em *O que é iluminismo?*, de Kant, onde o sujeito racional é aquele que se desfez de toda tradição, toda autoridade e, certamente, de toda influência religiosa.

⟨ EPÍLOGO ⟩

autoidolatria que com conhecimento fiel. É por isso que vejo o pragmatismo como um catalisador filosófico para que os cristãos recuperem tanto uma visão mais bíblica de contingência e dependência quanto — e por causa disso — uma postura fundamentalmente *católica*, que começa com uma afirmação da tradição, um acolhimento gracioso dos dons que recebemos do nosso passado.

Reconheço que essa não é a trajetória que o pragmatismo costuma seguir. De fato, Rorty é, em grande parte, um "progressista". Contudo, eu sugeriria que o pragmatismo é ambivalente e pouco específico nesse aspecto. E que a força gravitacional dos pensamentos pragmáticos sobre contingência e dependência é expressa de forma mais *adequada* em um tipo de "conservadorismo". Até mesmo Rorty reconhece as "implicações antidemocráticas" de uma percepção hegeliana com a qual ele fundamentalmente concorda: "que o indivíduo, fora da sociedade, é apenas mais um animal" (*PM*, p. 192).[3] Ou considere, por exemplo, a curiosa invocação de Michael Oakeshott na parte final de *Philosophy and the mirror of nature*, incluindo a exortação final para "continuar a conversa do Ocidente" (*PM*, p. 264,318,389). Se o pragmatismo é uma reflexão filosófica de nossa contingência, dependência e dívida social, então o "conservadorismo" talvez seja sua melhor expressão, contanto que o conservadorismo (o qual não deve ser confundido com o cinismo libertário que, por vezes, toma esse nome) seja uma postura e orientação fundamentadas, sobretudo, na gratidão. Críticas a tais propostas "revolucionárias", que rejeitam os dons da tradição e fingem ser a-históricas e independentes, as percepções pragmáticas sobre contingência e solidariedade poderiam ser descritas, até mesmo, como *católicas*.

---

[3] Esse é o mesmo Hegel, o Hegel de *Elements of the philosophy of right* [Princípios da filosofia do direito], que influencia o relato expressivista de Brandom sobre a racionalidade.

Índice remissivo

A

Agostinho 31, 44, 46, 62, 72, 73, 78, 79, 80, 81, 82, 83, 84, 85, 86, 87, 129, 136, 142, 231
Alston, William 31
Ansell, Nicholas J. 35
apologética 44, 141, 154, 190
Aquino, Tomás de 31, 43, 128, 135, 231
Aristóteles 84, 98, 99, 107, 121
Austin, J. L. 56

B

Baker, Dean-Peter 141
Boersma, Hans 129, 130

C

Calvino, João 231
Carson, D. A. 16
Catecismo de Heidelberg 137
Cícero 93
ciência 71, 93, 99, 103, 107, 109, 117, 119
Connolly, William E. 145
construcionismo social 20, 21, 22, 23, 26, 27, 29, 30, 36, 76
contingência 15, 17, 34, 35, 37, 38, 41, 42, 43, 44, 62, 71, 72, 88, 90, 91, 96, 101, 105, 117, 118, 120, 121, 122, 124, 125, 126, 127, 133, 136, 138, 140, 142, 143, 144, 145, 146, 154, 163, 168, 190, 230, 231, 232, 233
convenção 57, 62, 63, 67, 118
crianças selvagens 73

D

Dasein 151, 153
Davidson, Donald 28, 96, 109
Dawkins, Richard 141
Dennet, Daniel 141
Derrida, Jacques 27, 160
Descartes, René 94, 95, 97, 98, 99, 104, 110, 132, 135, 163, 232
descrições deflacionárias 32
Dewey, John 18, 132
Dreyfus, Hubert 148
Duns Escoto, João 130

E

Edwards, Jonathan 231
epistemologia 27, 29, 34, 42, 45, 46, 96, 97, 98, 99, 100, 102, 103, 105, 106, 116, 117, 119, 120, 123, 232
espaço das razões 106, 137, 173, 174, 178, 180, 183, 184, 190
Espírito Santo 36, 85

F

Feuerbach, Ludwig 30
fideísmo 128, 190

filosofia da linguagem 26, 45, 79, 96
finitude 20, 34, 35, 64, 74, 97, 101, 105, 106, 120, 126, 127, 136, 138, 140, 230
fotocélulas 27, 122, 164
Frege, Gottlob 69
fundacionalismo 28, 31, 91, 99, 118

G

graça comum 136
gramática 70
Gregory, Brad 130, 131
Gross, Neil 103

H

Hart, David Bentley 143
Hauerwas, Stanley 37, 41, 43, 78
Hector, Kevin 128
Hegel, G. W. F. 18, 106, 121, 153, 163, 233
Heidegger, Martin 18
hermenêutica 116, 119, 120, 158
holismo 59, 102, 117, 165
Hopkins, Gerard Manley 129
Hume, David 99
Husserl, Edmund 96

I

idealismo. *Veja* realismo; anti-inferencialismo
igreja 37, 41, 42, 43, 75, 76, 79, 87, 88, 98, 142, 143, 164
inferencialismo 152, 162, 173, 181
inferência material 166, 168, 169, 170, 189

J

James, William 132

K

Kant, Immanuel 95, 99, 100, 121, 163, 172, 183, 232
Kuhn, Thomas 96, 119
Kuipers, Ronald 92
Kuyper, Abraham 31

L

lei natural 143
Leithart, Peter 139
liberalismo 42, 44
Lindbeck, George 44, 73
Locke, John 94, 95, 99, 104, 135
lógica 40, 44, 46, 67, 69, 71, 72, 132, 140, 147, 161, 163, 164, 166, 167, 169, 170, 186
Long, D. Stephen 128

M

Markson, David 47
Milbank, John 63, 98, 130
mito do dado 106
moral 21, 23, 24, 98, 123, 141, 143, 162
Moreland, J. P. 15, 16
Murphy, Nancey 18

N

neokantismo 94
Newton, Isaac 107
nominalismo 129, 130, 131, 133

O

Oakeshott, Michael 233
objetividade 36, 42, 102, 116, 118, 121, 122, 125, 181, 187, 188, 189, 190
Ockham, Guilherme de 130
O'Donovan, Oliver 144

ordo amoris 85
ortodoxia radical 128

P

papagaios 164, 172, 188
Pickstock, Catherine 98
Plantinga, Alvin 20, 29, 30, 90, 108, 141
Platão 73, 93, 96, 98, 99, 121, 136
pós-modernismo 15, 17, 18, 20, 21, 31, 90
Putnam, Hilary 96, 108, 121

Q

Quine, W. V. O. 90, 102, 104, 106, 107

R

racismo 22, 23, 24
Ramberg, Bjørn 102
Ramsey, F. P. 71
Ratzinger, Joseph 16
realismo 23, 24, 25, 28, 29, 30, 33, 34, 46, 47, 59, 74, 78, 89, 91, 94, 97, 98, 107, 110, 119, 125, 127, 128, 129, 130, 131, 133, 134, 135, 144, 232
  cristão 144
  crítico 29
  moral 23, 24
  platônico 129, 130
referencialismo 29, 59, 163. *Veja tb.* inferencialismo, represenacionalismo
Reichardt, Kelly 38
Reid, Thomas 99
relativismo moral 23
representacionalismo 27, 28, 29, 46, 96, 97, 108, 111, 129, 133, 134, 135, 160, 163, 187. *Veja tb.* referencialismo

revelação 35, 37, 87, 88, 139, 141, 142, 143, 170, 176
Rorty, Richard 17, 25, 29, 32, 44, 60, 90, 91, 92, 102, 103, 121, 231

S

sacramentum mundi 83, 142
Saussure, Ferdinand de 26
Searle, John 56, 160
Sellars, Wilfrid 59, 102, 165
Sittlichkeit 106
Smith, Christian 20, 21, 28, 30, 36, 45, 64
solipsismo 57, 63
Stout, Jeffrey 18, 132

T

Taylor, Charles 27, 31, 130, 135, 136, 141, 232
teologia natural. *Veja tb.* lei naural
teoria de correspondência 96, 98
teose 139
termostatos 27, 122, 150, 164, 183, 188

V

Vanhoozer, Kevin 140, 160
verdade 15, 16, 19, 21, 23, 24, 26, 29, 30, 31, 32, 33, 34, 35, 36, 42, 43, 44, 46, 47, 52, 62, 65, 66, 67, 69, 72, 74, 75, 76, 77, 79, 82, 86, 87, 90, 92, 95, 96, 98, 100, 101, 102, 104, 106, 108, 109, 111, 114, 116, 118, 120, 121, 122, 123, 124, 125, 126, 127, 128, 131, 134, 135, 137, 138, 139, 144, 145, 146, 148, 152, 153, 161, 163, 168, 170, 173, 177, 180, 181, 182, 183, 190, 229, 231, 232

Verdade Absoluta 16
virada linguística 96

W

Wallace, David Foster 47
Waugh, Alexander 47

Wells, Samuel 37
Williams, William Carlo 229
Wolterstorff, Nicholas 31, 56, 91

X

xadrez 58, 61

Este livro foi impresso pela Reproset, em 2024, para a Thomas Nelson Brasil. A fonte do miolo é ACaslon Pro.
O papel do miolo é avena 70g/m².